KB232393

한국의 보물, 해인

용궁의 보물에서 후천개벽의 성보(聖寶)로

저자 | 김 탁(金鐸)

1963년에 경상북도 의성군에서 태어났으며, 대구 영남고등학교
(30기)를 거쳐 1985년에 한양대학교 경제학과를 졸업하였다.
1985년부터 한국정신문화연구원(현 한국학중앙연구원) 부설 한
국학대학원에서 한국사상과 종교를 연구하여, 1995년에『증산
강일순의 공사사상』이라는 논문으로 철학박사 학위를 취득하였
다. 현재까지 40여 편의 논문을 썼으며, 주요저서로는『증산교學』
(1992),『한국종교사에서의 동학과 증산교의 만남』(2000),『한
국의 관제신앙』(2004),『정감록』(2005),『증산 강일순』(2006),
『역주 송광사 사고 - 인물편』(2007, 공역) 등이 있다.

용궁의 보물에서 후천개벽의 성보(聖寶)로

2009년 7월 25일 초판 인쇄
2009년 7월 30일 초판 발행

지 은 이 · 김 탁
펴 낸 이 · 이찬규
펴 낸 곳 · 북코리아
등록번호 · 제03-01240호
주   소 · 121-801 서울시 마포구 공덕동 115-13번지 2층
전   화 · (02)704-7840
팩   스 · (02)704-7848
이 메 일 · sunhaksa@korea.com
홈페이지 · www.sunhaksa.com

값 17,000원

ISBN   978-89-6324-027-5 (93220)

한국의 보물, 해인

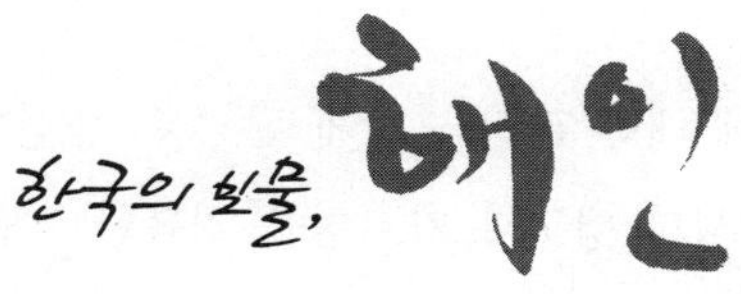

용궁의 보물에서 후천개벽의 성보(聖寶)로

김 탁 지음

북코리아

필자가 해인(海印)에 대해 관심을 갖게 된 것은 증산(甑山) 강일순(姜一淳, 1871~1909) 선생의 행적과 가르침을 기록한 『대순전경(大巡典經)』을 통해서였다. 이 책에는 "나를 잘 믿는 자에게 해인을 전해 주리라."라는 증산 선생의 단 한 마디의 언급만 있다. 이에 근거하여 증산교인들은 해인을 후천개벽이라는 엄청난 변혁기를 무사히 넘길 수 있는 세계구원의 상징이자 성스럽고 신비한 보물로 믿는다.

필자는 1985년부터 한국학대학원에서 증산 선생의 사상과 증산교의 교리체계에 대해 연구하기 시작하면서, 해인이 과연 무엇인지 그리고 그 종교적 의미를 어떻게 평가해야 하는가에 대한 의문을 늘 가지고 있었다. 증산교단의 수많은 교파들이 각기 나름대로 해인을 중요하게 강조하고 독특한 믿음을 주장하고 있었지만, 비교적 객관적으로 이해할 만한 수준의 설명체계를 갖추지는 못했다고 판단했다.

어느 날 갑자기 해인이라는 용어와 그에 대한 신앙이 증산교단의 교리에 편입되었을 까닭은 없다고 생각하여, 필자는 오랜 시간을 투자하여 해인에 대한 단편적인 실마리라도 추적을 계속해 나갔다.

가장 먼저 떠오른 단서는 해인사(海印寺)였다. 애초에 해인은 『화엄경』에 나오는 불교용어였던 것이다. 『화엄경』에 대한 연구서와 한국불교사를 탐색하는 과정에서 필자는 신라의 의상(義湘) 대사가 『화엄경』의 요지를 뽑아 독창적인 도상인 법계도(法界圖)를 그렸고, 이후 그의 종맥(宗脈)을 잇는 중요한 상징으로 사용된 해인의 전승과정을 조금이나마 밝힐 수 있었다.

다음으로 주목한 것은 입에서 입으로 오랫동안 전해 내려온 방대한 양의 설화 가운데 '해인에 대한 이야기'였다. 바다 속에 있다는 별세계인 용궁에서 인간계에 전해진 보물로 회자된 해인은, 한 마디로 말한다면 여의주나 도깨비방망이처럼 인간의 온갖 욕망을 충족시켜줄 수 있는 물건으로 이해되었다.

필자는 당시 국문학계에서도 주목하지 않았던 해인설화들을 다수 모을 수 있었고, 이에 대한 화소(話素) 분석을 통해 해인설화가 가지는 의미와 구조를 거칠게나마 조망하였다. 그리고 몇몇 해인설화는 비결(秘訣)과 진인출현설(眞人出現說)에 대한 언급도 있어서 조선 후기 이후 개화기를 거치면서 우리 민족이 겪었던 여러 역사적·종교적 상황과도 관련되어 있었다. 해인설화를 분석하는 과정에서 민중들의 이야기는 전혀 근거가 없는 허황된 것이 아니라 항상 나름대로 설득력이 있는 토대를 바탕으로 전승되고 있음을 다시 한 번 확인할 수 있었다.

이후 단순한 이야기의 차원을 넘어 신앙으로 승화된 해인에 대한 믿음은 보물에 대한 상상력과 더불어 다양하게 전개되었다. 일제강점기에는 조국의 독립을 가져다 주는 보물로 믿어지기도 했고, 증산교단에서는 해인이 실물로 존재하는지, 아니면 무형의 상징적인 것인지에 대한 논란과 함께 다양한 믿음으로 전개되었다.

한편 1980년 후반부터 일반인에게도 본격적으로 알려지기 시작한 『격암유록(格庵遺錄)』에 해인에 대한 언급이 많이 있어서 최근까지 해인에 대한 신앙은 끊이지 않고 계속되고 있다는 사실이 증명되었다. 조선 후기에 집대성된 비결예언서인 『정감록(鄭鑑錄)』은 진인(眞人)이 남쪽에서 출현한다는 서사구조인데 반해, 『격암유록』은 남조선에서 진인이 해인을 가지고 나온다는 서사구조를 가지고 있다. 최근 자세한 분석과 증언을 통해 『격암유록』은 1960년대에 활발한 활동을 했던 그리스도교계 신종교인

전도관(傳道館)에서 작성된 기록으로 확인되었다.

설화 속에서 용궁의 신비한 보물로 등장한 해인은 이제 세상을 구원할 성스러운 신물(神物)로 믿어지고, 그 오랜 신앙의 역사가 한국 신종교와 민중신앙에서 여전히 확인된다. 따라서 해인에 대한 믿음은 지나간 옛일이 아니라 현재에도 진행되고 있는 엄연한 사실이다. 어딘가에 해인이 있다고 믿는 사람들은 지금도 우리 주변에 상당수 있으며, 해인은 실물이나 상징 등 다양한 형태로 믿어지고 있다. 따라서 해인신앙은 한국의 대표적인 보물신앙으로 자리매김할 수 있다.

필자가 「해인설화의 종교적 의미」와 「한국불교와 해인신앙」이라는 주제의 글을 발표한 지도 어느덧 13년이나 지났다. 이후 필자는 「해인신앙의 전개과정과 종교적 의의」라는 마무리 글을 준비하기 위해 여러 모로 자료를 수집하였고, 바쁘다는 핑계로 차일피일 미루기만 하다가 재작년에야 개략적이나마 끝을 맺을 수 있었다.

이번에 한 권의 책으로 엮으면서 일반인이 보다 쉽게 볼 수 있도록 하기 위해 자세한 각주나 설명은 생략하였다. 해인이라는 말을 처음 들어보는 사람도 많이 있는 상황에서 해인이라는 보물 이야기와 해인신앙이 어떻게 형성되고 전개되었는지, 그리고 그 의미는 무엇인지에 대해 알리는 일이 우선이라고 생각해서이다.

자료수집 과정에서 필자는 많은 분들의 도움을 받았는데, 특히 이 자리를 빌려 야산 이달 선생과 개태사의 김광영 보살에 얽힌 이야기를 들려주고 당시 해인이라고 믿어졌던 물건에 대한 정보를 제공해 주신 이응국 선생께 감사드린다.

2009년 새해 벽두에 담선당(談禪堂)에서

필자 쓰다.

:: 차 례

제1부

해인설화의 내용과 의미

해인설화의 내용과 의미

서양의 보물, 성배와 마법램프

서구에는 그리스도교의 신앙을 바탕으로 믿어져 온 성배(聖盃)가 있고, 아랍문화권의 검은 돌과 알라딘의 마법램프, 동양권의 여의주와 도깨비 방망이에 이르기까지, 인류 역사상 신비한 힘을 지닌 실물의 형태로 있다고 믿어지는 많은 보물들에 대한 이야기와 믿음이 있다.

성배는 그리스도가 최후의 만찬에서 술을 따라 마신 잔을 가리킨다. 예수는 이 성배를 아리마테아의 요셉에게 주었는데, 그가 이 성배로 예수가 십자가에 못 박혀 죽을 때 흘린 피를 받았다고 전한다. 이후 요셉과 그의 후손들은 이 성배와 예수의 옆구리를 찌른 창 등의 유물들을 매우 충실히 보존해야 할 의무를 지게 되었다. 그러던 어느 날 이 유물들을 보관하고 있던 요셉의 후손이 유물 앞에서 기도를 올리던 어떤 여자 순례자의 옷깃이 풀어진 틈을 보고 그만 부정한 시선을 보내고 말았다. 그러자 예수의

성당기사단의 상징인 십자가 문양(영국 로슬린 성당)

옆구리를 찌른 성스러운 창이 그에게 커다란 상처를 입혔고, 마침내 성배는 사람들에게서 사라져 버렸다.

그 후 성당기사단과 수많은 모험가들은 예수가 최후의 만찬 때 사용했다는 성배를 찾아 오랫동안 원정을 떠났고, 그를 둘러싼 암투와 갈등에 얽힌 이야기가 지금까지도 전해져 온다. 특히 6세기 무렵의 아더 왕과 거웨인, 란슬롯, 퍼시발, 갤러해드, 보호트 등 그의 기사단이 성배를 찾아다녔다는 모험담은 유명하다. 그리고 성배의 비밀을 지키기 위해 조직되었던 12세기의 시온수도회(성전기사단으로도 불림), 17세기의 장미십자단, 18세기 초의 프리메이슨, 18세기 말의 일루미나티, 19세기 말의 황금새벽회 등의 단체도 성배의 행방에 대해 많은 관심을 가졌다. 이처럼 성배는 '신성한 비밀'을 가졌다는 상징으로 인해 신지학회, 오컬티즘과 카발리즘 전통에서도 매우 중요하게 여긴 성스러운 물건으로 믿어졌다.

바그너(1813~1883)의 오페라 「로엔그린(Lohengrin)」에는 성배가 수백 년 동안 몬살바트 산 위의 탑에 비장되어 기사단에 의해 수호되었다는 이야기가 나오며, F. J. 퍼니발의 『성배의 탐색』(1864), 『성혈과 성배』(1983), 마가렛 스타버드의 『성배와 잃어버린 장미』(1991), 댄 브라운의

『다 빈치 코드』 등의 연구서와 소설, 「몬티파이튼과 성배」(1975)라는 애니매이션, 「인디아나 존스 3편 – 최후의 성전」(1989)이라는 영화 등 다양한 장르를 통해 성배는 서구문화권에서는 오래전부터 현재까지 재해석되고 있는 중요한 신앙적 주제의 하나이다.

이슬람 문화권에서는 창시자 마호메트(Mahomet)의 출생지인 메카(Mecca)에 아브라함이 건립

카바 신전

한 것으로 전하는 15미터 높이의 '카바' 신전이 있다. 마호메트가 서기 632년 군대를 이끌고 메카를 정복한 이래, 메카는 이슬람 세계의 으뜸가는 성지가 되었다. 메카 순례는 이슬람교도의 중요한 의무 가운데 하나이며, 해마다 12월 '순례의 달'에는 약 250만 명의 순례자가 모여든다. 바로 이 '카바' 신전 위에는 검은 헝겊이 덮여 있는데, 이 안에 있는 '육각형의 검은 돌'이 이슬람교도의 열렬한 숭배대상이 되기도 한다.

이 밖에도 13~15세기경 이슬람 지역의 여러 설화를 집대성한 『아라비안나이트』에 등장하는 '알라딘의 마법램프'에 대한 이야기는 전 세계적으로 유명하며, 현대에도 미국 디즈니사에서 이를 소재로 한 만화영화가 만들어질 정도이다.

동양의 보물, 여의주

동양문화권에서 널리 알려진 여의주(如意珠)는 무엇이든 마음대로 만들
어낼 수 있는, 모든 소원이나 소망을 뜻대로 이루어지게 해주며 비와 구
름의 조화를 마음대로 부릴 수 있다고 믿어지는 '보물 구슬'이다. 흔히
용이 입에 물고 하늘로 승천한다고 믿어지는 여의주는 불교에서는 법(法
: 진리)이나 '부처님의 덕〈佛德〉'에 비유되는데, 경전(經典)의 공덕을 상
징적으로 나타내기도 한다.

구체적으로는 부처님, 불국토(佛國土), 불법(佛法)을 수호하는 신령스
러운 호법인 '불법수호팔부중(佛法守護八部衆)'의 하나인 용(龍)이 여의
주를 물고 있다고 믿어진다. 따라서 여의주는 원하는 물건, 의복, 음식 등
을 가져다 주며 질병과 고난을 없애 준다는 공상의 보주(寶珠)로서, 악을
제거하고 혼탁한 물을 맑게 하며, 재난을 없애는 공덕이 있다고 믿어진
다. 이 여의주는 보주(寶珠), 여의보(如意寶), 여의마니(如意摩尼)라고도
불린다.

여의주는 마갈어(摩竭魚 : 바다에 살며, 두 눈은 해와 같고, 입을 벌리
면 어두운 골짜기와 같아서 큰 배도 삼키고 물을 뿜어내는 것이 마치 조수
와 같다는 상상의 물고기)의 머리에서 나왔다고도 전하며, 제석천(帝釋
天)이 가지고 있는 물건이 부서지면서 떨어진 것이라거나 석가의 사리(舍
利)가 변한 것이라는 등 그 기원에 대한 여러 가지 설이 있다. 어쨌든 여의
주는 여의륜관음(如意輪觀音), 마두관음(馬頭觀音), 지장보살(地藏菩薩)
등이 지니고 있는 보물로서 사람들의 갖가지 소원을 채워 주는 것으로 믿
어졌다.

1980년대 후반 전 세계적으로 선풍을 일으킨 일본의 만화가 도리야마

아끼라(鳥山 明)가 그린 『드래곤볼(Dragon Ball)』은 용(龍)이 가졌다고 믿어지는 여의주(如意珠)를 현대적으로 재해석한 책이다. 이 책은 여의주가 현대에도 많은 사람들의 마음속에 살아 있는 보물신앙임을 일정하게 반영하고 있는 책으로 평가할 수 있다.

흔히 이러한 보물들은 그 속성상 초월적이고 강력한 존재나 원리 또는 이상향과 연관되어 있는 것이 보통이다. 따라서 보물은 세속적인 시각으로는 찾기 어렵거나 구하기 힘든 특별한 물건으로 인정된다. 그리고 이러한 보물에 대한 전설은 단순히 지나가 버린 옛날이야기로만 그치는 것이 아니라, 현재까지도 여전히 그 영향력을 행사하고 있는 '살아 있는 신화'로서 사람들에게 여전히 받아들여지고 있다. 그렇다면 과연 성배, 검은 돌, 마법램프, 여의주 등에 비견할 만한 보물에 대한 이야기와 믿음은 우리나라에는 없을까라는 소박한 의문에서 이 글은 준비되었다. 자, 이제 우리나라에서 전해져 오는 해인이라는 보물에 대한 이야기 속으로 여행을 떠나 보자.

개태사의 해인

서대전 나들목에서 논산 쪽으로 1번 국도를 타고 18킬로미터 정도 가면 왼쪽 평지에 개태사(開泰寺)라는 조그만 절이 있다. 이 개태사는 계룡산 신도안 입구에서도 멀지 않은 곳에 위치하며, 행정구역으로는 충청남도 논산군 연산면 천호리에 속한다. 해발 386미터이지만 병풍처럼 쭉 펼쳐진

개태사 중창공덕비   김광영 보살

천호산 기슭 아래 자리를 잡은 개태사는, 무려 천여 년 전에 창건된 사찰로 오랜 역사를 자랑하며 당시에는 상당히 큰 규모의 절이었다고 전한다.

고려 태조 왕건이 태조 19년(936)에 후백제의 신검(神劍)을 무찌르고 후삼국을 통일한 일을 기념하기 위하여, 사령부가 있던 이곳에 전승을 기려 원래 이름이었던 황산을 천호산(天護山)으로 고치고 4년간에 걸쳐 개태사라는 절을 창건하였다. 개태사는 '천운(天運)이 크게 열리는 절'이라는 뜻이라고 한다. 한 마디로 개태사는 고려가 건국된 역사적 사실을 기념하기 위해 지은 개국 사찰이었으며, 그에 걸맞게 고려 태조의 영정을 모시던 진전(眞殿)이 있었고, 국가에 변고가 있을 때에는 이곳에서 신탁을 받는 등 왕실과 긴밀한 관계를 맺으며 유지된 절이었다.

그러나 고려 말기에 이르러 쇠퇴하기 시작한 개태사는 결국 왜구의 잦은 침입에 의해 방화와 약탈을 당한 후 조선시대에는 퇴락하여 계속 폐사된 상태로 방치되었다.

오랜 세월이 지나 1930년이 되어서야 김광영(金光榮, 1886~1978) 보살이 폐사된 절터에 절을 새로 짓고 이름을 도광사(道光寺)로 붙였다가 다

개태사 전경

개태사 석불

시 태광사(泰光寺)로, 또다시 개태사라고 고침으로써 비로소 제 이름을 찾게 되었다.

불에 타서 없어졌던 개태사를 김광영 보살이 천왕(天王)의 계시에 의해 석조불상 두 구를 발굴하여 재건했던 것이다. 개태사는 김광영 보살이 발굴한 아버지 부처, 어머니 부처, 아들 부처를 모시고 있는 사찰이며, 전국의 사찰 가운데 유일하게 단군성조(檀君聖祖)까지 모시고 있는 독특한 절이다.

그런데 개태사를 중창한 김광영 보살은 1936년에 "해인(海印)의 조화로 일본이 망하고 한국이 해방된다.”고 주장하며, 조국 독립을 위해 기도하다가 일본 경찰에 체포되어 대전지방법원에서 김용무 판사로부터 사형 선고를 받았던 인물로도 전한다. 그 후 김용무 판사는 조선 독립을 위해 기도한 김 보살에게 사형을 언도한 일로 양심의 가책을 받아 판사직을 사임했다고 한다.

원래 김광영 보살은 충남 논산군 천호산 천호봉 아래의 천호리에 살던 8남매를 둔 유복한 가정의 주부였다. 어느 날 김 보살은 천왕의 계시에 따라 입산기도를 시작하였고, 그 후 10여 년 동안 우리나라의 독립을 위해 기도하다가 재판을 받았던 것이다.

이 판결문은 대전지방법원 강경지청에서 판결한 예심인데, 중요한 부분만 살펴보면 다음과 같다.

본권을 면소(免訴)한다.

사실 본권의 공소 사실은

제 1, 피고인 김병소(金炳韶)는 대정(大正) 9년(1920) 무렵에 당시 경성부(京城府) 천연동(天然洞)에 소재하는 석가(釋迦), 공자(孔子), 노자(老子) 삼성(三聖)을 제사하는 도관묘(道觀廟)를 방문하여 그곳에 거주하던 고(故) 유학수(劉學洙)와 알게 되었다. 같은 해 음력 11월 무렵 같은 장소에서 동인(同人)과 해인(海印, 증거 제 3호)을 양수(讓受) 받았다.

그때 김병소는 동인(同人)으로부터 “이 해인(海印)은 옛날 지나(支那, 중국)의 황원도사(黃元道師)가 중국에서 팔만대장경(八萬大藏經)과 함께 경상남도(慶尙南道) 합천군(陜川郡) 해인사(海印寺)에 가지고 온 것으로, 그 후 정만인(鄭萬人)이라는 사람이 이것을 훔쳐서 소재를 흐리게 했다. 후일에 이(李) 대왕(大王)이 대원군(大院君)의 명(命)에 의해서 해인을 색출했는데, 이 해인(海印)은 영묘(靈妙) 불가사의(不可思議)한 조화력(造化力)이 있어서 사해(四海)를 통치할 수 있는 자가 소지하게 된다고 한다. 해인의 주인은 이미

판결문 표지

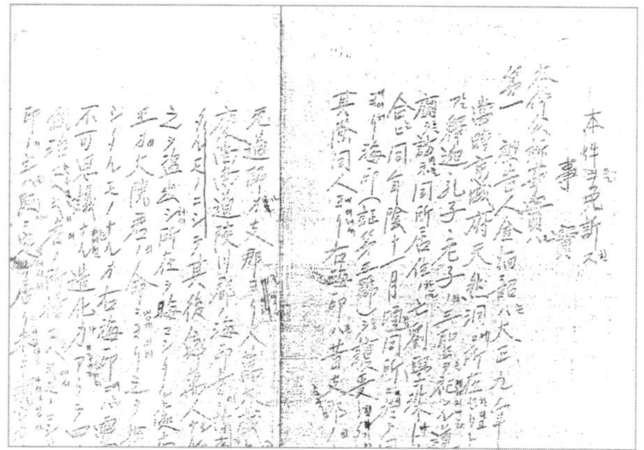

판결문 첫 부분

정해졌으나 아직 나타나지 않았으며, 그 주인이 나타나면 무슨 일이든지 할 수 있고 조선의 통치(統治)까지도 가능하다. 해인에 기도하면 그 영력(靈力)에 의하여 해인의 주인이 나타난다.”라고 들었다고 진술했다.

그 실현(實現)을 기도(企圖)한 범의(犯意)를 계속해서,

첫째, 소화(昭和) 7년(1932) 가을 전라북도(全羅北道) 완주군(完州郡) 운

주면(雲洲面) 완창리(完昌里) 강태우(姜太禹)의 방에서 강태우의 둘째아들 강영식(姜永植)의 처(妻) 황월부인(黃月夫人)이라고 하는 이성녀(李姓女) 등에 대하여, 자기는 합천 해인사에서 해인(海印)을 소지하고 있다고 들었다고 했다. 그 유래와 영력(靈力)에 대하여는 전기(前記)와 같이 설명하고, 이것에 기도(祈禱)하면 그 주인이 나타나 조선왕(朝鮮王)이 될 수도 있는 일이어서, 매월 음력 3일 해인(海印)에 밥과 과실과 물 등을 차려 놓고 기도를 함으로써 후천(後天)의 운명을 개척한다고 들었다.

둘째, 그 무렵부터 소화(昭和) 9년(1934) 5월 3일까지 매월 음력 3일 오후 9시경부터 약 1시간 동안 전기(前記) 강태우의 방에서 동인(同人) 등과 같이 해인을 향하여 속히 해인의 주인이 나타나서 조선(朝鮮)을 통치할 수 있게 해 달라는 뜻의 주문(呪文)을 창(唱)하고 조선의 독립 달성을 기도했다.

셋째, 소화(昭和) 9년 4월 말일 경에 전라북도(全羅北道) 완주군(完州郡) 운주면(雲洲面) 완창리(完昌里) 당시 피고인 김병소의 자택에서 동 피고인을 방문하였다. 피고인 유촌광영〈兪村光榮, 창씨개명한 이름으로 본래는 김광영(金光榮)〉에 대하여 앞에 말한 것과 같이 해인의 유래와 영력(靈力)에 대하여 설명한 바 이것에 대하여 속히 조선의 독립 달성을 기원하는 뜻을 고했고,

넷째, 소화 9년 음력 5월 초 무렵 전기(前記) 해인을 운주면 완창리에서 충청남도 논산군 연산면 천호리 183번지 피고인 김광영의 방에 가지고 와서, 동월(同月) 5일 오후 9시경부터 약 한 시간 동안 김광영의 방 부근에 있는 동본원사(東本願寺) 연산포교출장소 사무소 내에서 김광영 등이 함께 해인을 향하여 앞서와 같이 주문을 창(唱)하고 빨리 조선 독립이 달성되도록 기도했다.

다섯째, 그 후 어느 날 해인을 전기(前記) 운주면 완창리로 가지고 갔고, 다시 소화 11년(1936) 음력 1월 중순경에 피고인 김광영의 집에 옮겼고, 이후 소화 15년(1940) 음력 7월경까지 김광영을 방문하였다.

매양 전후 십수 회에 걸쳐서 동인(同人)의 방에서 동인과 동인의 가족 또는 기타에 대해서 앞에서와 같은 모양으로 해인의 영력에 대해 설명하고, 여기에 대해서 속히 조선의 독립 달성을 기도하도록 그 뜻을 말하였다.

여섯째, 소화 11년(1936) 3월 3일 밤 김광영의 방에서 피고인 정용근(鄭龍根)에 대하여 전기(前記) 해인에 대하여 유래와 영력을 설명하고 여기에 술, 밥, 과실 등을 차려 놓고 기도하면 그 주인이 나타나서 조선왕이 될 것이라는 말을 했다.

일곱째, 소화 11년 3월 3일과 소화 13년(1938) 3월 3일 양일은 김광영의 방에서, 소화 15년(1940) 7월 3일은 논산면 연산면 천호리 개태사 터의 석불당(石佛堂) 안에서, 각각 오후 9시경부터 약 한 시간에 응해서 김광영 등이 함께 해인을 향하여 빨리 해인의 주인이 나타나서 조선을 통치해 달라는 뜻의 주문을 외고 조선의 독립달성을 기도했다.

이로써 정치에 관한 불온한 언동을 하여 치안을 방해했다.

제 2, 피고인 김광영은 소화 6년(1931) 초 무렵에 자신이 살고 있는 동네인 충청도 논산군 논산면 천호리 개태사 터에 있는 석불(石佛) 삼체(三體)를 신앙함과 함께, 그 안에 종전과 같이 넘어져 있는 석불 이체(二體)를 일으키기를 염원하게 되었다. (후략)

당시 김광영 보살의 장남 유진하는 일찍이 일본에 건너가 일본인으로 귀화하였고, 일본 여자와 결혼하여 육군대좌로 근무하고 있었다. 김 보살이 사형언도를 받고 수감 중일 때 일본에 있던 장남과 그의 부인의 꿈에 김 보살이 동시에 나타나 "내가 죽게 되었으니 나를 구해 달라."고 간절히 호소했다고 전한다.

그러나 김 보살의 아들 유진하는 자기 어머니를 살려낼 묘안을 찾지 못하고 고민에 빠진 채 3일이 지났다. 3일 후에 다시 아들의 꿈에 나타난 김 보살이 "너의 장인을 만나면 해결할 길이 있다."고 가르쳐 주었다. 당시 유진하의 장인은 일본 육군 중장으로서 육군사관학교 교장으로 재임하고 있었다고 전한다. 그러나 장인을 만나도 별다른 방법이 나올 수 없다고 생각한 유진하가 주저하고 있는 동안 다시 시간은 흘렀다.

세 번째로 아들의 꿈에 나타난 김 보살이 "네 장인에게 찾아가 천황을 알현하고, '그 여자는 미친 여자인데, 대일본제국이 한낱 광인을 사형시켜서야 되겠습니까?' 라고 말하게 하라."고 자세한 방법을 일러주었다고 한다.

이에 용기를 얻은 유진하가 자신의 장인을 찾아가 자기 어머니에 대한 사실을 솔직히 이야기하고 어머니를 구해줄 것을 간청했으며, 그의 장인도 그 말에 동의하고 천황을 알현한 다음 시키는 대로 했다고 전한다.

김광영 보살에 대한 재판사건은 당시 유명한 사건으로서 당시 조선총독부는 해인과 그 사건의 전말을 천황에게까지 보고할 정도였다고 전한다. 이 보고를 들은 일본 천황은 일본의 고고학자와 과학자들에게 해인을 연구하라고 지시했는데, 당시 일본의 학자들은 천황에게 해인은 비금비석(非金非石)으로서 별것이 아니라고 보고했다고 한다. 그런데 일본학자들이 천황에게 해인에 대해 보고하는 순간에, 때마침 지진이 일어나 황궁이 흔들렸다. 일본학자들은 그렇지 않아도 꺼림칙한 느낌을 가지고 있었던 해인 때문에 공연히 화를 불러일으킨 것이 아닌가 하는 두려움을 느끼고, 해인을 원래 있던 한국으로 돌려보내는 것이 좋겠다고 일본 천황에게 진언했다.

김광영 보살의 아들 유진하의 장인이 일본 천황을 알현한 때는 이미 해인을 한국으로 되돌려 보내기로 조치한 직후였다고 전한다. 천황은 대일본제국의 천황이 일개 미친 여성을 사형시킨다는 것은 그의 권위에 어긋난다고 생각했던지, 조선총독부에 명하여 즉시 그녀를 석방하라는 특사를 내렸다고 한다. 어쨌든 김광영 보살은 극적으로 사형을 면하고 석방되었다. 이처럼 김광영 보살의 기도사건은 한일 양국에 큰 파문을 일으킨 대단한 사건으로 입에서 입으로 전한다.

그러나 위와 같은 극적인 이야기는 실제의 역사적 사실과는 다르다.

김광영 보살은 사형선고를 받은 일이 없었다. 다만 그녀는 조선 독립을 위해 기도했다는 혐의로 치안유지방해죄로 김병소와 함께 강경유치소에 7개월 동안 감금되었을 뿐이다.

김광영 보살이 사형선고를 당하고 극적으로 살아났다는 이야기는, 해인이 그만큼 신비한 보물이며 해인과 관련된 사람들에게도 신이한 일이 실제로 일어난다고 믿어지게끔 하기 위한 전승과정의 덧붙임이라고 생각된다.

한편 해방이 된 후 1946년 10월 16일 김광영 보살의 요청에 따라 일제강점기 때 군산법원에 보관되어 있던 해인을 김구 선생과 몇몇 정치인이 당시 대법원장으로 재직 중이었던 김용무(金用茂) 씨에게 위촉 추심하여 다시 찾아 개태사에 갖다 주었다는 이야기가 있다. 그리고 김광영 보살은 돌려받은 해인을 개태사의 들보 위에 비밀리에 보관하였다고 전한다.

몇몇 실존인물들의 이름이 거명되면서 상당히 구체적으로 전하는 위의 이야기에 등장하는 해인(海印)은 과연 무엇인가? 혹시 독자들은 이 해인에 대한 이야기를 들어본 적이 있는가?

바다 해(海)자, 도장 인(印)자라, 그렇다면 '바다의 도장' 이란 말인가? 도대체 무슨 말이지? 의문이 꼬리를 물고 떠오른다.

더욱이 흥선대원군과 함께 거론되는 정만인이란 인물은 누구일까? 해인을 가지면 천하를 다스리게 된다는데, 그것은 어떤 보물일까? 해인사와 해인의 관계는 어떤 것인가? 또 조선 독립을 위해 해인에 기도했다는 이야기는 무엇을 뜻하는가? 그리고 일본 천황에게까지 알려졌다는 해인이 비금비석(非金非石)의 물건이라니, 도대체 무엇으로 만든 것일까? 해인의 주인은 어디에 있는가? 등.

어쨌든 지금도 판결문이 엄연히 전하는 상황이니 해인에 얽힌 이 모든 이야기를 새빨간 거짓말이라고만 쉽게 단정할 수도 없는 노릇이다.

한국의 보물, 해인 이야기

해인(海印)에 대한 이야기를 들어본 적이 있는가? 어릴 적에 등잔불 아래 할아버지와 할머니에게서 옛날이야기를 들었던 세대라면, 누구나 한번쯤 들어보았음 직한 이야기 가운데 하나이다. 해인 이야기를 사투리를 섞지 않고 풀어보면 전체적으로 다음과 같다.

옛날 옛적에 어떤 할아버지가 한 분 사셨어. 그런데 어느 날 난데없이 누런 개가 한 마리 집안으로 불쑥 들어왔더래. 혹시 주인이 있는 개가 아닐까 해서 쫓아내도 가지 않고 있더란다. 할아버지는 할 수 없이 그 개를 길렀는데, 삼 년쯤 지났을 무렵 갑자기 개가 보이지 않는 게야. 온 동네를 찾아다녀 보았지만 개를 찾을 수 없어 포기한 할아버지는 그동안 정이 들어 한동안 그 개를 잊지 못했단다.

그럭저럭 세월이 흘러 몇 년이 훌쩍 지나버렸더란다. 하루는 할아버지가 툇마루에 앉아서 무료하게 있었는데, 웬 잘 생긴 청년이 집으로 들어오더니 "어르신, 저를 모르시겠습니까?"라고 말하더래. 할아버지는 한 번도 본 적이 없는 그 청년이 낯설어 "아니, 나는 잘 모르겠는데……."라고 대답했단다.

그러자 그 청년이 "어르신, 몇 년 전에 어르신께서 길러주신 그 개가 바로 저입니다."라고 정체를 밝히더란다. 깜짝 놀란 할아버지가 "개가 사람이 되다니, 도대체 무슨 헛소리를 하는 게냐?"고 말했더니, 그 청년이 "어르신, 제 말을 한번 들어보세요. 저는 원래 바다 속에 있는 용왕국의 태자였는데, 그때 제가 인간 세상에 비를 내리는 책임을 맡았다가 그만 실수로 비를 너무 많이 내리게 해서 수많은 인명을 해친 죄를 지었답니다. 그 죄 때문에 개 허물을 입고 인간 세상으로 쫓겨 와서 마땅히 갈 데도 없어 헤매고 다니다가, 어르신을 만나 삼 년이나 목숨을 연명할 수 있었습니다."라고 설명하더란다.

할아버지가 "그렇다면 지금은 왜 나를 찾아왔느냐?"고 묻자, 그 청년이 "그때 제 목숨을 구해 주신 은혜를 갚기 위해 어르신을 모시고 오라는 부친의 명을 받들어 이렇게 왔습니다. 할아버지, 저와 함께 용왕국 구경하러 가시지요."라고 대답하더래. 그래서 할아버지는 그 청년을 따라 동해 바닷가로 갔단다.

바닷가에 도착한 청년이 할아버지를 등에 업은 채 입으로 뭔가 중얼거리자, 갑자기 바다가 쫙 갈라지더니 길이 훤하게 뚫리더란다. 할아버지와 청년이 한참을 바다 속에 난 길을 걸어갔더니, 온갖 기화

용왕도

요초가 만발하고 향긋한 냄새가 진동하는 별천지가 열리더란다. 할아버지는 그곳에서 몇 날 며칠을 맛있는 음식을 먹고 예쁜 시녀들의 시중을 받으며 잘 지냈단다.

그러던 어느 날 할아버지는 문득 자기 집으로 돌아가야 되겠다는 생각이 들었단다. 그래서 용왕국 태자라는 그 청년에게 "내가 이만큼 잘 대접받았으니 이제는 집으로 갈란다."라고 말했단다. 그러자 용왕국 태자가 할아버지에게 "인간 세상으로 떠나시기 전에 저희 아버지인 용왕님이 부르실 텐데, 그때 소원 하나를 말씀하시면 무엇이든지 들어주실 것입니다. 그런데 다른 소원은 말씀하시지 말고 '용왕국 정치할 때 사용하는 해인(海印) 하나만 달라'고 말씀하세요."하고 신신당부하더란다.

다음날 아침에 드디어 용왕국 국왕이 할아버지를 부르더란다. 할아버지가 어마어마한 궁전 안으로 들어갔더니, 용왕이 "불민한 우리 아들을 살려주신 은혜를 어떻게 갚겠습니까마는, 평소에 생각하셨던 소원을 하나만 말씀해 주시오. 내 꼭 들어드리리다."라고 말하더래. 할아버지가 용왕국 태자의 말

을 기억하고는 "저는 돈이나 쌀은 충분히 있습니다. 듣자하니 용왕국을 다스리 때 사용하는 해인이라는 보물이 있다던데, 그것 하나만 주시면 무척 고맙겠습니다."라고 대답했단다.

용왕의 얼굴이 찌푸려지더니 오랫동안 고민하더란다. 이윽고 용왕이 "내가 이미 약속한 일이니 할 수 없구나. 아들을 살려주신 분이니 특별히 드리는 것입니다."라고 말하고는 자기 책상 서랍에서 불그스름한 도장처럼 생긴 물건 하나를 할아버지에게 주었단다.

그 후 할아버지는 용왕에게 하직인사를 올리고, 태자의 등에 업혀 물 속을 걸어서 다시 고향의 자기 집으로 돌아왔단다. 할아버지가 그 해인이라는 물건을 아무리 살펴보아도 도무지 사용하는 방법을 알 길이 없어 그냥 벽장 속에 숨겨 놓았단다.

얼마 후 할아버지가 벽장문을 열었더니 해인이 방바닥에 떨어지더란다. 할아버지가 무심코 해인을 집어 들고 '돈 전(錢)' 자가 적힌 종이 위에 찍었더니, 잠시 후 종이 위에 돈이 수북하게 쌓이더란다. 깜짝 놀란 할아버지가 놀란 가슴을 진정하고 다시 '먹을 식(食)' 자 위에 해인을 찍었더니 난데없이 밥과 반찬이 잘 차려진 밥상이 방 안에 '떡' 하니 차려지더란다. 그제야 해인의 사용법을 알게 된 할아버지는 옷, 신발, 경대, 장롱 등 필요한 세간을 해인을 사용해 마련하고는 잘 살게 되었단다. 그런데 이야기는 여기서 끝나는 게 아니야.

또다시 세월이 흐른 다음 하루는 웬 스님이 할아버지를 찾아왔대. 그 스님이 할아버지에게 대뜸 "몇 년 전에 용궁에 가서서 해인을 가지고 오셨지요. 이제 그 해인을 제게 주셔야 할 때가 왔습니다."라고 말하더란다. 할아버지가 가만히 생각해보니 이제 이만하면 잘 살고 있어서 더 이상 욕심이 없었고, 그 이상한 스님이 도술을 부렸던지 용궁에서 심부름을 나왔던지 어쨌든 확실하게 알고 찾아왔던 터라, 해인을 스님에게 내주었단다.

할아버지에게 용왕국을 다스리는 물건이라는 해인을 받아온 스님은 그 길로 합천으로 떠났단다. 합천에 도착한 스님은 해인을 사용해서 하루아침에 해인사라는 큰 절을 지었단다. 무슨 무슨 건물이라고 글자를 쓰고는 해인을 꾹 눌러 찍으면 곧바로 커다란 건물이 들어섰으니 가능했던 일이었단다. 해인사를 다 짓고 난 그 스님은 죽기 전에 팔만대장경을 모셔 놓은 장경각이라는 건물 안에 해인을 몰래 숨겨 놓았대.

다시 오랜 세월이 흘러 조선시대 말기에 이르렀단다. 흥선대원군이 젊었을 적에 자기 부친의 묘소를 이장한 일이 있었는데, 이때 그 묘를 쓸 자리를 잡아준 유명한 풍수가 가운데 정만인이라는 스님이 있었단다. 정만인이라는 스님이 그 묘 자리를 잡아주면서 "앞으로 당신 자손 가운데 두 명의 황제가 나올 것입니다. 그때는 저의 소원 한 가지도 들어주십시오."라고 말했다는 게야. 그 후 묘소를 이장한 후 태어난 흥선대원군의 둘째아들이 훗날 고종(高宗)이 되었고, 흥선대원군 자신은 나라의 온갖 정치를 좌지우지하는 막강한 권력을 가지게 되었지. 어느 날 흥선대원군은 정만인을 불러 약속을 지키려고 소원을 물었더란다.

그러자 정만인이 "저야 뭐 중놈이오니, 소원이라면 팔만대장경을 모두 살펴보는 일입지요."라고 말하더래. 흥선대원군이 "아, 그까짓 일이야 내일이라도 당장 들어줄 수 있는 일이라네."라고 답하고는, 합천군수에게 전하는 명령서를 써 주었단다.

정만인은 그 길로 합천으로 가서 마침내 해인사에 도착했단다. 해인사에 도착하자마자 정만인은 다른 건물은 거들떠도 보지 않고 곧바로 장경각으로 향하더래. 정만인은 장경각에 혼자 들어가서 몇 날 며칠 동안을 뭔가를 찾더니만, 어느 날 얼굴에 웃음을 가득 띠고 나오더란다. 그러고는 정만인의 행방은 알 수 없었다지 뭐냐?

어떤 이들은 정만인이 해인을 가지고 남해 바다에 있는 자하도라는 섬에 숨어 있다고 하고, 또 어떤 사람은 정만인이 해인을 가지고 금강산이나 계룡산에 숨어 있다고 말하기도 한단다. 어쨌든 정만인이 해인을 가지고 다시 나타나는 날이 오면 우리나라는 다른 나라에서 바치는 조공을 받고 살 수 있을 것이고 세계일등국이 된다는 이야기가 전한단다. 어때, 해인이라는 보물이 얼마나 굉장한 위력을 가지고 있는지 짐작이 가니?

무척 긴 이야기가 되어버렸다. 그렇지만 어디선가 들어본 듯한 느낌이 들지 않는가? 이것이 바로 설화의 매력이다. 이제 전국 각지에서 구수한 사투리로 전승되는 해인에 관한 이야기들을 중요한 화소(話素)들 중심으로 분석하면서 살펴보자.

해인설화의 정의

한국의 대표적인 보물의 하나로 오랫동안 믿어지고 전해져 오는 해인(海印)은, 단순한 보물이 아니라 여러 믿음들이 다양한 형태로 반영된 종교적 성물(聖物)이다.

이 글에서 필자는 현재에도 민간에서 전승되고 있는 해인(海印)이라는 보물을 둘러싼 이야기들을 분석하여, 과연 이 해인이 어떠한 배경에서 나온 개념이며, 해인에 대한 이야기가 어떻게 변용되어 왔는가를 밝혀보고자 한다. 나아가 이러한 작업을 통해 '해인'에 압축된 한국인의 보물에 대한 인식과 이상세계관을 알아봄으로써, 한국인의 종교적 심성에 대해 좀 더 명확한 모습을 그려볼 수 있을 것이다.

이러한 연구를 통해 종교적 교리와는 별도의 체계인 설화라는 형식으로 현재까지 널리 전해지는 특정한 보물에 대한 이야기를 분석해냄으로써, 해인에 대한 믿음이 한국인에게 있어 광범위하고 심층적인 형태로 받아들여지고 있다는 사실을 확실히 밝힐 수 있을 것이다.

그리고 필자는 해인설화가 전승되고 있는 현황을 살핀 다음, 그 내용이 서로 조금씩 다른 점을 자세히 비교하여 해인설화의 기본적인 구조를 밝혀 보겠다. 또한 해인설화의 의미에 대해 면밀히 분석해 봄으로써 설화의 구조를 살펴보고 그 바탕에 깔려 있는 민중의 의식을 확인해 보고자 한다.

일반적으로 설화(說話)는 "민중들의 이야기 또는 민간에 전승되는 이야기"라는 뜻으로 사용된다. 설화는 일정한 구조를 가진 이야기이기 때문에, 일상적인 신변잡담이나 말로써 전하는 역사적 사실은 그 범주에 넣을 수 없다. 결국 설화는 사실 자체를 그대로 이야기하는 것이라기보다는, 흥미와 교훈을 위해 사실적으로 이야기하는 것이 대부분이다.

설화는 구전(口傳)됨으로써 그 존재를 유지해 가는데, 보통의 말로써 이루어지며 이야기의 구조에 힘입어 전승된다. 즉 화자(話者)는 이야기의 세세한 부분을 그대로 기억하여 고스란히 전승하는 것이 아니라, 그 이야기의 핵심이 되는 구조를 기억하고 여기에다 화자(話者) 나름의 수식을 덧붙여서 전승한다. 따라서 설화는 구전에 적합하게 단순하면서도 잘 짜인 구조를 지니며, 그 표현 역시 복잡하지 않다.

한편 설화는 보통 신화(神話), 전설(傳說), 민담(民譚)으로 나누어지며, 전승자의 태도, 시간과 장소, 중거물, 주인공 및 그 행위, 전승의 범위 등에 의해 차이가 난다.

해인(海印)이라는 보물에 대한 이야기는 지금도 마을 촌로들에 의해 전승되는 살아 있는 이야기라는 사실을 해인설화의 현황을 통해 알아보고, 각기 달리 전승되고 있는 해인설화의 내용의 차이와 공통되는 구조를 살펴보도록 하자.

해인설화의 현황

이른바 어떤 이야기가 과연 언제부터 민간에 유포되었는지를 정확하게 아는 일은 거의 불가능하다. 그리고 특정 개인이 수집한 해인설화는 그 객관성을 검증받을 길이 없다. 따라서 필자는 문자로 기록된 자료로 제한하여 한국의 대표적인 설화모음집인『한국구비문학대계(韓國口碑文學大系)』(한국정신문화연구원, 1980~1988)에 수록된 설화 가운데 해인설화로 볼 수 있는 설화들을 중심으로 분석하였다. 물론 이 외에도 다양한 해인설화가 전국 각지에서 전승되고 있을 것이며, 향후 체계적인 조사에 의해 채록되고 연구될 가능성은 열려 있다.

필자가 조사한 바에 따르면『한국구비문학대계』의 설화 가운데, '해인설화(海印說話)'로 분류할 수 있는 설화는 모두 16편이다. 여기서 해인설화는 "해인(海印)과 관련이 있는 설화"로 정의할 수 있다. 그리고 필자는 비록 제목에 직접적으로 '해인'이라는 표현이 없더라도 용왕의 아들에 의해 얻은 보물에 대해 이야기하는 설화도 해인설화에 포함시켰다. 아래에 나열된 설화의 순서는『한국구비문학대계』의 책 번호에 따랐는데, 설화의 제목과 수록부분은 다음과 같다. 이 책의 부록에 해인설화로 분류되는 16편의 설화를 수록하였다.

해인이라는 용어가 들어 있는 설화군

① 「해인사의 유래」,『한국구비문학대계』 1-1 서울특별시 도봉구편 (한국정신문화연구원, 1980), 626~632쪽

② 「해인의 유래」,『한국구비문학대계』 2-1 강원도 강릉 · 명주편 (한국정신문화연구원, 1980), 269~271쪽

③ 「해인의 신통력」, 『한국구비문학대계』 2-9 강원도 영월군편(2) (한국정신문
화연구원, 1986), 139~153쪽

④ 「해인의 유래」, 『한국구비문학대계』 4-4 충청남도 보령군편 (한국정신문화
연구원, 1983), 232~235쪽

⑤ 「용궁왕자 자라의 보은」, 『한국구비문학대계』 5-2 전라북도 전주시·완주군
편 (한국정신문화연구원, 1981), 350~364쪽

⑥ 「용궁에서 가져온 해인(海印)」, 『한국구비문학대계』 5-4 전라북도 군산시·
옥구군편 (한국정신문화연구원, 1984), 920~924쪽

⑦ 「용궁에서 가져온 해인(海印)」, 『한국구비문학대계』 5-4 전라북도 군산시·
옥구군편 (한국정신문화연구원, 1984), 1,100~1,104쪽

⑧ 「해인사 연기설화」, 『한국구비문학대계』 6-9 전라남도 화순군편(1) (한국정
신문화연구원, 1987), 358~362쪽

⑨ 「용자(龍子) 구해 주고·해인(海印) 얻은 노재상(老宰相)」, 『한국구비문학대계』
7-8 경상북도 상주군편 (한국정신문화연구원, 1983), 773~778쪽

⑩ 「용궁에서 얻은 해인(海印)과 서산대사」, 『한국구비문학대계』 7-13 대구직할
시편 (한국정신문화연구원, 1985), 133~140쪽

⑪ 「용자(龍子) 도와주고 얻은 해인(海印)」, 『한국구비문학대계』 7-13 대구직할
시편 (한국정신문화연구원, 1985), 456~460쪽

⑫ 「경주 최부자와 해인(海印)」, 『한국구비문학대계』 7-16 경상북도 구미시 선
산군편(2) (한국정신문화연구원, 1987), 593~599쪽

⑬ 「해인사의 창건유래」, 『한국구비문학대계』 8-13 경상남도 울산시 울주군편
(2) (한국정신문화연구원, 1986), 317~323쪽

해인이라는 용어가 들어 있지 않은 설화군

❶ 「서산대사가 얻은 연적(硯滴)의 신통력」, 『한국구비문학대계』 2-8 강원도 영
월군편(1) (한국정신문화연구원, 1986), 496~501쪽

❷ 「용왕 아들 가르친 율곡선생」, 『한국구비문학대계』 2-9 강원도 영월군편(2)
  (한국정신문화연구원, 1986), 759~762쪽

❸ 「율곡선생과 개」, 『한국구비문학대계』 5-3 전라북도 부안군편 (한국정신문
  화연구원, 1983), 238~241쪽

위에서 살펴본 것처럼 해인설화는 경기도, 충청북도, 제주도를 제외한 조사대상 지역의 거의 모든 지역에서 채록되었다. 이렇게 동일한 내용을 갖는 설화가 비교적 광범위한 지역에서 채록되는 경우가 그다지 많지 않다는 사실을 고려해 볼 때, 일단 해인설화는 전국적으로 널리 알려진 대표적인 한국설화 가운데 하나라고 말할 수 있다. 최소한 우리나라의 여러 지역에 널리 퍼져 있다는 점에서 해인설화는 보편적인 이야기의 하나로 인정될 수 있다.

이 이야기들은 특정인이 가필하거나 수정하여 정해진 형태로 전하는 것이 아니라, 이야기꾼의 이야기를 그들이 사용하는 사투리 그대로 채록했다는 점에서 1차 사료적 가치가 있다. 이야기마다 상세한 화소와 세부적인 묘사는 상당히 다르지만 해인이라는 보물이 공통적으로 등장한다는 점에서 해인 이야기로 분류할 수 있다. 그리고 해인이라는 용어나 보물은 등장하지 않지만 바다 속에 있다고 믿어지는 세계인 용궁에서 신비한 물건을 가지고 왔다는 점이나 용왕의 아들이 개의 허물을 뒤집어쓰고 속세에 나왔다는 등의 이야기도 넓은 관점에서 해인 이야기에 포함시킬 수 있다.

비록 문자로 기록된 형태의 채록은 1980년대 초·중반이지만 언제인지 확실하게 알 수 없는 먼 과거에 형성되었을 해인 이야기는 거대한 지하수맥과 같은 형태로 시대를 관통하여 오늘날 우리에게까지 흘러왔다. 해인에 관한 이야기는 인간 내면의 보편적 정서를 일정하게 반영하는 이야기이며, 각 지역의 여러 이야기꾼에 의해 독특한 환경에 따라 특이한 빛깔

을 뗀다.

이제 해인이라는 공통된 화소를 지닌 해인 이야기를 실마리로 하여 지난 시대 우리들 선조의 심성과 문화 그리고 그들이 품었던 욕망의 실체에 대해 접근해 보기로 하자. 이야기를 통해 자연스레 드러나는 선조들의 집단적 심성을 이해하는 한 방법으로 이야기의 구조와 화소들을 상호 비교해 보고자 한다. 거의 동일한 이야기라고 하더라도 지역과 이야기꾼에 따라 그 맛이 다르며 그 안에 담고 있는 메시지도 다르지만, 해인 이야기의 분석을 통해 선조들의 정신세계의 특징을 알아보고자 한다.

그리고 해인 이야기는 단순한 이야기에 그치는 것이 아니라 다른 여러 이야기들을 풍부하게 흡수한 다음 급기야 한국 신종교의 교리체계의 중요한 한 요소로까지 거론된다는 점에서 국내외의 여러 다른 이야기들과는 뚜렷이 구별되는 특성이 있다. 해인 이야기는 비교적 오랜 세월 동안 우리나라 사람들의 고유한 종교적 심성 전반에 걸쳐 거대한 지하수맥처럼 면면히 이어져왔으며, 마침내 한국 신종교라는 종교체계로 편입되어 역사적·사회적·문화적 맥락에서 우리네 삶의 양식에 일정하게 영향력을 행사했다.

도대체 왜 우리나라에는 해인에 관한 이야기들이 있을까? 그리고 왜 조금씩 다른가? 해인 이야기는 오늘날 우리들에게 과연 어떠한 의미를 지니고 있는가?

특정한 주제를 지닌 이야기들이 만들어지고 전수되며 향유되는 사회의 특성은 어떠한 형태로든지 이야기에 반영된다. 따라서 우리는 특정한 주제를 지닌 이야기의 분석을 통해 그 이야기가 발생하고 유포되는 사회를 알 수 있는 중요한 잣대를 찾을 수도 있다. 옛이야기에 숨겨져 있는 진실을 찾아보자.

해인설화의 여러 화소들

해인 이야기는 환상적인 요소들로 가득 차 있는 듯하지만, 그 배후에는 대단히 사실적인 실제의 세계가 있다. 해인 이야기에 나오는 여러 화소(話素)들은 역사적 사건을 배경으로 하는 점이 대부분이다. 해인 이야기의 분석을 통해 우리는 조상들이 현실적인 고난과 시련을 어떻게 이겨내려 했으며, 그들의 심성은 어떠했는가에 대해 어느 정도 짐작할 수 있을 것이다. 이야기가 생겨날 때의 사회적·문화적 상황에 대해 살펴보는 일도 필요하다.

이제 각 해인설화의 고유번호를 ①∼⑬, ❶∼❸으로 표기하여, 화소에 따라 같은 부분과 다른 부분을 비교 분석하여 해인설화의 자세한 내용을 알아보자.

1) 해인을 얻은 사람과 용왕국 왕자의 지상에서의 변신체

해인설화 번호	해인을 얻은 사람	용왕국 왕자의 지상에서의 변신체
①	이진사	용왕국(龍王國) 용자(龍子) → 고양이 → 초립동이
②	경주 최씨의 시조	용왕의 딸 → 개 → 예쁜 처녀
③	어떤 선비	용왕국 왕자 → 누런 개〈黃狗〉 → 소년
④	무주 구천동의 노부부	용왕의 딸 → 개 → 16세 정도의 계집아이

⑤	조선 초기의 어느 학자	용왕의 아들 → 자라 → 동자
⑥	이씨(李氏) 성(姓)의 옛날 어느 정승	수중왕(水中王)의 아들 → 개 → 동자
⑦	옛날 어떤 양반	용왕의 아들 → 개 → 신동(神童)
⑧	선생	용왕의 아들 → 개 → 사람
⑨	늙은 재상	용왕의 아들 → 이상한 짐승 → 젊은 총각
⑩	경주에 사는 손인석이라는 사람	수궁왕의 둘째 아들 → 개 → 청년
⑪	지독히 가난한 어떤 할아버지	용왕의 아들 → 개 → 초립을 쓴 소년
⑫	경주 최 진사	용왕의 아들 → 누런 개 → 젊은 소년
⑬	어느 노부부	용왕의 아들 → 개 → 청년
❶	서산대사	서천 서해국의 태자(변신하지 않았음)
❷	율곡선생	동해 용왕의 아들(변신하지 않았음)
❸	율곡선생	용왕의 아들 → 개 → 초립동이

수중세계인 용궁에서 지상에 나타난 개는 물질적 축복을 실현시키는 초자연적인 중개자이며, 마법의 힘에 의해 개로 변한 용궁의 태자라고 했다. 현재 우리가 살고 있는 이 세계와 가장 극단적으로 먼 곳으로 묘사할 수 있는 곳이 바다 속에 있는 세계이다. 그곳은 수직의 방향으로 멀리 있

다고 상정되며, 땅과 물이라는 극적인 대비에서 느껴지듯이 단순히 거리가 먼 정도가 아니라 질적으로 전혀 다른 곳이다. 이 땅과는 전혀 다른 아주 멀리 있는 별세계에 있다는 용궁은 새로운 세계이다. 햇볕조차 들지 않는 캄캄한 바다 속 세계에서 이 땅에 왔다는 초자연적이고 이질적인 존재가 바로 용궁태자이다.

지상과 용궁을 오갈 수 있고 두 세계를 소통할 수 있는 중간존재인 용궁태자는 개라는 가장 미천한 모습으로 인간계에 나타난다.

2) 해인의 모양, 해인의 사용법, 해인으로 이룬 일

해인설화 번호	해인의 모양	해인의 사용법	해인으로 이룬 일
①	빨간 주머니에 패철을 붙인 것으로 도장같이 생겼다	종이에 글을 써놓고 해인을 찍는다	금고에 넣어 보관만 했다
②	붉은 것	보자기에 싸서 가슴에 올려놓았다	죽었던 이웃집의 9대 독자를 되살렸다
③	도장(용왕국 정치하는 해인 세 개 가운데 중간 크기를 가져왔음)	종이에 글자를 쓰고 해인을 찍었다	자신의 3대 독자를 살렸다
④	동그스름한 쇠	말을 한다	쌀과 돈이 나오게 했다
⑤	설명이 없다	정성을 드려 원한다	양식과 돈을 나오게 했다

⑥	오각짜리처럼 생긴 돈	물건에 비춘다	돈을 나오게 했다
⑦	도장	인주를 묻혀 글자 위에 찍는다	돈을 나오게 했다
⑧	빨간 것	말하는 대로 나온다	돈과 옷, 쌀을 나오게 했다
⑨	하얀 병	말로 요구하는 대로 물건이 나왔다	옷, 술, 밥을 나오게 했다
⑩	세 개의 주머니 가운데 바깥쪽에 있던 주머니 (훗날 살펴보니 도장이 들어있음)	사용하지 않고 보관만 했다	
⑪	설명이 없다	부르는 대로 나온다	물건을 나오게 했다
⑫	용왕부인의 옷고름에 차는 장식	뜻대로 된다	사용하지 못했다
⑬	식기(食器)처럼 둥그스럼 하게 생겼다	사용법을 몰라 보관만 하고 있었다	
❶	붉은 연적 (작은 것)	글자를 써서 든다	술과 밥, 군사를 나오게 했다
❷	용약	먹을 갈아 종일	

		사용해도 마르지 않았다	
❸	벼루	설명이 없다	

부(富)는 망자의 세계나 다른 세계와의 사이에 통로를 열 수 있는 사람만이 손에 넣을 수 있는 것으로 이야기되는 설화가 많다. 초자연이 가져다주는 부는 절약해서 순환시켜나가는 경제가 아니라 아무런 대가도 없이 주어지는 증여에 속하기 때문에, 그것이 가져다주는 것은 제한이 없으며 화려한 이미지를 갖고 있다. 증여는 절약하거나 아까워하지 않는다. 원하는 것은 무엇이든지 아낌없이 준다. 이처럼 사회적인 교환의 틀을 벗어나 있는 것에 대한 욕망이 해인 이야기를 이끌어가고 있다. 초자연과의 소통을 통해 재물이나 부의 획득이 강조된다.

유한한 삶을 누리는 이 세상은 결핍된 세계이며, 영원한 생명과 풍요가 있는 용궁은 진정한 의미에서의 풍요의 세계이다. 보은의 대가로 용궁의 해인을 지상에 가져온 노인은 물질적 풍요나 자식의 생명을 얻을 수 있었다.

3) 해인을 가져간 사람, 해인으로 행한 일, 해인을 감춘 장소

해인설화 번호	해인을 가져간 사람	해인으로 행한 일	해인을 감춘 장소
①	합천 해인사의 중	해인사 창건	해인사의 용마루 안
②	어떤 중	해인사 창건	해인사의 대들보

③	합천 해인사 주지	불탄 해인사 중건	주역 팔괘 속
④	나라에 바쳤다	설명이 없다	해인사
⑤	절에 있던 도승 (道僧)	합천 해인사 창건	삼층경의 닷집
⑥	옛날 어느 정승	해인사 중창	팔만대장경의 바닥
⑦	옛날 어떤 양반	해인사 창건	팔만대장경의 속
⑧	중	해인사 중창	팔만대장경의 속
⑨	합천 해인사 주지	해인사 창건	도둑맞았다
⑩	서산대사	일본에 가서 조화를 부렸다	설명이 없다
⑪	중 (도사)	해인사 창건	팔만대장경의 속
⑫	중 (도사)	합천 해인사 창건	팔만대장경의 속
⑬	중 (도술가)	해인사 창건	설명이 없다
❶	사명당	일본에 가서 조화를 부렸다	설명이 없다
❷	없음	설명이 없다	설명이 없다
❸	없음	설명이 없다	설명이 없다

4) 해인을 찾아낸 사람, 해인을 가지고 숨은 곳, 해인의 출현 여부

해인설화 번호	해인을 찾아낸 사람	해인을 가지고 숨은 곳	해인의 출현 여부
①	중국 상해에 있는 정만영	설명이 없음	설명이 없음
②	없음	설명이 없음	설명이 없음
③	육군 도원수 정만인	설명이 없음	계룡산에 도읍하러 올 것이다
④	없음	설명이 없음	설명이 없음
⑤	숙종대왕의 신하 정만영	어느 바다의 섬에 정만영이 지금도 살아있다	
⑥	정만용이라는 중	부안 변산 청학동의 무릉도원	백 몇 살 또는 이백 몇 살 되는 정만용 이 살아 있으며, 해인이 나오면 세계통일이 된다
⑦	정만인	남해	언제 올지 모른다
⑧	정만영	설명이 없음	설명이 없음
⑨	정씨 성의 상좌 중이 훔쳐갔다	설명이 없음	설명이 없음
⑩	아직은 없었다	앞으로 성공할 사람이 나라를 다스릴 예정이다	

⑪	조선 말년의 정만인이라는 중	용국(龍國)	언젠가는 돌려받게 되어, 우리나라가 7개국의 조공을 받으며 잘 살 것이다
⑫	홍길동	율도국 (지금의 독일)	홍길동이 해인을 가지고 독일을 발전시켜 주었다
⑬	없음	설명이 없음	설명이 없음
❶	사명당	바닷가의 자하동 (紫下同)	사명당이 지금도 그 곳에 산다
❷	없음	설명이 없음	설명이 없음
❸	없음	설명이 없음	설명이 없음

해인설화의 분류

필자가 앞에서 가려낸 해인설화를 『한국구비문학대계』 별책부록(1) (한국정신문화연구원, 1989)의 「한국설화분류체계」에 의거하여 분류하면, 각각 다음과 같다.

(415-7) 〈바를 만해서 바르기(41), 짐승에게 적선하고 보은 받기 (동물보은담)
(415) 용왕 아들(딸)을 구해주고 보은 받기 (415-7)〉에 해당하는 해인설화 ⇒ ①,
②, ③, ④, ⑥, ⑦, ⑨, ⑫, ❶의 앞부분, ❸

(415-4) 〈밥 먹여 키운 짐승의 보은〉에 해당하는 해인설화 ⇒ ⑩, ⑪
(415-7) 〈보은 받아 절 짓기〉에 해당하는 해인설화 ⇒ ⑧, ⑬
(415-12) 〈짐승의 보은으로 받은 물건 망치기〉에 해당하는 해인설화 ⇒ ⑤
(132-4) 〈질 만한데 이기기 (13) 시련을 물리치고 이긴 영웅(132) 가출해서 도
적이 된 영웅(132-4)〉에 해당하는 해인설화 ⇒ ⑫의 뒷부분
(212-7) 〈알만해서 알기(21), 도움 받을 사람 도술로 도와준 이인(212), 죽을 사
람 구한 이인(212-7)〉에 해당하는 해인설화 ⇒ ❷

(645-16) 〈갈 만해서 가기(64) 저승(별세계) 경험하기(645) 별세계 다녀오기
(645-16)〉에 해당하는 해인설화 ⇒ ❶의 뒷부분

위의 분류체계를 통해 결국 지금까지 국문학계에서는 해인설화에 대
해 거의 주목하지 않았음이 확인된다. 해인설화에서 가장 중요한 화소(話
素)인 해인(海印)에 대해서는 전혀 관심을 두지 않았고, 다만 동물을 도와
주고 그 보답으로 보물을 얻게 되었다는 '동물 보은담' 이나 '이인설화' 로
분류하고 있을 따름이다.

「한국설화분류체계」에서는 대부분의 해인설화를 지상의 인간이 용왕
의 아들과 딸을 도와주었다는 이야기를 핵심으로 이해하여 분류하고 있
으며, 밥을 먹여 키운 짐승, 보은을 받아 절을 지었음, 보은으로 받은 물건
망치기, 가출해서 도적이 된 영웅(홍길동), 이인(율곡선생), 별세계 다녀오
기 등의 화소를 중심으로 하여 분류하고 있는 정도이다. 특히 해인설화 가

운데 ⑤와 ❷에 대한 분류는 명확한 근거가 없는 자의적인 분류로 보인다.

이러한 기존 학계의 분류방법에 반해, 필자가 주장하는 해인설화는 해인이라는 보물을 중심으로 다시 분류할 수 있을 것이다. 즉 앞에서 필자가 해인설화의 내용을 분류하면서 사용한 해인을 얻은 사람, 용왕국 왕자의 지상에서의 변신체, 해인의 모양, 해인의 사용법, 해인으로 이룬 일, 해인을 가져간 사람, 해인으로 행한 일, 해인을 감춘 장소, 해인을 찾아낸 사람, 해인을 가지고 숨은 곳, 해인의 출현 여부 등 여러 화소의 차이에 의해 해인설화에 대한 구체적인 분류가 가능하다고 본다.

해인설화의 내용분석

1) 해인을 처음 가진 인물의 신분

바다 속의 용왕국에 있던 해인을 지상으로 가져온 인물은 해인설화에서는 다음과 같이 다양하게 표현된다.

    ① 부자이자 학자

    ② 상당한 경제력의 소유자 (하인을 두고 별당을 둘 정도)

    ③ 십 년 공부하러 절에 간 선비

    ④ 산중에서 나무 열매를 주워 먹고 사는 노부부

    ⑤ 이조(李朝) 태종(太宗) 연간(年間)의 학자

    ⑥ 이씨 성의 정승

⑦ 점잖고 정직한 양반

⑧ 집집마다 찾아다니며 글을 가르쳐 주는 선생

⑨ 재상

⑩ 어느 정도 경제적 능력이 있는 늙은 양반

⑪ 걸식하는 가난한 할아버지

⑫ 진사 노릇하던 최씨

⑬ 산자락에 일군 땅을 파먹고 오두막에 살던 늙은 부부

❶ 임(任) 진사 집에서 그 아들을 가르치던 서산대사

❷ 글을 가르치던 율곡선생

❸ 율곡선생

해인을 처음으로 지상에 가지고 온 인물이 재상이나 정승이며 그 신분이 평범하지 않았다고 이야기되는 설화도 있으며, 특히 글을 읽을 줄 아는 선비 혹은 학자였다는 설화가 많다. 이처럼 학식이 있는 사람이었다는 설명은 해인을 사용하는 방법이 글자를 써서 찍는 경우가 많다는 사실을 염두에 두었기 때문이라고 짐작된다.

한편 그들의 신분은 대부분이 양반이지만 ④, ⑪, ⑬의 경우는 매우 가난한 사람으로 표현되고 있어서, 해인을 가질 수 있는 특별한 자격이 결코 인간계의 지위 고하에 있지 않다는 점을 강조하기도 했다.

대부분의 해인설화에서 해인을 처음으로 가져왔던 사람은 익명으로 표현된 경우가 많지만, ①에서는 이 진사, ②에서는 경주 최씨의 시조, ⑥에서는 이씨 성의 어느 정승, ⑩에서는 경주에서 살던 손인석이라는 사람, ⑫에서는 최씨라는 성을 지녔던 사람으로 이야기되기도 하며, 서산대사나 율곡선생이었다고 구체적으로 언급하기도 한다.

이처럼 특정인물로 거론된 이유는 실제로 있었던 일임을 강조하기 위한 화자의 의도가 반영되었거나 그들이 신이한 능력을 지녔다고 믿어질 수 있는 개연성이 높은 인물이었기 때문이다.

그리고 ⑤에서 이조 태종 연간 때의 일이라고 구체적으로 밝힌 것도 해인이라는 보물을 용왕국에서 가져왔다는 이야기가 실제로 일어났었던 일임을 강조하기 위한 화자의 의도에서 비롯된 일이라고 판단된다. 이와 마찬가지로 ②에서 진사 노릇을 하던 최씨라는 표현도 구체성을 강조하기 위한 의도로 설명될 수 있으며, ❶의 임 진사 집에서 그의 아들을 가르치던 서산대사라는 표현도 같은 맥락에서 이해할 수 있다. 중의 신분인 서산대사가 세간의 양반인 임 진사 집에서 그의 아들을 가르쳤을 까닭이 없을 것이지만, 자신의 이야기가 정말 있었던 실제 상황이었음을 주장하기 위한 화자의 생각이 반영되었던 것이다.

2) 은혜를 베푼 기간의 차이

인간계에 찾아온 개 또는 고양이의 모습을 한 짐승에게 은혜를 베푼 기간의 차이는 다음과 같다.

① 삼 년간
② 삼 년간
③ 십 년간 절에서 같이 먹고 키워 주었음
④ 강아지가 큰 개로 될 기간
⑤ 바다에서 낚시하다가 낚은 자라를 놓아 줌
⑥ 몇 달간
⑦ 몇 달간

⑧ 어떤 집에서 구 년간 공부를 가르쳐준 대가로 그 집에서 키우던 개
　　를 받음, 줄 때는 잡아먹으라고 주었으나 잡아먹지 않고 일 년간
⑨ 아이들이 잡아온 이상한 짐승을 달라고 해서 서너 달 키워 주었음
⑩ 주막집의 강아지가 자꾸 따라와 십 년간 키워 줌
⑪ 3년간 동거하면서 키워 줌
⑫ 약 삼 년간
⑬ 약 삼 년간

❶ 어떤 아이에게 1년여 동안 사서삼경과 주역을 가르쳐 주었음
❷ 설명이 없음
❸ 몇 달 간

　해인설화의 첫 주인공이 짐승에게 은혜를 베푼 기간은 짧게는 몇 달, 길게는 십 년 동안이었다고 이야기된다. 따라서 해인설화는 은혜를 베풀었다는 사실을 강조한 것이지, 그 기간의 길고 짧음은 그다지 문제로 삼지 않음을 알 수 있다.

3) 짐승이 사람으로 변해 돌아온 기간

어떤 사람이 일정 기간 동안 짐승을 먹여 살려주었는데, 어느 날 갑자기 그 짐승이 사라진다. 그 후 그 짐승이 사람으로 변해 은혜를 베풀어 주었던 사람을 찾아오는데, 돌아오기까지의 기간의 차이는 아래와 같다.

① 한 달 뒤
② 사라지지 않고 3년 만에 사랑방에서 예쁜 처녀로 둔갑했음

③ 여러 해가 지난 후에 나타났음

④ 사라지지 않고 어느 날 안개가 끼자 계집애로 변함

⑤ 낚싯줄에서 풀려난 뒤 3~4시간 후

⑥ 몇 달 후

⑦ 얼마 지난 후

⑧ 사라지지 않았고, 어느 날 총각이 됨

⑨ 몇 달 후

⑩ 사라지지 않고 십 년 째 되는 새벽에 주인을 깨움

⑪ 3일 후

⑫ 이 년 후

⑬ 일 년 뒤

❶ 인사 올리려고 서천 서해국에 있는 자기 집에 가자고 하는 동자를
따라 나섬

❷ 율곡선생이 용궁구경을 하고 싶다고 말해, 용왕의 허락을 받은 왕
자를 따라 나섬

❸ 몇 년 후

이처럼 짐승이 사람으로 변하기까지의 기간도 상당한 차이가 있다. 얼마 동안, 서너 시간 후 등의 경우처럼 매우 짧은 기간도 있고, 여러 해 동안이라는 비교적 오랜 시간이 걸린 경우도 있다. 가장 오랜 기간 동안 짐승을 먹여 살린 경우는 십 년간이었는데, 이때는 그 짐승이 사라지지 않았다. 그리고 짐승이 사라지지 않았던 경우에는 어느 날 갑자기 처녀나 총각으로 변했다고 이야기된다.

특히 짐승이 여자로 변한 경우는 모두 사라지지 않았던 경우이다. 그

리고 ❷에서는 사람이 직접 용궁구경을 가고 싶다고 원한 경우라는 점이
특기할 만하다.

4) 은혜를 베풀어 준 사람에 대한 호칭

사람으로 변한 짐승이 자신을 먹여 살려준 은혜를 베풀어 준 사람을 부르
는 호칭도 상당한 차이가 있다.

    ① 어르신
    ② 주인양반
    ③ 아버지
    ④ 아버지와 어머니
    ⑤ 선생님
    ⑥ 대감
    ⑦ 선생님
    ⑧ 선생님
    ⑨ 대감
    ⑩ 할아버지
    ⑪ 선생님
    ⑫ 할아버지
    ⑬ 아버지, 어머니

    ❶ 선생님
    ❷ 선생님
    ❸ 선생님

아버지, 어머니, 할아버지 등 혈연관계를 뜻하는 호칭으로 불러 매우 친근함을 강조한 경우가 5번이고, 선생님이라는 비교적 친근한 관계를 상정하는 호칭으로 부른 경우가 6번이다. 그리고 어르신, 주인양반, 대감 등 공식적인 호칭으로 부른 경우는 4번이다. 은혜를 입은 쪽에서 자신의 생명을 살려 준 은혜가 깊음을 특히 강조하고 있기 때문이라고 여겨진다.

5) 용왕국의 왕자가 인간 세상에 미물의 허물을 쓰고 나오게 된 내력

사람으로 변한 짐승이 자신의 본래 신분을 용왕의 아들이나 딸이라고 스스로 밝히고 있다. 그리고 용왕의 아들 혹은 딸이었던 자신이 보잘 것 없는 짐승의 몸을 빌려 인간 세상에 올 수밖에 없었던 이유를 다음과 같이 설명한다.

① 용왕국에서 비를 잘못 내리게 한 죄로 민간에 내보내졌음
② 득죄(得罪)해서 인간 세상에 왔음
③ 득죄해서 인간계에 왔음
④ 득죄해서 세상으로 쫓겨 왔음
⑤ 잘못해서 낚싯밥을 삼켰기 때문
⑥ 용왕한테 혼이 나서 개 노릇을 했음
⑦ 죄를 짓자 선생님에게 가서 몇 달간 배워오라는 용왕의 명령이 있었음. 왕자가 비를 내리는 직책을 맡았었는데, 비를 너무 많이 내려 사람이 많이 죽었음. 일을 경솔히 했으므로 선생님의 무거운 태도와 행실을 본받고 오라는 용왕의 명령을 따랐음
⑧ 설명이 없음
⑨ 배를 잘못 지은 죄로 인간계에 나왔음

⑩ 죄를 지은 수궁왕의 둘째(셋째)아들이라고 설명함

⑪ 죄를 지어 육지에 삼 년간 귀양 왔음

⑫ 죄를 지어 금사망을 입고 인간계로 왔음

⑬ 설명이 없음

❶ 글공부를 배우러 왔음

❷ 율곡의 학문이 유명하니 가서 글을 배우고 오라는 용왕의 명령을
받았음

❸ 죄를 지어 개 허물을 덮어쓰고 인간계에 왔었음

이처럼 대부분의 경우는 죄를 지었기 때문에 짐승의 몸을 한 채 인간 세상으로 쫓겨 왔다는 이야기이다. 죄의 내용에 대해서는 설명이 없는 경우도 많고, 설명이 있는 경우에는 대부분이 자기가 인간 세상에 비를 내리게 하는 임무를 맡았는데 비를 너무 많이 내리게 하여 인명을 상하게 했다는 것이다.

한편 용왕의 아들이 낚싯밥을 삼켰다는 아주 우연한 일에 의해 인간계로 잠시 나온 경우도 있고, 인간 세상의 유명한 학자에게 글을 배우고 그의 진중한 행실을 본받으러 왔다고 말하는 경우도 있다.

낚싯밥을 잘못 삼킨 경우는 매우 우발적인 사건이었다. 그러나 죄를 지었거나 글을 배우러 인간 세상에 온 경우는 필연적으로 운명이 정해져 있거나 의도적인 행위의 결과이다. 특히 인간 세상의 훌륭한 학식과 본받을 만한 덕행이 있는 사람은 용궁에까지 널리 알려져 있다는 설명이 흥미롭다. 이와 같이 지상에서 뛰어난 인물에 대한 소문이 용궁이라는 이상향에도 퍼져있다고 생각한 점은, 두 세계 간의 상호관련성을 강조하고 있는 것으로 생각된다.

6) 용왕국에 들어가는 장소와 방법

용왕의 아들 혹은 딸을 따라 지상의 인간이 바다 속 용왕국으로 들어가는 방법도 약간씩 다르다. 세부적인 차이는 다음과 같다.

① 낙동강의 어느 소(沼)에 가서 무어라고 말하니, 물이 갈라지고 맨 바닥이 되었다.

② 동해에 가서 처녀에게 업혔더니, 바다에 큰길이 갈라졌다.

③ 동자가 용왕국에 가자고 권하니, 선비는 물에 빠져 죽는 줄 알고 가지 않겠다고 말했다. 그 후 죽을 운명이 되었으니 이런 일이 생겼다고 생각하여 자포자기하는 심정으로 따라 나섰다. 동해 바다에 가니까 물이 갈라지고 신작로가 생겼다.

④ 계집애가 먼저 용궁으로 들어가고, 용궁에서 온 사자 셋을 따라 들어갔다. 문 밖에 나가면 서너 발자국부터 눈을 감으라고 사자들이 말했고, 눈을 뜨고 보니 용궁이었다.

⑤ 주문을 외우니, 물이 갈라져 육지가 되었다.

⑥ 바닷가에서 주문을 외우니, 물이 갈라지며 신작로가 열렸다.

⑦ 강에 배를 띄워 놓고 눈을 감았다가 뜨니 용궁이었다.

⑧ 개를 타고 물로 들어갔다.

⑨ 바닷가에 가서 총각의 등에 업혀 눈을 감았다가 뜨니 용궁이었다.

⑩ 바닷가에서 진언(眞言)을 외우니, 물이 갈라지고 길이 나타났다.

⑪ 용궁으로 가자는 왕자의 청을 거절했다. "내가 살아야 얼마 못 살 것인데, 어찌 깨끗한 용궁에 가서 더럽히겠느냐? 그리고 도움을 주었다고 생각한 일도 없다."고 거절했다. 왕자가 할아버지에게 세 번이나 간청했는데도 결국 거절당했다.

⑫ 동해 바다에 이르러 길이 갈라지자, 소년이 밟는 대로 따라 들어갔다.
⑬ 물이 갈라져서 들어갔다.

❶ 바닷가에 이르러 물이 갈라지자, 동자가 디딘 대로 밟고 따라갔다.
❷ 바닷가 물속을 따라 들어갔다.
❸ 바닷가에 가서 소년의 등에 업혀 눈을 감았다가 뜨니 용궁이었다.

강을 통해서 용궁으로 들어간 경우(①, ⑤, ⑦, ⑧, ⑬)도 있고, 동해바다(②, ③, ⑫) 또는 바닷가(⑥, ⑨, ⑩, ❶, ❷, ❸)에서 용궁으로 들어가기도 한다. 여기서 동해라는 표현이 있는 것은 구체성을 강조하기 위한 것으로 생각된다.

그리고 강을 통해서도 물길을 따라 바다 속에 있다는 용궁에 다다를 수 있다고 생각했던 것으로 보아, 용궁이라는 이상세계에 들어가는 길이 굳이 바다가 아니라도 된다고 여긴 듯하다.

한편 물가에 이르러 주문을 외우자 길이 생겼다는 경우(①, ⑤, ⑥, ⑩), 특별한 행위를 하지 않았는데도 물가에 가니 길이 생겼다는 경우(②, ③, ⑬, ❷), 눈을 감았다가 떠 보니 용궁이었다는 경우(④, ⑦, ⑨, ❸), 길이 갈라지고 앞서 가는 동자가 밟는 대로 따라 들어간 경우(⑫, ❶), 동물의 등에 타고 용궁으로 들어간 경우(⑧) 등 용궁으로 들어가는 길이 생기는 방법에서도 상당한 차이가 있다.

주문을 외우거나 앞서간 발자국을 그대로 밟아야 용궁에 들어갈 수 있었다는 이야기는, 별세계(別世界)에 들어가기 위해서는 특별한 행위가 필요하다는 사실을 부각시킨 것으로 판단할 수 있겠다.

반면 특별한 언급이 없이 물가에 이르니 그냥 길이 생기더라는 이야기와 눈을 감았다가 떠 보니 문득 용궁이었다는 이야기도 상당한 빈도수를 지니고 있다는 점을 감안해 볼 때, 용궁으로 들어가는 일은 용왕의 아들의 힘에 의해 자연스레 이루어지는 일이라는 인식이 깔려 있다. 여기에는 용궁에 들어가는 일은 용왕의 아들이 중요한 요인이지, 굳이 주문 등의 의례가 필요하지 않다는 생각이 반영되었다.

7) 용왕국에 있었던 기간과 나오게 되는 이유

사람이 용왕국에 머무는 기간과 용왕국에서 지상으로 나오게 되는 이유도 이야기마다 차이가 많다.

① 며칠간 지내다가, 집에서 기다리니 이제 가야겠다고 말했다.

② 용궁에서 3년간 머물렀다. 용왕의 딸인 처녀가 이제는 고향으로 가라고 말했다.

③ 몇 달간 머물렀다. 고향집만 생각하고 며칠 후에 나오려고 했으나, 나올 방법이 없어 할 수 없이 몇 달간 있었다. 집에 데려다 주겠다는 소리에 반가워했다.

④ 며칠간 구경했다. 용왕이 이제 가야할 때가 되었다고 말했다.

⑤ 며칠간 놀다가라는 용왕의 말이 있었다. 자진해서 간다고 말했다.

⑥ 보름 동안 있었다. 자진해서 간다고 말했다.

⑦ 며칠 동안 있었다. 용왕이 이제 세상으로 나가라고 말했다.

⑧ 기간에 대한 설명은 없고, 작별할 때가 되었다고 화자(話者)가 이야기한다.

⑨ 몇 달간 잘 놀았다. 자진해서 간다고 말했다.

⑩ 실컷 구경하고 집으로 가야겠다고 직접 의사를 표시했다.

⑪ 용왕국에 가지 않았다.

용왕탱화

⑫ 며칠 동안 있었고, 스스로 가려고 나섰다.

⑬ 들어가자마자 해인을 받아가지고 나왔다.

❶ 한 달 혹은 일 년 동안 있었다. 소년은 사명당이 기다리므로 나가야
할 것이라고 말해주었다. 그런데 지상에 나오니까 벌써 삼 년이 지
났다.

❷ 기간에 대한 설명이 없다.

❸ 기간에 대한 설명이 없다. 율곡선생이 집에 가야겠다고 말했다.

이와 같이 용궁에 머무르는 기간도 들어가자마자 나온 경우부터 삼 년
간이나 머물렀다는 이야기까지 다양하다. 그리고 용궁에서 나오게 되는
과정도 스스로 자진해서 나온 경우(①, ⑤, ⑥, ⑨, ⑩, ⑫, ❸)와 용왕이나
용왕국 공주가 가라고 말한 경우(②, ④, ⑦, ❶)가 있다.

인간이 용궁에서 일정한 기간동안 머물다가 스스로 인간계에 돌아오

겠다고 말한 경우가 비교적 많고, 초청자 측의 요청에 의해 인간계로 돌아
왔다는 경우도 있다. 이처럼 용궁에 영원히 머물지 않고 자의에 의해서든
타의에 의해서든 결국은 인간 세상으로 돌아와야 된다는 사실이 암묵적
으로 표현되어 있다. 더욱이 집으로 오고 싶었지만, 그 방법을 알지 못해
할 수 없이 용궁에 머물렀다는 경우(③)도 있는 것으로 보아, 용궁이 아무
리 이상향이라고 하더라도 인간이 영원히 있을 수 있는 세계는 아니라는
점이 확인된다.

8) 해인을 주는 과정과 사용법에 관한 설명의 유무

해인을 주는 방법도 이야기마다 조금씩 다르며, 보물의 이름과 사용법을
가르쳐 주는 방식도 다르다.

① 용왕이 망설이고 사용법을 가르쳐 주지 않았다. 나중에 시험해 보
　면서 자득했다.
② 푸른 것과 붉은 것 가운데 고르라는 용왕의 명령이 있으면 붉은 것
　을 고르라고 처녀가 미리 알려주었다. 용왕이 해인을 주면서 깊이
　감추어 두었다가 누군가 와서 달라고 할 때 주라는 단서를 붙였다.
　해인의 사용법을 가르쳐 주지 않았고, 여러 번의 시행착오 끝에 자
　득했다.
③ 처음에는 제일 작은 것으로 내주었다. 용왕이 망설이다가 중간 크
　기의 도장을 주었다. 제일 급한 일에 한 번만 써먹고 임자가 오면
　내주라는 단서를 붙였다. 사용법을 가르쳐 주지 않았다.
④ 사용법을 가르쳐주지 않았다. 그러나 화자(話者)는 이미 알고 있는
　듯이 이야기한다.

⑤ 용왕이 아직 해인이 육지에 나갈 시대가 아니라고 말했다. 동자가 해인에 대고 정성을 드리면 된다고 사용법을 가르쳐 주었다.

⑥ 용왕이 주지 않으려고 하다가 할 수 없이 주었다. 사용법을 가르쳐 주지 않았으므로 스스로 터득했다.

⑦ 용왕이 미리 약속했기 때문에 할 수 없이 준다고 말했다. 사용법은 가르쳐 주지 않았다.

⑧ 못 주겠다는 용왕에게 아들이 떼를 써서 할 수 없이 내준다. 총각이 사용법을 가르쳐 주었다. 말하면 말하는 대로 나온다고 알려주었다.

⑨ 용왕이 못 준다고 거부했지만, 자식의 강권으로 할 수 없이 내주었다. 총각이 말하면 하는 대로 필요한 물건이 나온다고 사용법을 가르쳐 주었다.

⑩ 용왕이 아직 때가 덜 되었으므로 해인을 못 주겠다고 말했다. 계속 요구하자 할 수 없이 주면서, 주기는 주는데 때가 덜 되었으니 그냥 걸어두었다가 십 년 후에 임자가 오면 서슴없이 내주라는 단서를 붙였다.

⑪ 용국 임금의 아들이 찾아와 아버지에 명에 따라 해인을 사용하는 방법을 가르쳐 주었다. 해인은 부르는 대로 물건이 나오는 것이라고 설명된다.

⑫ 용왕이 해중(海中)에서도 구하기 어려운 물건이라고 말했다. 처음에는 거절하다가 아들의 간청에 할 수 없이 내주었다. 소년이 아쉬울 때 부르면 뜻대로 되는 물건이라고 귀띔해 주었다. 그러나 화자(話者)가 사용법을 모른다고 표현했고, 실제로 사용한 적이 없었다.

⑬ 소원대로 들어주겠다고 약속했기 때문에 할 수 없이 준다. 용왕이 "원래 주는 물건이 아니다."라고 말했다. 사용법을 가르쳐 주지 않았다. 시렁 위에 얹어서 보관만 했다.

❶ 하늘의 옥황이 연적이 없어진 사실을 알면 당장에 자기 모가지를 끊을 정도로 중요한 붉은 연적이라고 용왕이 말했고, 그 가운데 작은 것을 받아온다. 태자가 글자를 써서 들면 된다고 사용법을 가르쳐주었다.

❷ 먹을 종일 써도 마르지 않는 용약이라는 값진 보물을 받아왔다. 용왕이 용약을 줄 때 설명해 주었다.

❸ 벼루를 받아왔다. 보물에 대한 설명이 전혀 없다.

해인이라는 보물을 달라고 요구하는 사람에게 용왕은 해인을 쉽사리 내주지 않는다. 그리고 해인의 사용법에 대해서도 설명해 주지 않는 경우가 대부분이며, 사용법을 가르쳐 줄 경우에는 왕자가 설명한다.

해인의 사용법은 주로 말하면 말하는 대로 필요한 물건이 나올 것이라고 알려주거나, 해인에 대고 정성을 드리라는 것이었다. 해인을 얻은 사람이 사용법을 자득한 경우는 글자를 써서 그 위에 해인을 찍으면 해당하는 물건이 나왔다고 전한다.

한편 해인이 인간계에 나올 시기가 아니라는 복선을 깔거나, 임자가 나타나 해인을 달라고 요구하면 주저없이 내주라는 단서를 달고 있다. 이처럼 용왕은 해인을 주면서도 해인을 받아가는 사람이 제 주인이 아니라는 암시를 분명히 했다.

9) 이인(異人)이 찾아오는 과정에 대한 설명과 해인을 빌리는 방법

해인을 지상에 처음으로 가져온 사람이 해인을 사용해서 필요한 물건을 나오게 하여 한동안 잘 살고 있었다. 그런데 얼마간의 시간이 지난 후에 갑자기 어떤 이인이 소유자를 찾아와 해인을 빌려달라고 요구한다. 이인이 소유자를 찾아오는 과정과 해인을 빌리면서 이인이 하는 말이 각기 다르다.

① 천기(天機)를 보고 중이 찾아온다. "절을 짓고 되돌려주겠다."라는 중의 말에 소유자는 해인을 선뜻 내주었다. 그런데 중은 원래 소유자에게 돌려주지 않고 절에다 해인을 숨겼다. 원 소유자가 돌려달라고 요구했다는 이야기도 없고, 중이 왜 돌려주지 않았는지에 대해서도 설명도 없다.

② 용왕이 "훗날 어떤 사람이 와서 '보물을 내주시오.' 라고 말하면 내주라."고 말했던 일을 기억해 낸 소유자가 어떤 중이 찾아와 해인을 달라고 요구하자 기꺼이 내주었다.

③ 소유자가 해인을 주지 않으려고 딴청을 부리다가, 한 번밖에 못 써먹는다는 이인의 말에 할 수 없이 내주었다.

④ 이인이 찾아오지 않는다.

⑤ 소유자가 처음에는 해인을 주지 않으려고 가지고 있지 않다고 시치미를 뗐다. 그러나 "이미 알고 왔으니 내 놓으라."는 도승의 말에 할 수 없이 내주었다. 일 년 후에 돌려주겠다고 약속했지만, 도승이 임의로 해인을 보관했다.

⑥ 정승이 직접 해인을 사용하여 해인사를 짓는다.

⑦ 양반이 직접 해인을 사용하여 해인사를 창건한다.

⑧ 중이 한 시간 동안만 빌려달라고 요청하자, 소유자가 처음에는 거절했다. 오랜 시간이 지난 후에 소유자가 찾으러갔더니, 중이 "개인이 갖고 있는 보물이 아니라, 해인사를 짓기 위해 나온 보물이다." 라고 말하고는 돌려주지 않았다.

⑨ 해인사를 지으려면 자본이 많이 드니 해인을 빌려달라는 해인사 주지의 설명이 있었다. 곧 쓰고 갖다 주겠다는 약속에 소유자가 할 수

없이 빌려주었다.

⑩ 서산대사가 해인이 있다는 사실을 이미 알고 소유자를 찾아와 "도장이라는 사실만 알고 있으라."고 말하고는 자기 물건처럼 가져갔다.

⑪ 소유자가 필요하면 가져가라고 서슴없이 내주었다. 후일 중이 해인사를 지은 다음에 원 소유자에게 돌려주려고 와 보니, 그가 벌써 죽어서 할 수 없이 해인을 감추어 두었다.

⑫ 중(도사)이 소유자를 찾아와서 한 번만 써먹고 돌려주겠다고 말하자, 사용처를 모르는 최씨가 쉽게 빌려주었다.

⑬ 해인사를 지은 중(도술가)이 소유자를 찾아와서 보배를 달라고 요청하자, 자기는 쓸모없고 필요도 없는 물건이니 가지고 가라고 쉽게 내주었다.

❶ 서산대사가 등천할 때 사명당에게 물려 주었다.

❷ 설명이 없다.

❸ 설명이 없다.

이인이 소유자에게 해인을 빌리는 과정에서 처음에 거절하는 경우(③, ⑤, ⑧)도 있지만, 대부분의 경우에 용왕의 단서를 기억하여 쉽게 내주거나 서슴지 않고 이인에게 내주었다. 심지어 자신에게는 쓸모없다고 말한 경우도 보인다.

이인은 해인을 빌려달라고 말한 경우가 많은데, 일단 해인을 빌린 다음에는 처음의 주인에게 되돌려주지 않는다. 해인은 개인이 보관하는 물건이 아니라고 말하며 돌려주지 않는 이유를 달거나, 돌려주고자 했지만 그 사람이 이미 죽어서 할 수 없이 보관하게 되었다는 설명이 덧붙여지기도 한다.

어쨌든 해인은 개인이 사사로이 사용하는 보물이 아니라는 생각이 해인설화 전체에 스며들어 있다.

10) 해인의 위력

해인이 어떤 힘을 지닌 보물이라고 믿어졌으며, 실제로 해인을 사용하여 이루었다고 전하는 일들은 어떤 것인지 알아보자.

① 까치나 날짐승이 해인을 숨긴 해인사의 지붕 위를 날아다니다가 떨어져 죽었다고 전한다. 화자(話者)가 말하는대로 되는 보물인 해인만 있으면 원자탄도 필요가 없다고 말한다.

② 이미 죽은 사람의 가슴에 해인을 올려놓았더니 금방 살아났다.

③ 해인을 가지고 하루아침에 해인사를 지었다. 글자를 써서 해인을 찍으면 건물이 들어섰다.

④ 해인에 대고 "쌀 나와라. 돈 나와라."라고 말하니, 쌀과 돈이 나와서 부자가 되었다.

⑤ 당시 40여 세였던 정만영이 해인으로 갱신변신(更身變身)해서 살았다.

⑥ 해인을 이용하여 돈을 뭉텅이로 가지고 있으니 역적이 되었다. 그 때문에 아들이 죽었다. 임금에게 해인을 바치니, 임금도 귀찮고 불안해서 필요가 없다고 정승에게 되돌려 주었다. 정승이 해인을 사용하여 해인사를 중창한 다음 해인을 감추었다.
해인을 감춘 뒤로 짐승들이 해인사를 넘어 다니지 못했다. 또 군인이 대포를 쏘지 못한다. 왜냐하면 대포에 물이 차기 때문이다. 해인을 사용하면 원자탄도 물을 먹어버린다(소용없게 된다).

⑦ 해인을 사용하면 끊임없이 물품이 나오므로 "자식에게 전하면 자식이 망할 것이고, 나라에 바치면 나라가 망할 몹쓸 물건"이라고 설명된다. 양반이 해인을 가지고 직접 해인사를 지었다.

⑧ 해인을 사용하면 쌀, 옷, 돈이 말하는 대로 나왔다. 중이 해인을 빌려가 해인사를 지었다.

⑨ 해인을 찍으면서 어떤 집이 나오라고 하면 그대로 되었다.

⑩ 우리나라에 장차 서인(瑞人, 상서로운 사람?)이 나타나 해인을 가지고 나라를 다스릴 것이다.

⑪ 착공 후 100일 내에 건립하겠다는 약속기한을 맞출 수 없었던 해인사를 해인을 사용하여 기한 내에 무사히 지었다. 해인이 지금은 용국(龍國)에 있지만, 대한민국의 보물이기 때문에 언젠가 우리나라에 돌아올 것이다. 그렇게 되면 우리나라는 7개국의 조공을 받고 잘 살 수 있을 것이다.

⑫ 해인으로 해인사를 지었다. 홍길동이 해인으로 독일을 발전시켜 주었기 때문에, 요즘도 물건은 독일제가 좋다고 말한다.

⑬ 해인을 사용하여 하루저녁에 해인사를 지었다.

❶ 붉은 연적을 사용해 병(兵)이란 글자를 써서 들었더니, 난데없이 군사 억십만 명이 나오고, 식(食)자를 쓰니 밥이 나오고, 주(酒)자를 쓰니 술이 나오더라.

❷ 계속 사용해도 마르지 않는 벼루를 받아왔다.

❸ 용왕이 쓰던 벼루를 받아왔다. 벼루의 특별한 쓰임새에 대한 설명이 없다.

해인이라는 이름과 해인사라는 사찰의 유사성에 연유해서인지, 해인을 사용하여 해인사를 창건했다는 경우가 대부분이다. 이때에는 아주 짧은 기간에 해인사를 지을 수 있었다는 설명이 따른다. 흔히 해인이라는 도장을 찍어서 금세 건물을 지을 수 있었다고 이야기한다.

①과 ⑥에서는 해인이라는 성스러운 물건이 보관되어 있는 장소를 짐승들이 함부로 넘어다니지 못했다고 말하며, 심지어는 날짐승이 그 위를 지나다가 떨어져 죽기도 했다고 이야기된다.

해인을 가지면 뜻대로 모든 일을 이룰 수 있다고 설명하는 경우가 많고, 특히 ⑤에서는 해인을 이용하여 변신술을 부릴 수 있다고도 말한다.

그리고 ①에서 현대의 원자폭탄과 같은 엄청난 위력을 지닌 무기도 해인으로 제압할 수 있다는 이야기를 통해, 해인이 현대에도 사용될 수 있을 것이라는 생각을 표현한다. 이러한 이야기는 ⑥에도 나타나는데, 해인이 외국 군대의 침입이나 인류 멸망을 초래할지도 모를 원자폭탄에 대한 대비책으로 믿어지고 있음을 알 수 있다.

또한 ⑫에서는 해인을 사용하여 각종 물건을 만들었다는 이야기의 신빙성을 강조하기 위해, 홍길동이 해인을 가지고 독일로 건너가서 발전시켜 주었기 때문에 현실적으로 독일 제품이 우수하다는 사실을 덧붙여 설명하기도 한다.

해인사 장경각의
팔만대장경 경판

나아가 ⑩에서는 해인을 가진 사람이 나타나서 장차 우리나라를 다스
릴 것이라고 말하고, ⑪에서는 해인은 우리나라의 보물이므로 언젠가는
우리나라에 되돌아올 것이며 그때가 되면 우리나라는 많은 나라들로부터
조공을 받아 잘 살게 될 것이라고 기대한다. 여기서 해인은 나라의 운명을
좌우하는 국가의 보물로 믿어진다.

한편 ⑦에서는 해인에 대해 부정적인 평가가 내려지기도 한다. 어떤
물건이든지 요구하는 대로 나오는 보물이 있다는 사실을 알게 되면, 사람
들이 생활에 필요한 물건을 만들기 위한 노력을 게을리하여 결국 흥청망
청 놀기만 할 것을 염려하여 경계한 것이다.

11) 정만인의 능력과 해인을 찾는 과정

해인사에 감추어둔 해인을 다시 찾아내는 정만인(정만영, 정만용)이라는
인물에 대한 설명도 여러 설화에서 조금씩 다르게 나타난다.

① 중국 상해에 사는 정만영이 해인을 찾아냈다.

② 이름을 밝히지 않은 중이 찾아오자 해인을 내주었다.

③ 정만인이 자신을 육군도원수에 임명해 주면 치민(治民)을 잘하겠
   다고 나라에 요청하여 그 벼슬을 하사받았다. 그 후 해인사를 조사
   할 일이 있다고 중들을 한 방에 모으고 밖에서 자물쇠를 채우는 강
   제적 행위를 통해 해인을 찾았다. 정만인은 장차 계룡산에 도읍할
   사람이다.

④ 해인을 나라에 바쳤다. 나라에서는 해인을 해인사에 보관시켰다.

⑤ 숙종(肅宗)의 신하였던 정만영이 해인사를 중창하겠다고 나랏돈을
   받아가지고 조사했다. 해인사 닷집에서 해인을 찾아낸 정만영이 변

신을 해서 지금도 바다에 있는 어느 섬에 살고 있다.

⑥ 지리를 잘 아는 중인 정만용이 어떤 군(君)에게 왕이 날 자리를 써 주었다. 그래서 그 사람이 훗날 왕이 되었다. 신분이 중이니 팔만대장경을 한 번 벗겨보고 싶다고 왕에게 말하여 허락을 받아내고 해인을 찾아서 무릉도원으로 도망쳤다. 지금도 정만용은 백 몇 살의 나이로 살아 있다. 해인이 나오면 세계통일이 될 것이다.

⑦ 정만인이 나라에서 시키는 일은 무엇이든 해결하여 공을 많이 세웠다. 팔만대장경 등서(謄書)를 원한다고 말하고 책궤에서 해인을 찾아내어 한강을 걸어서 건너갔다. 정만인이 해인을 가지고 남해로 가서 사라졌는데, 언제 가지고 나올지는 모른다.

⑧ 나라를 주물럭거리던 정만영이 나라의 허락을 받고 팔만대장경에 숨겨진 해인을 가지고 어디론가 사라졌다.

⑨ 해인사 주지의 상좌였던 정씨 성을 가진 중이 해인을 훔쳐 도망갔다.

⑩ 정만인은 등장하지 않는다. 서산대사가 일본에 해인 도장을 가지고 가서 조화를 부리는 이야기만 있다.

⑪ 관상을 아주 잘 보던 남산에서 불도(佛道)를 닦는 정만인이 이조(李朝) 말년(末年)에 아들이 없어 고민하던 임금에게 아들을 낳게 해주기는 힘들지만 장래에 누가 태자의 자격이 있는지를 가르쳐 줄 수는 있다고 말한다. 삼 년 후에 그때 지목한 사람이 임금이 되었고, 그 대가로 합천 해인사 중창을 나라로부터 허가받았다. 정만인은 해인을 가지고 용국(龍國)에 숨었다.

⑫ 첩의 자식인 홍길동이 해인사를 떨어 먹을 때 팔만대장경 속에서 해인을 찾아가지고 율도(현재의 독일)로 갔다.

⑬ 해인사를 지은 중(도술가)이 해인으로 해인사를 하룻밤에 세웠다는 내용만 있다. 해인을 감추었다거나 나중에 찾아간 사람에 대한

이야기는 없다.

❶ 사명당이 연적을 가지고 지금도 바다에 있는 자하동에 살아 있다. 사명당이 언젠가 한 번 조선을 도와주러 나갈 것이니 부석사를 중창하라고 말했다.
❷ 율곡선생이 용왕에게 벼루를 받는 이야기만 있다.
❸ 율곡선생이 용왕에게 벼루를 받는 이야기만 있다.

정만인의 신분은 나라를 다스리는 관리(③, ⑤)였다고 말해지거나, 구체적으로 밝히지는 않지만 나라의 일을 해 준 인물(⑦, ⑧)이라고 한다. 그리고 정만인이 중이라고 이야기되는 경우(⑥, ⑨)도 있고, 관상을 잘 보는 불도(佛道)를 닦는 인물(⑪)이었다는 이야기도 있다.

어쨌든 정만인은 나라로부터 벼슬을 하사받거나 나랏돈을 받아내고, 나라에서 시키는 일은 무엇이든지 처리했으며, 나라의 일을 마음대로 주물럭거리기도 할 정도로 매우 능력이 있는 인물로 묘사된다. 특히 정만인은 왕이 될 자손을 갖게 할 묘 자리를 잡아줄 정도로 풍수지리술에 밝았고, 장차 왕이 될 사람을 정확히 알아맞힐 정도로 관상술에 능했던 인물로도 묘사된다.

이처럼 정만인으로 지칭되는 이인(異人)의 능력은 그 깊이를 짐작하지 못할 정도로 신비롭게 표현된다. 한편 이인이 홍길동이나 사명당이라고 구체적으로 이야기한 경우도 있는데, 이는 화자의 입장에서 이들의 유명세를 빌려 자의적으로 정만인 대신 삽입한 것으로 보인다.

12) 비결과의 관련여부

정만인이라는 이인(異人)이 해인을 가지고 도망갈 것이라는 이야기에 얽힌 비결을 언급하는 설화도 있다. 해인설화 가운데 비결과 관련된 이야기를 분석해 보자.

⑤ 숙종(肅宗) 때 어떤 신하가 "만인을 잡아 죽여야 나라가 편해집니다. 그렇게 하지 않으면 나라가 위태해집니다."라고 상감께 말했다. 이 말에 따라 나라에서 천주교인(天主敎人) 만 명을 잡아 죽였다. 그러자 그 신하가 "아닙니다. 세상사람 만 인이 아니라 정만영이를 잡아 죽이십시오."라고 주청했다.

⑦ "우리나라가 어떻게 하면 장구할 수 있겠나?"라고 임금이 묻자, 정만인이 "살만인(殺萬人)하옵소서."라고 대답했다. 이에 임금이 죄수들을 죽였다.

⑪ 중국에서 칙사가 와서 "조선은 만인을 잡아 죽여야 된다. 그렇지 않으면 나라의 보화를 잃는다."라고 가르쳐 주었다. 그래서 정부에서 사람 만 명을 죽였다. 실은 정만인 한 사람을 죽여야 되는데, 칙사의 말을 잘못 해석했던 것이다.

위에서 언급되는 비결은 모두 정만인이라는 이인을 죽일 것을 암시하고 있다. 그러나 정부에서는 이 비결을 잘못 풀이하여, 천주교도, 죄인, 일반 백성을 만 명이나 죽이는 엉뚱한 결과를 초래했다고 이야기된다.

여기서 숙종대(肅宗代, 1674~1720)라는 설명은 역사적 사실과는 다르지만, 신유(1801년), 을해(1815년), 정해(1827년), 기해(1839년), 병오(1846년), 병인(1866년)박해로 인해 천주교인들이 사학(邪學)을 믿는다는 이유만으로 무려 만 명이나 목숨을 잃게 되는 후대의 참혹한 사건을 나름대로 설명하려는 시도가 엿보인다. 이는 민중들이 역사적 사실에 대해 나름대로 납득하기 위해 독특한 해석을 내린 경우로 평가할 수 있다.

한편 정만인을 죽여야 나라가 편안해진다는 사실을 신하가 임금에게 말하기도 하며, 중국에서 사신이 와서 나라의 보화를 잃지 않는 방법이라고 가르쳐주기도 한다. 그리고 ㉠에서는 임금이 직접 정만인에게 나라를 잘 되게 하는 방법을 물었는데, 정만인이 원래의 비결을 왜곡하여 풀이해주었다고 이야기된다.

이들 설화를 살펴보면 나라의 운수가 정만인이라는 인물과 직결되어 있다고 이야기되는 점이 공통적이다. 이제 정만인은 국가의 운명과 관련이 있는 중요한 인물로 부각되었다. 그리고 정만인이 나라의 보물인 해인을 가지고 숨었기 때문에 나라의 운수가 막히게 되고 잘못된 방향으로 전개되었다는 생각도 해인설화에 반영되어 있다.

해인설화의 구조분석

1) 극적인 반전

해인설화를 사건이 이루어지는 서로 다른 두 세계라는 측면에서 살펴보면, 그 주체와 객체의 입장이 아래와 같이 극적으로 반전된다. 가장 낮은 신분이 가장 고귀한 신분이 되는 것이다.

지상	⟷	용궁(바다 속)
사람이 개에게 밥을 준다	⟷	왕자가 알려주어 용왕이 사람에게 해인을 준다

은혜를 베푼다는 측면에서는 두 세계가 같다. 그러나 그 주체는 역전되어 있다. 지상에서 사람에게 밥을 얻어먹는 개는 용궁에서는 오히려 사람에게 시혜를 베푸는 왕자가 된다. 지상에서의 미천한 신분이 다른 세계에서는 은혜를 베풀 수 있는 지위까지 이르는 신분의 극적인 반전이 이루어진 것이다. 이와 같이 지상에서는 미물짐승이었던 존재가 별세계에서는 그 세계를 다스리는 고위층으로서 고귀한 신분을 지닌 존재로 표현되는 것은, 인간계와는 전혀 다른 세계가 있을 것이라는 믿음을 기초로 한다.

그리고 지상에서 가장 미천한 존재인 짐승에게 은혜를 베푸는 행위는, 나라의 운명을 좌지우지할 수 있는 천하의 보물을 그 보답으로 받을 수 있는 행위가 될 가능성도 있다고 정당화되고 장려된다. 따라서 이 세상에서의 하찮은 시혜도 언젠가는 큰 보은으로 자신에게 돌아오게 될 것이라는 믿음이 해인설화의 기본적인 토대를 이루고 있다. 또한 해인이라는 보물이 보관되어 있다는 용궁이라는 이상세계에 대한 동경도 반영되어 있다.

2) 해인설화의 공간구조

해인설화의 가장 중요한 화소(話素)는 해인(海印)이다. 해인은 이 세상에서 필요한 모든 일을 이룰 수 있는 보물로서 해인설화의 중심에 위치한다.

용 왕 ― 왕 자	:	바다 속
해인(海印) ― 정만인	:	남해의 섬(무릉도원), 용국(龍國), 자하동(紫霞洞)
은혜를 베푼 사람 ― 중(도사)	:	지상

해인은 용왕의 아들이 귀띔해 줌으로 인해 비로소 그 존재가 지상의 인간에게까지 알려진다. 그리고 지상의 인간은 왕자의 도움으로 해인을 가지게 된다. 바다 속 성(聖)스러운 세계에 있던 진귀한 보물인 해인이 내부의 조력자에 의해 지상이라는 속(俗)된 세계로 나오게 된다.

일단 지상으로 나온 해인은 그 신이한 힘으로 몇 가지 일을 이룬다. 그러나 사용자의 인식의 한계에 의해 의식주를 해결하는 차원의 매우 속(俗)된 일만 이루었다. 처음에 해인은 일상생활 속에서 개인의 노동을 통해 얻을 수 있거나, 일정 기간의 노력과 속된 차원의 행위에 의해서도 충분히 성취시킬 수 있는 일을 행할 수밖에 없었다. 해인사라는 종교적 건축물의 창건이나 중창은 성스러운 공간의 형성이라는 측면은 있지만, 이 또한 인간의 의지와 오랜 노동에 의해 가능한 일이다.

그러나 이처럼 일단 속된 인간의 손을 거친 성스러운 보물인 해인(海印)은, 훗날 비범한 인물에 의해 특별하게 사용될 것이라고 믿어지게 된다. 특이한 신분의 소유자, 예언적 비결의 주인공, 민중적 영웅 등으로 상징되는 정만인이라는 인물이 바로 그 사람이다.

나아가 해인(海印)은 정만인에 의해 원초적 고향인 바다로 돌아갈 수 있었다. 그러나 해인은 언젠가는 보다 궁극적인 큰일을 이루기 위해 다시 한 번 이 세상에 나타날 것으로 기대된다. 따라서 해인은 애초에 있었던 장소였던 바다 속 용궁 또는 용국으로 되돌아가는 것이 아니라, 바다 속과 지상과의 경계지역이라고 할 수 있는 '남해의 섬'이라는 신비한 접경지역에 있다고 믿어진다. 언젠가는 다시 지상에 출현할 것이라는 해인에 대한 사람들의 믿음을 뒷받침하기 위해서라도 해인은 바다 속에 깊이 감추어져 있어서는 안 된다.

원래 바다 속에 있었던 해인이 자체적 갈등의 결과로 인해, 즉 바다 속의 세계에서 죄를 짓고 지상으로 쫓겨났던 용왕국의 왕자가 해인의 비밀을 지상의 속된 인간에게 알려줌으로 인해, 지상으로 나오게 된다. 결국 성스러운 물건이 속된 세계로 내던져졌다.

그러나 성스러운 보물인 해인은 인간 세상에 있는 동안 그 역할을 충분히 하지 못하고 말았다. 왜냐하면 자격이 미달되거나 그 가치를 제대로 인지하지 못하는 속된 인간에게 소유되었기 때문이다.

일정한 시간이 지난 다음 그의 가치를 아는 이인을 만나게 된 해인(海印)은 해인사라는 성스러운 건축물을 지상에 남김으로써 스스로를 증명해 보였다. 이후 해인사라는 성스러운 장소의 깊숙한 곳에 은밀히 숨겨진 해인은 다시 한 번 정만인이라고 불리는 이인을 만나게 된다. 얼핏 보면 그는 약탈자 내지 모사꾼의 모습으로 해인설화에 등장한다.

그러나 정만인은 단순한 속된 인간이 아니다. 연유는 밝혀져 있지 않지만, 정만인은 속됨보다는 오히려 성스러움에 가까운 인간이다. 그는 해인이라는 신성한 물건에 대해 잘 알고 있을 정도로 신비한 인물이며, 해인이 어디에 감추어져 있는지도 이미 알고 있다. 나아가 정만인은 평범한 인간이 할 수 없는 어려운 일, 구체적으로는 '나라의 일'을 행한 다음 그 보상으로 해인이 숨겨진 성스러운 건축물에 다가설 수 있는 공식적인 절차까지 완벽하게 밟는다. 그가 지닌 능력으로 보아 굳이 그러한 절차가 필요가 없을 듯한데도 말이다.

　　물론 보다 합리적인 설명이 필요해진 복잡하고 속된 사회에서, 나아가 그러한 사정을 후대의 속된 인간이 알아들을 수 있도록 하기 위해서라도, 정만인은 자신에게 요구되는 모든 사항을 충족시켰다고 이야기되어야 했다.

　　마침내 해인이라는 희대의 보물을 손에 넣은 정만인은 속된 인간들이 감히 범접하지 못하는 자기만의 세계로 유유히 떠나버린다. 그가 가는 장소로 제시되는 곳은 한결같이 해인의 원래 고향인 바다와 가까운 곳에 있는 신비한 섬이다. 비로소 해인은 자신이 떠나왔던 고향인 바다로 돌아갈 수 있었으며, 동시에 해인은 일정기간이 지나면 곧 지상에 다시 나올 준비를 하고 있다고 이야기된다. 이처럼 해인이 속됨을 버린 초월적인 인간을 주인으로 맞이하였기에 비로소 바다로 돌아갈 수 있었으며, 한편으로는 좀 더 큰일을 이루기 위한 예비기간을 지상에서 근접한 장소에서 보내고 있다고 믿어졌다.

　　결국 해인이 바다 속에서 나와서 인간계에 일정기간 동안 머무르다가 바다와 육지의 경계지역으로 갔다는 것이 해인설화의 기본적인 공간구조다. 해인설화는 해인이 인간계에 오랫동안 머물다가 바다와 육지의 경계에 있다고 여겨지는 이상세계로 갔지만, 언젠가는 인간계로 다시 나올 것이라는 믿음을 깊이 반영하고 있다.

　　그리하여 해인이 다시 한 번 인간계에 출현하는 날, 기존의 모든 속됨으로부터의 해방이 이루어지게 될 것이라는 믿음까지 생겼다. 나아가 해인은 우리 민족의 성스러운 보물이었으므로, 우리나라로 돌아와야 한다는 믿음으로 전개되었다. 속된 세계인 인간 세상에서 이상세계인 용궁의 보물을 소유할 수 있는 자격을 지닌 사람들은, 미물짐승마저도 천대하지 않고 은혜를 베풀었던 조상들의 고귀한 정신을 이어받은 우리 민족이라는 주장이다.

해인의 기능증대

해인으로 이룬 일은 계속 확대되는 형태로 이야기된다. 해인은 처음에는 일상생활에 필요한 쌀이나 옷 등의 물건을 요구하는 대로 나오게 하는 정도의 보물로 표현되었다. 그 후 해인은 신이한 능력을 지닌 인물에 의해 해인사라는 종교적 건축물을 단시일에 완성시키는 이적을 이루었다고 이야기된다. 나아가 해인이 다시 한 번 지상에 나타날 때에는, 세상을 구원할 것이며 특히 우리 민족을 잘 살게 만드는 엄청난 일을 행할 것이라고 믿어진다.

이와 같이 해인에 대한 기대와 믿음의 증가가 해인설화에 반영되었다. 단순히 몇 사람의 생계유지를 위한 욕구를 충족시키는 데 그친 것이 아니라, 해인은 성스러운 건축물을 창건하여 그 기능이 확대되었다. 급기야 해인은 세계의 구원을 담당할 위대한 보물로까지 믿어졌고, 그 주역으로는 우리나라 사람이 선택되었다. 이러한 믿음은 이미 구체적이고 작은 일에서 해인의 기능이 확인될 수 있었기에 가능했다. 결국 해인은 나라의 운수를 활짝 열어줄 보물로 믿어지게 되었다.

해인설화에 나타난 이상세계관

해인설화에 나타난 이상세계는 인간계와 전혀 다르지 않은 세계로 표현된다는 점이 독특하다. 인간계와 비슷하게 용왕국이나 용궁에도 왕과 왕자가 있으며, 용왕과 용왕의 부인이 함께 나타나기도 하며, 시녀들과 맛있는 음식과 기와집 등이 있다. 그리고 용왕의 모습도 인간과 다를 바가 없다.

②의 "고래 집 같은 큰 기와집", ④의 "용상에 앉은 용왕", ⑥의 "기와집" 등이 그 구체적인 예이다. 다만 ⑥의 "무섭게 생긴 용왕", ⑦의 "용궁에 가니 겁나더라." 등의 표현에서 지상계와는 다른 세계라는 점이 강조되기도 한다.

한편 ⑫의 "수중낙원", ③의 "세상에 없는 음식상", ⑥의 "달에 있는 계수나무 벌레와 천도복숭아", ❶의 "조선에는 없는 음식인데, 먹어도 배가 고프지도 부르지도 않음", ❷의 "기화요초가 만발하고, 이리떼 같이 생긴 생명사자의 목에 팻말이 걸려 있음" 등의 표현을 통해 지상에 없는 신기한 음식과 존재가 있다는 이야기도 있다.

그러나 용궁은 물질적 축복이 보장된 세계이며, 인간이 살아서도 가볼 수 있는 나라라는 점에서 인간에게 전혀 낯선 공간이 아니다. 다만 인간적인 욕망이 최대한 충족되는 장소가 인간의 상상력에 의해 구체적인 음식이나 존재로 나타나고 있을 따름이다. 이처럼 현실세계와 결코 분리될 수 없는 이상세계를 설정하고 있는 점도 한국인의 종교적 심성의 특성 가운데 하나로 볼 수 있다.

그리고 바다 속에 있다는 용궁과 육지에 있는 인간계는 수직적 이동을 통해 교통할 수 있다고 믿어진다. 용궁은 바다 속에 있다는 사실만 두드러질 뿐, 인간계와 동등한 차원에 있는 세계이다. 인간이 죽은 다음이나 또는 완전히 다른 존재로 변해야만 갈 수 있는 그런 세계는 아니라는 의미이다.

지상의 인간은 자신의 모습 그대로 용궁에 다녀올 수 있다. 그렇지만 인간 세상은 용궁에서 죄를 지은 사람이 유배당해 오는 곳이라는 점에서 용궁보다 속된 측면이 많다. 죄를 지은 용왕국의 왕자는 인간 세상에 인간의 모습으로 오지 못하고 개나 고양이 또는 이상한 짐승으로 온다. 죄의 대가라는 측면에서 짐승의 허물을 쓴다고 해석한다면, 두 세계 사이의 뚜렷한 위상의 차이는 발견할 수 없다.

⑩에서는 할아버지가 직접 "나는 너희 나라를 구경할 수 없느냐?"고 요청했다. 여기서 용궁은 인간이 구경하러 갈 수 있는 나라의 하나로 묘사된다. 다만 용궁에 들어간 인간은 비린내를 맡을 수 있었고, 반면 용궁에 있는 존재는 지상의 인간에게서 사람 냄새를 맡았다는 덧붙여진 설명에서 두 세계의 구별이 짐작된다. 이처럼 바다 속에 있다고 믿어지는 용궁에서 비린내가 날 것이라고 생각한 점은 지극히 인간적인 입장에서의 설명이므로, 용궁이 인간계와 전혀 동떨어진 세계는 아니라고 생각한 듯하다.

그런데 ⑩에서 용궁에 잠시 있었다고 생각했는데, 인간계에 나오니 벌써 삼 년이나 지났더라는 표현에서 두 세계의 시간의 흐름이 다르다는 점을 강조했다. 별세계를 다녀왔다는 이야기에 흔히 나오는 이와 같은 이야기는 여전히 용궁이 인간적인 것을 초월한 세계라는 사실을 암시하는 방법이다. 해인설화 가운데 이와 같은 표현은 한 번만 보이는데, 이는 화자의 특별한 이야기 표현양식으로 보아도 무방할 듯하다.

한편 ④에서 용왕의 딸이 어머니라고 부른 60대의 할머니는 용궁에 가지 못했다. 그리고 ⑬에서 용왕의 아들이 어머니라고 부른 할머니도 용궁에 가지 못했다. 부부가 함께 개를 길렀고, 용왕의 아들이나 딸이 혈연을 뜻하는 어머니라는 호칭으로 불렀지만, 여자의 경우에는 용궁에 갔다는 이야기가 전혀 없다.

어머니라는 호칭을 고려해 본다면, 부부를 함께 용궁에 초청했음직도 한데, 그런 일은 없다. 또한 용왕의 아들은 왕자나 태자로 표현되는 데 반해, 용왕의 딸은 공주라고 표현되지 않는다. 당연히 공주라고 불러야 할 텐데 그렇게 부르지 않는다. '처녀', '용왕의 딸' 이라고만 표현된다. 그리고 용왕의 부인이 등장하는 이야기는 ⑫뿐이다.

　이러한 이야기 구조를 지니게 된 까닭은 전통적인 남녀차별 의식이 해인설화에도 반영되었기 때문이라고 짐작된다. 할아버지와 동등한 입장에 있는데도 불구하고 단지 여성이라는 이유만으로 할머니는 이상향에 갈 수 없거나, 용왕의 딸은 공주로 불리지 못한 것이다.

등장인물 사이의 관계

해인설화의 공간적 구조는 인간계와 용궁으로 양분된다. 그런데 두 세계에서 등장하는 중심인물들 사이의 관계가 차이가 난다.

<table>
<tr><td>용궁</td><td>：</td><td>인간계</td></tr>
<tr><td>용왕 － 아들(딸)
(혈연관계)</td><td>：</td><td>해인을 얻은 사람 － 중(도사) － 정만인
(특별한 인연이 없음)</td></tr>
</table>

　인간계에서 등장하는 주요한 세 인물들 사이에는 서로 알고 있었다는 설명이 거의 없다. 이들은 특별한 인연이 없었거나 모르고 지내던 사이로 설정되고 있으며, 이인이라는 동일한 범주에 묶을 수 있는 중(도사)과 정만인 사이에서도 별다른 관계가 없었다고 설명되는 경우가 대부분이다.

다만 ⑨에서 해인사를 창건한 주지스님과 그의 상좌 중이었던 정씨 성을 지녔던 인물이 등장하는 일이 특기할 만하다.

인간계의 이와 같은 사정에 반해, 용궁에서 등장하는 두 중심인물은 혈연관계로 맺어져 있다. 속된 세계인 인간계에서는 등장인물도 각자 독립된 존재로 그려져 있어 공통의 속성이 결여되어 있다. 반면 성스러운 세계로 상징되는 용궁에서는 일정한 질서를 바탕으로 한 동질성을 갖추고 있는 인물들의 관계가 부각되어 나타난 것으로 평가할 수 있겠다.

해인을 둘러싼 갈등

해인을 둘러싼 입장의 차이에 의해 빚어지는 갈등도 용궁과 인간계가 판이하게 다르게 나타난다.

용궁

용왕	⟷	아들(딸)
해인(나라의 보물)	⟷	해인이 자식의 목숨보다 중요하냐?
	⟷	은혜를 갚는 사적인 차원, 해인의 존재와 사용법을 가르쳐 줌
공리(公利)	⟷	사욕(私慾)

인간계

해인을 얻은 사람   ⟷   중(도사)   ⟷   정만인

사욕(私慾)   ⟷   공리(公利)   ⟷   (사욕 또는 공리)

용왕과 아들(딸) 사이에는 해인을 주지 않으려는 입장과 주어야 한다는 입장의 차이에서 빚어지는 갈등이 있다. 용왕은 용궁의 보물을 지켜야 한다는 명분을 내세워 지상에서 온 사람에게 해인을 주지 않으려고 고집한다.

반면 용왕의 아들은 어떤 경우에는 자신의 목숨을 담보로 삼아 아버지에 대한 반항의식을 표출하면서까지, 자기가 입은 개인적인 은혜를 지상에서 데리고 온 사람에게 해인을 줌으로써 갚으려 한다. 이처럼 용왕국(龍王國) 왕자에게 있어 해인은 용왕국을 다스리는 성스러운 보물로 이해되는 것이 아니라, 무슨 물건이든지 마음대로 생겨나게 할 수 있는 물건이라는 관점에서만 이해된다. 따라서 왕자는 자신의 개인적인 은혜를 갚는 일에 해인을 선뜻 주겠다는 의사를 표명하며, 이를 관철하기 위해 억지를 부리기도 했다.

인간계에서는 등장인물들 간에 해인을 사용하는 자세에 있어서 갈등이 빚어진다. 용궁에서 용왕국 왕자의 사적인 의사에 따라 해인을 받아온 지상의 인물은 기껏해야 자신을 포함한 가족의 생계를 유지하는 정도로만 해인을 사용한다.

반면 중(도사)은 자신의 일신상의 욕구를 충족하는 일에는 해인을 사용하지 않았고, 해인사라는 사찰을 짓는 데에 사용한다. 물론 해인사라는

건축물만 지었다는 점에 있어서 일부 집단만의 이익을 도모했다고 판단할 수도 있지만, 일단 해인을 처음으로 가지고 왔던 사람에 비해서는 공적인 일을 위해 해인을 사용했다는 점이 두드러지고 자기 개인의 사욕을 위해서는 사용하지 않았다는 점이 충분히 고려되어야 할 것이다.

그런데 해인을 가지고 남해의 섬에 숨어 있다는 정만인은 아직 그가 해인을 어떻게 사용했는지가 알려지지 않았으므로 판단을 유보시키고 있다. 나라의 보물을 훔쳐갔다고 설명하는 경우에는 정만인이 해인을 사적인 일을 위해 사용할 것이라는 짐작이 깔려 있고, 장차 해인을 가지고 와서 우리나라를 잘 살게 만들어줄 것이라는 이야기에는 해인이 공적인 목적을 이루는 데 사용될 것이라는 기대가 깃들어 있다.

또 해인을 처음으로 얻은 사람과 중(도사) 사이에는 해인을 주지 않으려는 입장과 빌리자는 입장의 갈등이 있다. 그러나 이인(중, 도사)과 이인(정만인) 사이에는 특별한 갈등이 없다. 다만 ⑨에서 상좌중이 주지스님이 가지고 있던 해인을 훔쳐갔다는 예외적인 사례는 있으나, 전체적으로 보아 그다지 갈등이 없다고 할 수 있다.

결국 해인설화는 어느 날 중(도사)이 나타나 해인을 당연히 가져갔고, 해인을 절을 짓는데 한번 사용하고 나서 숨겼는데, 또 다른 이인인 정만인이 나타나 다시 감추었으나 언젠가 또다시 이 땅에 나타날 것이라는 이야기 구조를 가지고 있다.

거의 모든 해인설화에는 해인이 어느 곳에 있는 지를 어떻게 알았는가에 대해서는 설명이 없다. 다만 이인(異人)이 천기(天機)를 보고 알았거나, 그냥 알고 찾아왔다는 식의 설명이 있을 뿐이다. 이는 정만인의 경우에도 마찬가지이다. 이인이 해인사에 감추어진 해인에 대해 어떻게 알았는지의 과정에 대한 설명은 없고 다만 알았다는 결과만 중시하는 것이다.

이러한 이야기 방식은 이인의 신비성을 힘주어 설명하는 과정에서 합리적이고 충분한 설명을 하지 못하고 있다. 오로지 이인의 특이한 능력으로 해인을 찾을 수 있었다고 이야기하여 해인을 찾는 과정이 전혀 언급되지 않았다.

결국 이러한 이야기 구조에 따르면 이인이 되는 과정도 설명할 수 없다. 이인이라는 사실이 중요할 뿐 어떻게 이인이 될 수 있으며, 어떤 과정을 거쳐 보물을 찾을 수 있는지에 대해 설명하지 않았다. 그러므로 해인설화는 과정을 무시하고 결과만 중시하는 성향을 무의식적으로 반영하고 있는 것이다.

그리고 인과론적인 설명이 없거나 갑자기 이야기가 건너뛰는 해인설화도 있는데, 대표적인 예는 다음과 같다. ④에서 해인을 얻은 영감이 가만히 생각하니 해인을 자기가 가지고 있으면 안 되겠다고 생각해서 자진해서 나라에 바쳤다고 하는데, 그 이유에 대한 설명이 없다.

⑩에서는 처음에는 아무 것도 없었던 주머니에서, 십 년 후가 되어 임자가 나타나니 갑자기 동그란 것이 주머니 안에 만져졌다고 한다. 이에 대해 돌연히 등장한 서산대사가 그 동그란 것이 바로 해인도장이라고 설명해 주면서 "알고만 있으라."라고 말해 주었다는 식이다. ⑩에는 서산대사

가 일본에서 해인을 가지고 조화를 부리는 장면이 나온다. 그러나 이러한 이야기의 원래 주인공은 사명당이며, 『임진록』에 자세히 이야기된다. 또 이 이야기에서 화자는 해인이 "이기빙이 마느래 한테 있었다, 어데 있었다 이카는데."라고 말하여, 이승만 정권 때 절대적인 권력을 누렸던 이기붕과의 관련성도 잠깐 언급한다. 그만큼 해인에 대한 이야기가 최근까지 알려졌다는 사실을 강조한 것이며, 해인이 현실에 존재할 가능성이 크다는 점을 부각시킨 것이다. 물론 이러한 이야기 방식은 설화가 지닌 고유한 특성으로도 평가할 수 있다. 그러나 우리는 여기서 왜 어떤 일이 일어나야만 하는지, 또는 어떻게 해서 그런 일이 일어났는가를 설명하려는 태도가 부족한 점을 발견할 수 있다.

반면 이러한 이야기 방식과 대조적으로 나름대로 근거가 있는 설명을 시도하는 해인설화도 있다. ①은 해인사가 있는 자리가 옛날에는 연못이었다고 서두를 꺼낸다. 그리고 그 못에 사는 용 때문에 수십 년 동안 그 곳에 절을 세우려 노력했던 도사(중)가 무진 애를 썼지만, 결국은 용의 조화 때문에 실패했다고 이야기한다. 이는 중의 술법이 용보다 부족했기 때문이라는 설명이다.

또 ①은 이야기가 진실임을 알리기 위해 "탄성(묵실)사는 이 진사"라고 구체적인 지명을 빌려 사실임을 강조한다. 또 중이 찾아오는 대목에서도 "진주 달성 땅에 찾아왔다."라고 하여 동일한 수법이 사용되었다.

②에서는 주인공의 꿈에 "허연 노인"이 나타나 내일은 손님이 찾아올 것이라고 가르쳐 주었다. 용왕국 왕자가 찾아온다는 일을 꿈을 통해 미리 알려준 것이다. 그래서 다음날 개가 찾아오자 '경주 최가의 시조'가 이 개가 바로 손님이라고 생각하여 별당에 따로 개집을 지어주고 잘 대접했다는 것이다.

④는 강아지가 갑자기 나타나는 과정을 "안개가 끼고 잠시 후에 걷히

자 강아지가 한 마리 있었다."고 서술하여 신비한 분위기를 나타내고 있으며, 변신과정도 "안개가 끼면서 강아지가 짖으며 재주를 세 번 넘자 계집애로 변했다."라고 말하여, 비일상적 이야기도 일정한 과정을 거친 것으로 설명하거나 특별한 행위로 인한 일이었다고 강조한다. 그러나 대체로 해인설화는 인과론적인 설명이 부족하다.

전체적으로 볼 때 해인설화는 해인이 옛날에 우리나라에 살던 어떤 사람에 의해 지상에 출현하게 되었으며, 해인사를 짓거나 생활용품을 나오게 만드는 기능을 행했다가 숨겨졌지만, 정만인이라는 이인이 해인을 찾아냈으며 현재는 우리나라 부근에 있는 바다의 어느 섬에 감추어져 있으며, 곧 이 땅에 다시 한 번 모습을 드러낼 것이라는 이야기 구조를 가지고 있다.

해인설화 분석의 맺음말

특정 이름의 설화로 한데 묶을 수 있는 여러 설화에서 행위의 주체는 바뀌지만 행동과 기능은 바뀌지 않는다. 이러한 설화군(說話群)은 반복되는 일정함이 있어서 동일한 배열순서로 인해 하나의 유형화가 가능하다. 구성요소, 상호관계, 전체와의 관련을 따짐으로써 설화의 내용에서 일정한 것과 변하는 것을 추출해 볼 수 있다. 여기서 구조란 전체적인 맥락에서 구성요소들이 유기적으로 맺고 있는 내적인 관계로 간단히 정의해 볼 수 있다. 앞에서 행한 일련의 설화분석을 통해 해인설화의 기본구조를 추출해 보면 다음과 같다.

특정인이 개, 자라, 이상한 동물 등을 몇 년간 길러주는 은혜를 베푼다. → 어느 날 그 동물이 갑자기 사라진다. → 일정한 시간이 흐른 다음 그 동물이 사람 모습으로 변신하여 찾아온다. → 동물이 자신은 원래 용왕의 아들이었 노라고 신분을 밝히고 나서 길러준 은혜를 갚으러 왔다고 말한다. → 용왕의 아들이 지상의 인간을 용궁이라는 이상향에 데리고 간다. → 용왕국 태자는 일정기간 동안 지상의 인간을 잘 대접한 다음 용궁의 보물인 해인을 가져갈 수 있는 방법을 가르쳐 준다. → 지상에 돌아온 사람이 해인을 사용하여 온갖 물건을 마련해서 잘 살게 된다. → 어느 날 해인을 처음 소유한 사람을 찾아온 이인(異人)이 해인을 빌려달라고 요구하자 해인을 내준다. → 이인은 해인을 가지고 해인사를 창건 또는 중창한 다음 해인을 해인사의 비밀장소에 깊숙이 숨긴다. → 시간이 흘러 또 다른 이인(異人)인 정만인이 나타나 해인을 찾아 낸다. → 정만인은 해인을 가지고 신비한 장소로 숨어버린다. → 언젠가는 해 인을 가진 이인이 다시 나타나 우리나라를 잘 살게 만들어 줄 것이다.

이러한 해인설화의 기본구조에서 우리는 먼저 그 장소의 변화에 대해 주목할 수 있다. 사건이 벌어지는 장소가 '지상 → 바다 속 → 지상 → 바 다의 어느 섬'으로 이동되는 것이다. 기본적으로 해인설화의 공간은 현실 과 이상세계의 대립구조로 이해되는데, 여기서 두 세계는 전혀 동떨어진 것이 아니라 상호 연관될 가능성을 내포하고 있다는 점이 특기할 만하다.

지상인의 이상향으로의 온전한 이동이 가능한 점, 이상향이 인간계와 다르지 않게 표현된 점, 두 세계가 교통이 가능한 점 등이 그 증거이다. 그 리고 이상과 현실의 만남은 해인이 바다 속에 영원히 숨어버리는 것이 아 니라 지상과 바다의 경계지역에 감춰져 있다는 이야기의 결말에서도 짐 작할 수 있다.

나아가 현실세계와 이상세계의 상호교류는 '은혜를 베푼다. ↔ 은혜 를 갚는다.'라는 기본적인 구조로 이해해 볼 수 있다. 두 세계 간의 교류가 가능한 것은 은혜를 베푸는 일이다. 인간이 짐승에게 은혜를 베푸는 행위와 은혜를 입은 존재가 다른 세상으로 그 사람을 데리고 간다는 것이다. 미물인 짐승에게까지 은혜를 베푸는 인간의 구체적인 실천에 의해서만이 신비한 세계로의 출입이 허용된다. 결국 용궁 구경과 해인이라는 보물을 얻는 일은 짐승에게 음식을 먹여 주는 얼핏 보면 보잘 것 없는 일에서부터 가능하다는 사실이다.

한편 보물은 항상 좋은 것만은 아닌 것이라는 생각도 해인설화를 통해 알 수 있다. 현실세계에서 보물이 개인적으로 볼 때는 편리하지만 국가적 차원에서는 나쁜 몹쓸 물건일 수도 있다. 왜냐하면 인간의 노력에 의하지 않고 생필품이나 돈을 마음대로 나오게 할 수 있는 보물의 존재는 공동체 전체의 유지에는 오히려 역으로 기능할 수도 있기 때문이다. 애초에 인간이 은혜를 베푸는 일의 보상으로 받아온 보물이 이제는 그 사람을 파멸의 지경까지 내몰 수도 있다.

그래서 해인은 나라에 바쳐지기도 하고 처치가 곤란한 쓸모없는 물건으로 표현되기도 한다. 이처럼 보물은 사적인 목적보다는 공적인 목적에 사용되어야 한다는 일반인의 믿음이 해인설화에 반영되었다. 따라서 해인은 해인사라는 종교적 건축물을 창건하여 많은 사람의 종교적 욕구를 만족시켜 주기도 하고, 민족적 수난을 가져온 왜적을 퇴치하는 데 이용되기도 했다고 설명된다. 나아가 우리는 해인설화를 통해 해인이 우리나라의 국운을 좌우할 국가의 보물로 믿어지고 있음을 알 수 있다.

그리고 해인이라는 성물(聖物)은 언제까지나 이 세상에 존재하지는 않는다. 그렇게 되면 보물이라는 기본적인 속성이 손상되며, 어쩌면 인간계 자체의 존립 근거마저 위협받게 될 것이다. 따라서 해인이 사라진 이유에 대해 설화에서는 정만인이라는 이인이 개인적 목적에 사용하기 위해 훔쳐갔다거나, 해인이 다른 세계로 갔기 때문에 우리나라의 국운이 쇠미해졌다고도 설명한다.

이는 해인을 개인적인 목적으로 사용했기 때문에 성물(聖物)의 권위가 손상되었다는 것이며, 언젠가는 다시 공적인 일에 사용될 것이라는 여운을 간직한 형태로 이야기된다. 따라서 해인은 단순히 없어져 버린 물건이 아니라, 미래에 다시 사용될 보물로 한국인의 마음에 여전히 믿어지고 있다.

해인설화는 원래 바다 속에 있었던 보물로서 모든 일을 마음대로 행할 수 있는 해인에 대한 이야기이다. 하찮은 짐승에게 은혜를 베풀어 준 행위에 대한 보답으로 해인은 지상에 나타날 수 있었다. 따라서 해인설화는 작고 쉽게 보이는 행위라도 힘써 행한다면 반드시 보답을 받을 수 있으리라는 교훈을 간직하고 있는 이야기이다.

그리고 해인설화에는 보물은 개인적인 목적을 위해서 사용되면 안 되는 성스러운 물건이라는 인식도 포함되어 있다. 해인은 개인의 보물에서 벗어나 나라의 보물로 믿어지게 되었으며, 언젠가는 이인의 손에 의해 우리나라로 돌아올 것이라는 믿음을 유발시켰다. 해인은 외적의 침략을 막아주고 국운을 융창시켜 줄 국가의 보물로서 한국인의 마음속에 소중하게 간직되어 있다. 따라서 해인은 한국의 대표적인 보물신앙의 하나로 평가할 수 있다.

해인설화에 등장하는 다양한 화소(話素)는 모두 일정한 근거가 제시될 수 있다. 불교 『화엄경』의 교리, 의상대사의 법성게, 해인사의 연기설화, 『임진록』, 『정감록』과 『격암유록』, 대원군과 정만인에 얽힌 이야기, 증산교의 교리, 개태사와 야산(也山)선생 이야기, 한국 신종교의 해인신앙 등에서 구체적인 자료를 찾을 수 있다.

이제 해인설화에 보이는 해인이라는 보물에 대한 신앙이 우리나라에서 과연 어떠한 과정을 거쳐 전개되었는지를 살펴보고, 해인설화에 등장하는 다양한 화소들의 근거가 되는 역사적 사실 또는 종교적 진실을 찾아보고 그 역사적 · 종교적 의미에 대해서 자세히 알아보자.

제2부

한국불교와 해인신앙

한국불교와 해인신앙

한국의 대표적인 보물의 하나로 오랫동안 믿어지고 전해져 오는 해인(海印)은, 단순한 보물이 아니라 여러 믿음들이 다양한 형태로 반영된 종교적 성물(聖物)이다.

해인설화는 "원래는 바다 속에 있었던 보물로서 모든 일을 마음대로 행할 수 있는 해인에 대한 이야기"라고 정의할 수 있다. 해인설화에 등장하는 다양한 화소(話素)는 모두 일정한 근거가 제시될 수 있다.

특히 해인이 해인사(海印寺)라는 불교적 건축물과 관련되어 이야기되고 있다는 점을 볼 때, 무엇보다도 먼저 해인과 한국불교(韓國佛教)와의 관계가 밝혀져야 할 것이다. 이 글에서 필자는 해인이라는 보물에 대한 신앙이 생겨난 연원을, 한국불교사의 흐름과 관련하여 자세히 논의하고자 한다. 불교 교리의 한국적 변용과정을 살펴보면서 한국불교의 독특한 특성 가운데 하나로 해인신앙을 제시해 보겠다.

해인이라는 용어의 불교적 유래

『화엄경(華嚴經)』은 부처님이 해인삼매(海印三昧)에 드셔서 설하신 경전으로 믿어진다. 『화엄경』은 결코 일시에 이루어진 경전이 아니며, 『화엄경』이 불타(佛陀)의 정각(正覺) 직후에 최초로 표현된 최고 수준의 설법 내용이라는 주장은 후대에 형성된 믿음이다.

대개 부처님께서 설법하실 때는 먼저 깊은 선정(禪定)에 드시어 신심(身心)을 평온히 하신 후, 이윽고 선정에서 깨어나 법(法)을 설하는 것이 통례이다. 예를 들면 『법화경(法華經)』은 부처님께서 무량의(처)삼매〈無量義(處)三昧〉로부터 출정(出定)하시어 설하신 경전이고, 『반야경(般若經)』은 등지삼매(等持三昧)로부터, 『열반경(涅槃經)』은 부동삼매(不動三昧)로부터, 『원각경(圓覺經)』은 신통대광명장삼매(神通大光明藏三昧)로부터, 『능엄경(楞嚴經)』은 수능엄삼매(首楞嚴三昧)로부터, 『유마경(維摩經)』은 불사의해탈삼매(不思議解脫三昧)로부터, 『무량수경(無量壽經)』은 염불삼매(念佛三昧)로부터, 『화엄경(華嚴經)』은 해인삼매(海印三昧)로부터 설하신 경전이라고 믿어진다.

그렇다면 『화엄경』이 편찬된 시기는 과연 언제쯤일까?

『화엄경』은 60화엄(華嚴)으로 번역되기 이전에 이미 별도의 유통경들이 있었다. 『화엄경』은 일시에 성립된 것이 아니라, 화엄대경(華嚴大經)으로 전체가 한역(漢譯)되기 이전에 여래명호품(如來名口號品), 광명각품(光明覺品), 정행품(淨行品), 십지품(十地品), 성기품(性起品), 입법계품(入法界品) 등에 해당하는 각품(各品)이 단독적으로 또는 타품(他品)과 결합하여 이미 역출(譯出)되었다.

다카미네 료우쥬(高峯了州)의 『화엄사상사(華嚴思想史)』(1963)에 따르면, 현존본(現存本)으로 가장 오래된 역출은 여래명호품(如來名號品)에 해당하는 『도사경(兜沙經)』 1권 〈지루가참(支婁迦讖), A.D. 178~189〉을 들 수 있고, 용수(龍樹, 150~250) 전후까지는 십지품(十地品), 입법계품(入法界品) 등이 이미 성립되어 있었다.

따라서 『화엄경』은 처음부터 하나의 경(經)으로서 설해진 것이 아니라, 단본별행경(單本別行經)들이 모여서 이루어졌다. 『화엄경』의 성립은 1년~200년경 중앙아시아에서 이루어졌으며, 60권본이 하나의 통합된 전체로서 편찬된 것은 서기 350년 이전으로 추정된다. 나까무라 하지메(中村 元)의 『화엄사상』에 의하면, 『화엄경』은 전체적으로 보아 『법화경』보다는 늦게, 그리고 『무량수경』보다는 먼저 성립된 것으로 인정된다.

『화엄경』에 대한 한역본(漢譯本)은 다음과 같다.

1. 『대방광불화엄경(大方廣佛華嚴經)』〈60권, 7처(處) 8회(會) 34품(品)〉 : 불타바타라(佛陀跋陀羅, Buddha bhadra)가 418~420년에 한역(漢譯)했다. 구역(舊譯), 진본(晉本), 60화엄(華嚴) 등으로도 불린다. 대정신수대장장(大正新修大藏經) T.9, No. 278에 수록되어 있다.

2. 『대방광불화엄경(大方廣佛華嚴經)』〈80권, 7처(處) 9회(會) 39품(品)〉 : 실차난타(實叉難陀, Siksananda)가 695~699년에 한역(漢譯)했다. 신역(新譯), 주본(周本), 80화엄(華嚴)이라고도 한다. T.10, No. 279에 수록되어 있다.

3. 『대방광불화엄경(大方廣佛華嚴經)』〈40권, 1품(品)〉 : 반야다라(般若多羅)가 796년경에 한역했다. 입불가사의해탈경계보현행원품(入不可思議解脫境界普賢行願品), 정본(貞本), 40화엄(華嚴)이라고도 부른다. T.10, No. 293에 수록되어 있다.

『화엄경』에 해인이라는 용어는 T.9 – 627, T.10 – 275a~275c 등에 나온다. 그리고 명확히 해인(海印), 삼매(三昧), 삼마지(三摩地)라는 역어(譯語)를 볼 수 있는 한역경전(漢譯經典)으로는 『광찬경(光讚經)』〈대정장(大正藏) 8 – 190상(上)〉, 『비화경(悲華經)』〈대정장(大正藏) 3 – 220하(下)〉, 『대집경(大集經)』 15〈대정장(大正藏) 13 – 106 중(中), 하(下)〉, 『대반야경(大般若經)』〈대정장(大正藏) 7 – 75상(上)〉, 『대보적경(大寶積經)』 25〈대정장(大正藏) 11 – 114하(下), 138하(下) – 139상(上)〉, 『대집대허공장보살소문경(大集大虛空藏菩薩所問經)』〈대정장(大正藏) 13 – 626중(中)〉 등이 있는데, 이들 경전에서 설해진 해인삼매(海印三昧)의 의의가 반드시 동일한 것은 아니다. 그리고 『탐현기(探玄記)』 4, 『능엄경(楞嚴經)』 4 등에도 해인이라는 용어가 나온다.

한편 해인삼매를 『화엄경』의 총정(總定)이라고 규정한 것은 『화엄경문의강목(華嚴經文義綱目)』(T.35 – 498c)에서 비롯된다. 따라서 해인은 불교용어이다.

해인의 불교적 의미

불교의 교리체계에서 설명되는 해인은 원래 다음과 같은 의미를 지닌다. 해인삼매(海印三昧)는 해인정(海印定)이라고도 하는데, 부처님이 『화엄경』을 설하실 때 드신 삼매의 경지를 가리키는 용어이다. 과거 · 현재 · 미래를 통해서 일체의 모든 것이 마음 가운데에 나타난다는 경지를 뜻한다.

바다에 풍랑이 쉬면 삼라만상(森羅萬象)이 모두 바닷물에 비치는 것 같이, 번뇌가 끊어진 부처님의 정심(定心) 가운데 과거·현재·미래의 모든 법이 명랑(明朗)하게 나타나므로 해인정(海印定)이라고 했다.

나까무라 하지메(中村 元)의 『불교어대사전(佛敎語大辭典)』(1975)에 의하면, 해인삼매는 산스크리트어 'sagara – mudra – samadhi' 의 한역어(漢譯語)이다. 이 사전에는 해인이 『팔십화엄(八十華嚴)』 14권, 『화엄경(華嚴經)』 6권, 『유심법계기(遊心法界記)』, 『오교장(五敎章)』, 『정법안장(正法眼藏)』에도 나온다고 한다.

또 『대한화사전(大漢和辭典)』에 따르면 원래 해인은 "우주(宇宙)의 일체(一切)를 각지(覺智)에서 얻은 불(佛)의 지(智)"를 가리키는 말이었다. 깨달은 자, 즉 부처가 제법(諸法)을 조관(照觀)하는 것이, 마치 바다가 만상(萬象)을 비추는 것과 같다는 뜻으로 해인이라는 용어가 사용되었다.

결국 대해중(大海中)에 일체의 사물이 인상(印象)됨과 같이 담연(湛然)한 불(佛)의 지해(智海)로 일체의 법을 인현(印顯)하는 것이 바로 해인삼매의 원래적인 의미이다. 대승불교의 경전에서 설하고 있는 여러 선정설(禪定說) 가운데에서도 가장 널리 알려진 것이 바로 『화엄경』의 해인삼매이다.

해인(海印)의 산스크리트어 원어가 Sagara mudra〈해(海)의 인(印), 바다가 물건의 모습을 분명히 비추어 내는 일〉 또는 Sagra-samrddhi〈해(海)의 부(富), 해(海)의 번영(繁榮)〉이라는 설이 있다. 후자는 범본(梵本) 『화엄경』 「십지품」에 나오는 용어로서 보리유지(菩提流支)는 이 부분을 "해성취(海成就)"(T.26 – 194a)라고 한역(漢譯)했다.

이에 대해 기무라 카요타카(木村 淸孝)는 『초기 중국 화엄사상의 연구』(1977)에서 바다가 풍부하게 영출(映出)한 여러 가지 모습의 전체상을 samrddhi라고 할 수 있으므로, Sagara-samrddhi는 내용상 해인(海印)으로 한역(漢譯)된 것이라고 본다. 결국 기무라는 산스크리트어의 두 원어가 거의 같은 의미로 사용되었다고 판단하였다. 일단 필자는 그의 견해에 찬동하면서, 좀 더 자세히 산스크리트어 원어의 뜻을 살펴보면서 과연 어떤 과정을 거쳐 해인이라고 한역(漢譯)되었는지를 밝혀보고자 한다.

해인의 산스크리트어 sagara mudra는 일단 "해(海)의 인(印)"으로 풀이할 수 있다. 여기서 해(海)는 넓은 수류(水流)를 뜻하는 산스크리트어 samudra와 팔리어 samudda의 한역어(漢譯語)이다. 그리고 한역된 인(印)에 해당하는 mudra는 "찍다·베끼다라는 뜻을 지닌 용어로서, 묘사하는 것"을 의미한다. 즉 일체의 사물이 거울 가운데 비춰진 색상(色像)과도 같이 부처님의 심중에 남김없이 현현(顯現)하였다는 깊은 선정(禪定)의 경지를, 대해(大海)가 널리 모든 사물을 비춰내는 일에 비유한 말이다.

그런데 윌리암스(Williams, 1819~1899)의 『A Sanskrit-English Dictonary』(1899)에 따르면, mudra에 대한 영문 해석은 도장, 찍는 도구, 석판 인쇄용 도구, 도장에 의해 찍혀진 무늬나 흔적 등으로 적혀 있을 뿐이다. 즉 명사적 용법으로만 서술되어 있다. 그리고 samudra와 sagara도 별 차이가 없이 바다 또는 대양(大洋)으로 해석된다. 이러한 해인의 인(印)의 의미와 해석에 대해 기무라 카요타카는 『초기중국화엄사상의 연구』에서 다음과 같이 설명한다.

해인(海印)은 의미상 단순히 해(海)라고 해도 좋을 것이다. 왜냐하면 『방광반야경(放光般若經)』에서는 이 삼매를 "일체법소취해삼매(一切法所聚海三昧)"라고 번역하고 있으며(T.8 – 23c), 『대품반야경(大品般若經)』에서는 "섭제법해삼매(攝諸法海三昧)"라고 번역하기(T.8 – 251c) 때문이다. 그러나 범본(梵本) 『이만오천송반야(二萬五千頌般若)』에는 "일체의 법을 모은 해(海)의 인(印)의 삼매(三昧)"라고 풀이되어 있기 때문에 인(印)을 무시할 수는 없다.

그렇다면 이 말은 무엇 때문에 사용되었던 것일까? 생각해 보면 해(海)는 어디까지나 인(印)하는 것이라는 점을 주장하기 위해서가 아닐까? 일체법(一切法)을 단순히 모으고 총괄하는 것이 아니라, 그것을 분명히 비추어내지 않으면 이 삼매(三昧)가 완성되지 않는다는 사실을 강조하기 위한 것은 아닐까 라고 필자는 생각한다. 그러나 본경(本經)의 해인(海印)의 의미의 중점은 해(海)에 있다는 것은 확실할 것이다.

인용문에서 기무라도 왜 하필이면 인(印)이라는 용어를 사용했는지에 대해 의문을 가지며, 확신이 아닌 추측으로만 이에 대해 설명하고 있다.

한편 한자(漢字)의 인(印)은 도장, 기호, 흔적, 형태를 찍는다, 행하다, 서화(書畵)를 판(版)에 새긴다. 자취를 남긴다 등의 뜻으로 풀이된다. 그리고 인(印)이 도장이라는 명사적 의미로 사용될 때에는, 도장을 사용하는 사람의 신분에 따라 각기 다른 용어가 사용되었다. 천자(天子)가 사용하는 도장은 새(璽)라고 부르고, 신하(臣下)가 사용하는 도장은 인(印)이라고 불렀다. 그리고 청조(淸朝)에 들어와서는 친왕(親王) 이상이 사용하는 도장은 보(寶)라고 부르고, 군왕(郡王) 이하의 하급 관리가 사용하는 도장은 인(印)이라고 불렀으며, 관(官)의 낮은 직급이 사용하는 도장은 도기(圖記) 또는 관방(關防)이라고 부르고, 사인(私人)이 사용하는 도장은 도장(圖章), 소인(小印), 사인(私印)이라고 불렀다.

따라서 불교적 입장에서 볼 때 해인의 인(印)은 명사적 용법으로 사용된 것이 아니므로 "바다의 도장"으로 풀이해서는 안된다. 해인은 어디까지나 산스크리트어 Sagara mudra에서 연원한 한역어(漢譯語)이므로, 삼매(三昧)를 서술하는 구조와 의미로 풀이해야 한다.

그러므로 필자는 해인의 인(印)이 도장이라는 명사적 의미로 사용된 것이 아니라, 찍힌다 · 자취를 남긴다 · 새겨진다 등의 동사적 의미로 해석해야 한다고 본다. 이러한 필자의 견해에 따르면 인(印)을 동사적으로 풀이하여 해인삼매는 "바다에 (온갖 사물이) 남김없이 찍힐 정도(로 높은 경지)의 삼매"라고 해석된다.

해인삼매에 대한 믿음이 강조되기 시작하면서, 해인은 동사적인 의미만이 아니라 점차 명사적인 의미로까지 확대 해석되었다. 해인은 원래는 삼매를 서술하는 한정적 용법만을 지녔었지만, 차츰 해인이라는 용어만으로도 해인삼매 자체를 가리킨다고 인정받기 시작했던 것이다. 해인이 부처님께서 얻으신 삼매의 이름이며, "일체의 사물을 인상(印象)함과 같이, 담연(湛然)한 불(佛)의 지해(智海)로 일체의 법을 인현(印顯)하는 것을 가리킨다."는 해석이 가능해진 것이다.

이러한 필자의 견해에 따르면 삼라만상의 있는 그대로의 진실된 세계를 나타내는 커다란 바다의 도장으로 상징되는 세계가 바로 해인삼매의 경지이다. 무명진원(無名眞源)으로 되돌아가는 길은 해인삼매에 들어 일심(一心)의 근원으로 돌아가는 것이다. 번뇌가 다한 자리에 안주(安住)한 부처님 정각(正覺)의 참 지혜 중에는 우주의 모든 진실된 모습이 그대로 현현된다.

이것이 곧 화엄교학(華嚴敎學) 특유의 주장인 무애무진(無碍無盡)의 진실상(眞實相)이며 해인삼매다. 이 해인삼매야말로 부처님 정각(正覺)의 내용 바로 그것이며, 화엄의 가르침을 대표하는 총체적인 명목(名目)이다. 그러므로 해인은 여래(如來)의 성품(性品)이 나타나는 본연의 자리이다.

한없이 깊고도 넓으며 아무런 걸림이 없는 바다, 거친 파도가 멈출 때, 그 바다 위에는 우주의 갖가지 참된 모습인 해와 달, 산과 시냇물, 풀과 나무 그 모든 것이 그대로 비춰져 나타난다. 우리들 한량없는 마음의 바다에서 일고 있는 온갖 물결은 무명(無明)의 망령된 바람 때문에 일어난다. 그

러나 그 무명의 바람이 나래를 접고 망령된 번뇌의 물결이 쉬는 맑고도 깨
끗한 지혜의 바다에는, 무한한 시간·무량한 공간에 있는 일체의 모든 것
이 그 참모습으로 나타나게 된다. 이것이 바로 해인삼매의 뜻이다. 바다
에 바람이 그치면 삼라만상이 모두 바닷물에 비치는 것과 같이, 번뇌가 끊
어진 부처님의 정심(定心) 가운데 과거·현재·미래의 모든 법이 명랑(明
朗)하게 나타남을 해인삼매라고 한다.

한편 해인삼매에 대해 내용상으로 해석하고 있는 불경(佛經)으로는
『대반야경(大般若經)』과 『대집경(大集經)』이 있다. 『대반야경』에서는
108삼매(三昧) 가운데 해인삼매가 가장 근본적인 삼매이며, 모든 삼매가
귀입(歸入)하는 곳이라고 설한다. (T.7 - 75a) 대해(大海)가 모든 흐름을
섭수(攝受)하는 것처럼, 해인삼매는 제법(諸法)을 섭수하고 있다는 것이
다. 나아가 『대집경』에서는 보살(菩薩)이 일체중생심(一切衆生心)의 활동
을 바로 알고, 모든 교설에 관해 진실한 지혜를 획득할 수 있는 삼매가 바
로 해인삼매라고 파악한다.

중국 화엄종과 신라의 의상대사

『화엄경』은 부처님의 깨달음에 의거하여 광대한 절대 존재의 세계를 전개
하고 있는데, 일즉다(一卽多)·다즉일(多卽一)·주객구족(主客具足)·중
중무진(重重無盡)의 법계연기(法界緣起)의 관계를 보여서 제법실상의 절
대 현실에 효능있는 불법생활을 강조한 경전이다. 따라서 해인삼매는 『화

엄경』 및 중국의 화엄교학에 있어서 지극히 중요한 사상적인 근거가 된다.

해인삼매는 일체만상의 실상(實相)을 비춘 『화엄경』의 세계관이다. 『화엄경』의 해인삼매의 논리적인 구조는, 하나의 개체가 전체 속에 포함되고 전체가 하나의 개체 속에 함장(含藏)되어 있는, '일즉다(一卽多), 다즉일(多卽一)'의 세계관으로 이루어져 있다.

『화엄경』은 중요한 대승경전의 하나인데, 이 『화엄경』의 경전기록에 의거하여 두순(杜順, 557~640)으로부터 비롯한 중국 화엄종(華嚴宗)은, 지엄(智儼, 600~668)을 거쳐 현수(賢首) 법장(法藏, 643~712)에 이르러 크게 꽃피고, 징관(澄觀, 738~839), 종밀(宗密, 780~841) 등에 차례로 전수되었다. 우리나라에서는 신라시대에 당(唐)나라 지엄(智儼)의 문하에서 화엄학을 공부하고 귀국한 의상(義相, 625~702)이 676년에 태백산에 부석사(浮石寺)를 세우고 화엄종지(華嚴宗旨)를 펴기 시작했다. 따라서 의상은 한국 화엄종의 태두(泰斗)로 여겨진다.

한편 중국화엄의 대성자인 현수(賢首) 법장(法藏)은 화엄교학의 전체적인 구조가 해인삼매를 토대로 구축되었다고 주장했다. 법장은 『수화엄오지망진환원관(修華嚴奧旨妄盡還源觀)』(T.45 – 637a)에서 다음과 같이 말했다.

해인(海印)이란 진여본각(眞如本覺, 본래의 진리세계)이다. (거기에는) 망(妄, 번뇌)이 붙어 있는 마음이 맑아져서 만상이 모두 나타난다. 마치 큰 바다가 바람으로 인하여 파도가 일어나며, 이윽고 바람이 그쳐 바닷물이 (본래처럼) 맑고 고요해지면 (가지각색의) 상(象)이 다 비춰져 나타나는 것과 같다. 기신론(起信論)에서 말하기를 "무량공덕장법성진여해(無量功德藏法性眞如海)"라 하였다. 그러므로 해인삼매라 한다.

여기서는 『화엄경』의 주불(主佛)인 대비로자나〈大悲盧遮那, Vairocana,
광명편조(光明遍照), 대일여래(大日如來)〉 부처님의 세계가 대해(大海)에
비유된다. 대해의 물은 본래 늘어나거나 줄어듦이 없이 불변하지만, 한 번
바람이 불면 천변만화하는 파도가 일어난다. 그러나 일단 바람이 멈추면
파도가 잔잔해져서, 바다는 본래의 청정한 상태로 되돌아간다. 여기서 대
해의 물은 진여(眞如)를, 바람은 욕심과 번뇌를, 파도는 현상계에 비유된다.

그러므로 이러한 대선정(大禪定)은 단순히 앉아서 자세를 갖추고 호흡
을 통일한 좌선의 상태만을 의미하는 것이 아니라, 해인삼매라는 선정을
통하여 삼라만상이 해인삼매에 있는 것을 관찰하고 확인해 보는 것이다.

일체의 삼라만상은 모두 이 대선정에 포함되어 있는 것이며, 구체적으
로는 비로자나불에 의해서 되살아나고 있다. 그러한 대선정에 의해 깨달
았을 때, 모든 만상 자체가 이미 비로자나불을 내포하고 있다는 사실이 직
관된다.

우리들 개인의 입장에서 살펴볼 때, 자기 안에 이미 비로자나불을 내
장(內藏)하고 있다는 사실을 깨닫게 되는 것이다. 대해의 본래 맑은 상태
는 대선정(大禪定)의 경지를 의미한다. 이러한 대선정의 경지는 바로 우
주 자체이다. 일체의 모든 존재가 이 대선정 속에서 생겨나고, 또 그 위에
서 연기(緣起)하고 있다. 여기서 선정이란 해인삼매를 통하여 우주 그 자
체의 대선정에 들어서는 일이며, 만상이 해인삼매에 있다고 보는 것이다.

『화엄경』의 해인삼매에 주목하고 그것을 교학체계 가운데 체계화시
킨 최초의 인물은 지엄(智儼)이며, 이를 계승하여 한층 더 전개시킨 인물
이 바로 법장이다. 지엄은 해인삼매를 인위(因位)의 입장으로 생각했지
만, 법장에 이르러 비로소 해인삼매를 화엄교학의 중핵으로 삼았다. 여기
서 법장이 말하는 해인삼매는 총(總)으로서의 근본삼매이며 근본정(根本
定)이다.

화엄교학의 전체적 구조가 해인삼매를 토대로 구축되었다는 사실은, 법장이 『화엄오교장(華嚴五敎章)』의 첫머리에서 "이제 장차 석가불의 해인삼매, 즉 일승(一乘)의 교의를 여는 데 있어서 간략하게 10문을 제시한다." 라고 말한 것을 통해서도 알 수 있다.

한편 징관(澄觀)은 『화엄경소(華嚴經疏)』권 16〈대정장(大正藏) 35 - 621중(中) 하(下)〉에서 무심능현의(無心能現義), 현무소현의(現無所現義), 능현여소현비일의(能現與所現非一義), 비이의(非異義), 무거래의(無去來義), 광대의(廣大義), 보현의(普現義), 돈현의(頓現義), 상현의(常現義), 비현현의(非現現義) 등을 거론하고, "이 십의(十義)를 모두 갖추어야 해인(海印)이라고 칭한다." 라고 주장했다. 그는 "해인의 의(義)를 옛날에는 략(略)하여 해(解)하였지만, 아직 그 원(源)을 다 하지 못하였다. 이에 십의(十義)로써 이를 석(釋)한다." 라고 말하기도 했다.

해동화엄(海東華嚴)의 초조(初祖)로 믿어지는 의상(義相, 625~702)이 668년에 당(唐)나라에 가서 종남산(終南山) 지상사(至相寺) 지엄법사(智儼法師)의 강석(講席)에서 화엄경을 연구할 때, 지엄법사가 해인(海印) 72개를 그려서 제자들에게 보여 주었다.

이때 의상스님이 그것을 보고 총괄적으로 한 개의 해인을 따로 만들어 지엄법사에게 바쳤다. 지엄이 이를 보고 "그대의 일개 해인이 나의 72개 해인과 상당(相當)하나니, 그대의 해인은 총(總)이요, 나의 해인은 별(別)이다. 화엄경의 깊은 뜻이 그대의 한 개 해인(海印) 가운데 모두 들어 있다."고 찬탄하고 의상의 깨달음을 인가해 주었다는 기록이 『삼국유사(三國遺事)』에 전한다.

의상의 저작에 대한 『삼국유사』의 기록은 다음과 같다.

또 법계도서인(法界圖書印)과 약소(略疏)를 지어 일승(一乘)의 중요함을 남김없이 포괄했으니, 천년의 본보기가 될 만하므로 (사람들이) 다투어 소중히 지녔다. 그 밖에는 지은 것이 없으나, 한 솥의 고기 맛을 알려면 한 점 살코기만 맛보아도 충분할 것이다. 법계도는 총장 원년 무진년(668)에 완성되었다.

又著法界圖書印幷略疏, 括盡一乘樞要, 千載龜鏡, 兢所珍佩, 餘無撰述, 嘗鼎味一臠足矣. 圖成總章元年戊辰.

인용문의 "법계도서인(法界圖書印)"은 의상의 대표적인 저작이 분명하며, 이 기록을 통해 당시 일반사람들도 이에 대해 잘 알고 있었을 정도이며, 또 이 책이 상당히 널리 유포되었던 사정을 짐작할 수 있다. 의상의 대표적인 저작인 법계도(法界圖)는 현존한다.

법계도는 신라(新羅)의 의상대사가 당나라에 가서 지엄대사에게 화엄경을 수학(修學)하고 그 오묘한 현리(玄理)를 통한 후에, 668년에 이를 총 210자(字) 7언(言) 30구(句)의 송(頌)으로 축약한 글인데, 54각이 있는 도인(圖印)으로 만든 것이다. 일명 법성도(法性圖), 법성게(法性偈), 법계도장(法界圖章), 해인도(海印圖), 화엄법계도(華嚴法界圖), 일승법계도(一乘法界圖), 화엄일승법계도(장)〈華嚴一乘法界圖(章)〉이라고도 하는데, 의상은 여기에 다시 주석(註釋)을 달아 『법계도기(法界圖記)』라 하였다.

이제 의상이 대표적인 저작을 남겼으며 이에 대한 주석

화엄일승법계도

서를 지었다는 『삼국유사』의 기록은 현존하는 자료에 의해 확인된다.

　그런데 왜 하필이면 『삼국유사』에서 법계도서인(法界圖書印)이라고 지칭했을까? 필자는 법계도서인은 법계도가 문자와 도상(圖象)의 두 가지 형태로 이해되었던 당시의 상황을 반영하는 기록이라고 본다. 법계도의 내용과는 별도로 법계도를 형상화시켰던 상징적인 그림이 존재했으리라는 것이 필자의 주장이다. 이제 이러한 필자의 추정을 뒷받침해 줄 자료들을 하나씩 알아보자.

의상대사의 「해인도」

먼저 「법계도〈해인도(海印圖)〉」의 전문〈대정장(大正藏) 45권 711면, 716면〉은 다음과 같다.

　　법성원융무이상(法性圓融無二相)
　　법성(法性)은 원융(圓融)하여 이상(二相)이 없으니,

　　제법부동본래적(諸法不動本來寂)
　　제법(諸法)은 부동(不動)하여 본래 고요하도다.

　　무명무상절일체(無名無相絶一切)
　　이름과 형상이 없이 일체(一切)를 다 여의었으니,

　　증지소지비여경(證智所知非餘境)
　　깨달아 안 것이지, 별 다른 경지가 아니라네.

　　진성심심극미묘(眞性甚深極微妙)

진성(眞性)은 참으로 깊고도 미묘하니,

불수자성수연성(不守自性隨緣成)
자성(自性)에 얽매이지 않고 연(緣)을 따라 이루었네.

일중일체다중일(一中一切多中一)
하나 가운데 일체(一切)가 있으며 다(多) 가운데 일(一)이 있으니,

일즉일체다즉일(一卽一切多卽一)
하나가 곧 일체(一切)이며 다(多)가 곧 하나라네.

일미진중함시방(一微塵中含十方)
한 티끌 속에도 시방세계가 포함되니,

일체진중역여시(一切塵中亦如是)
일체(一切)의 모든 티끌도 역시 그러하다네.

무량원겁즉일념(無量遠劫卽一念)
무량(無量)한 오랜 시간이 곧 일념(一念)이요,

일념즉시무량겁(一念卽是無量劫)
일념이 곧 무량한 그 시간이라네.

구세십세호상즉(九世十世互相卽)
구세(九世)와 십세(十世)가 번갈아 상즉(相卽)하니,

잉부잡난격별성(仍不雜亂隔別成)
뒤섞임도 구별됨도 없다네.

초발심시변정각(初發心時便正覺)
처음 발심(發心)한 때가 바로 정각(正覺)의 순간이니,

생사열반상공화(生死涅槃常共和)
생사(生死)와 열반(涅槃)이 늘 함께 어울리고,

이사명연무분별(理事冥然無分別)
이(理)와 사(事)가 그윽하게 분별됨이 없으니.

십불보현대인경(十佛普賢大人境)
십불(十佛), 보현(普賢)과 같은 대인(大人)의 경계(境界)로다.

능인해인삼매중(能仁海印三昧中)

능인(能仁)의 해인삼매(海印三昧) 가운데

번출여의불사의(繙出如意不思議)
부단히 여의(如意)의 부사의(不思議)를 나투시어,

우보익생만허공(雨寶益生滿虛空)
중생 위해 보배 비를 뿌려 허공을 채웠으니,

중생수기득이익(衆生隨器得利益)
중생이 각기 (자신의) 그릇에 따라 이익을 얻는다네.

시고행자환본제(是故行者還本際)
그러므로 행자(行者)가 본 마음으로 돌아가

파식망상필부득(叵息妄想必不得)
망상을 끊을 수 없다면, 반드시 (깨달음을) 얻지 못하리라.

무연선교착여의(無緣善巧捉如意)
(그러나) 무연(無緣)의 훌륭한 솜씨로 여의(如意)를 잡는다면,

귀가수분득자량(歸家隨分得資粮)
분수 따라 자량(資粮)을 얻어, 집〈본원(本源)〉으로 돌아올 수 있으리.

이다라니무진보(以陀羅尼無盡寶)
무궁무진한 다라니의 보배로

장엄법계실보전(莊嚴法界實寶殿)
법계(法界)의 실다운 보전(寶殿)을 장엄하여,

궁좌실제중도상(窮坐實際中道床)
마침내 실제의 중도(中道) 자리에 앉으니,

구래부동명위불(舊來不動名爲佛)
예로부터 부동(不動)하니 이름하여 불(佛)이라 하네.

『법계도』의 내용은 『화엄경』을 집약하여 그 핵심을 밝힌 것이다. 짧은 글귀 속에 방대한 경전의 내용을 축약한 「법계도(해인도)」는 의상의 천재성이 돋보이는 수작이다. 그런데 의상은 이를 단순히 서술한 것이 아니라

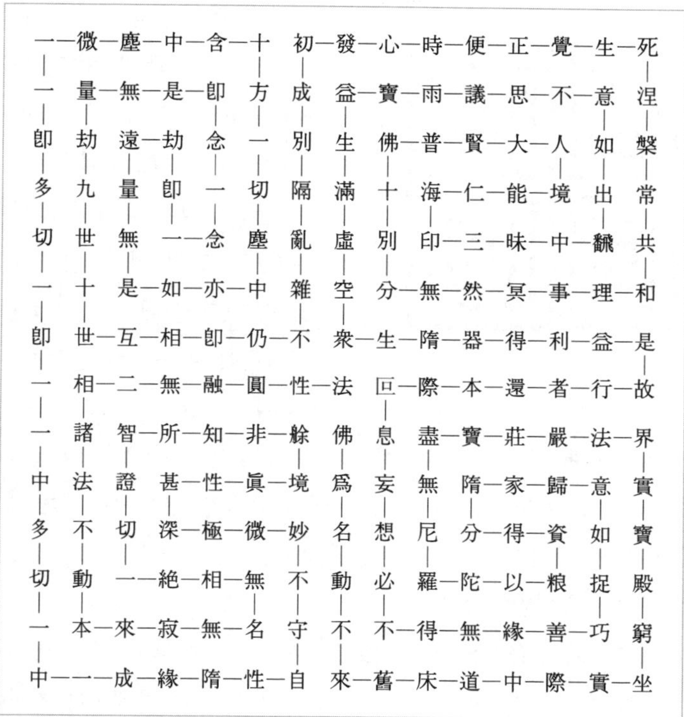

의상이 글자를 신비하게 배열한 법계도

상징적인 도상으로 표현하였다.

　의상은 스승의 인가를 받기 위해 게송(偈頌)을 읊는 데 그치지 않고, 글자의 묘한 배열을 통해 더욱 신비스럽게 표현하였다. 의상의 주석에 따르면 법계도가 인(印)의 형식을 한 이유는, 『화엄경』에서 설한 바와 같이 석가여래께서 가르치신 교망(教網)이 포괄하는 삼종세간(三種世間)을 해인삼매로 좇아 드러내 나타내기 위함이라고 한다. 그리고 의상은 법성(法性)을 궁극적으로 증오(證悟)하니 원저(源底)가 없어서 구경청정(究竟淸

법계도인

淨)하고 담연명백(湛然明白)하여, 삼종세간(三種世間)이 그 속에 현현(顯現)하므로 해인(海印)이라고 이름붙였다고 강조했다.

결국 의상은 석가의 교법이 포괄하는 물질의 세계, 인간들의 세계, 정각(正覺)에 의한 지혜(智慧)의 세계의 모습을 해인삼매를 좇아 드러내기 위해서 「해인도」를 지었다고 말했다. 특히 「해인도」는 흰 종이 위에 붉은 도인(圖印)의 길을 줄로 이어 나타내고 여기에 검은 색으로 글자를 써서 만들었는데, 이는 세 종의 세간(世間)인 기세간(器世間), 중생세간(衆生世間), 지정각세간(智正覺世間)을 나타내기 위함이었다.

「해인도」의 인(印)은 전체적으로 사각형을 이루고 있는데, 중심의 '법(法)' 자에서 시작하여 역시 같은 중심의 '불(佛)' 자에 이르기까지 모두 54개의 각을 이루면서 210자가 한 줄로 연결되어 있다. 이러한 「해인도」에 대해 상징을 통하여 깊은 뜻을 간추리고 짧게 표현하기를 좋아하는 한국적인 전통을 보여주고 있다는 평가도 있다.

그리고 「해인도」는 일승원교(一乘圓敎)의 종요(宗要)를 드러낸 것이며, 일승원교의 내용은 법계연기사상(法界緣起思想)인데, 의상이 이를 7언(言) 30구(句) 210자(字)의 시(詩)로 요약하여 그것을 4각인(角印) 속에 새겨 넣고 그 인문(印文)의 뜻을 해석해 놓은 문헌이라고 결론지은 연구도 있다.

또한 지엄(智儼)이 설했다고 전하는 오종해인설(五種海印說)도 있으며, 해인설이 불교의 성기(性起)와 관련된다는 『화엄경』의 기록도 있다.

「해인도」를 단순화시킨 도형

그렇다면 과연 해인(海印)은 구체적으로 무엇을 가리키며, 이에 대한 일반인들의 신앙은 어떠한 형태로 이어져 왔을까? 필자는 해인이 의상의 「해인도」와 분명히 관계가 있다고 생각한다. 한국불교의 대표적 문헌이라고 평가할 수 있는 「해인도」가 여러 가지 이름을 지녔다는 사실은 이미 앞에서 살펴보았다.

그리고 오랜 역사를 통해 「해인도」는 한국의 불교인들의 관심의 대상이 되었고, 한국불교를 연구하는 데 있어서도 핵심적인 주제가 되기도 했다. 현재 한국불교의 여러 교단에서 의례집으로 널리 애용되는 『석문의범(釋門儀範)』(1931)에도 의상대사의 「법성게(해인도)」가 수록되어 있으며, 이를 단순화시킨 도상(圖象)도 있다.

필자는 바로 이 해인도 도상이 이른바 해인(海印)이라고 본다. 끊임없이 돌아가며 영원히 이어지는 불법의 진리를 표현한 이 도상은, 복록과 장수를 빌기 위해 민간에서도 널리 사용되었던 한국 고유의 장식문양 가운데 하나다. 『민속도록(民俗圖錄)』(1977)에 의하면 흔히 제기(祭器)의 문양, 외벽(外壁)의 문양 등에 변형된 형태로 새겨져 있는 이 도상은 경복궁(景福宮) 자경전(慈慶殿)의 화문장(畵紋墻)과 대나무로 만든 발에도 약간 변형된 형태로 그려져 있다.

한국의 전통문양으로 평가되는 이 도상은 오늘날에는 다양한 형태로의 변형도 추구된다. 안상수는 『Korean Motifs 1, Geometric Patterns』(1986)에서 이 문양을 돌림무늬〈곡두문(曲頭紋)〉이라고 이름지었다.

인도(印度)에는 불법(佛法)이 도상으로 표현된 것이 거의 없으며, 중국에 와서야 비로소 도상이 출현했다. 이러한 중국의 전통을 이어받아, 한국불교에서도 「해인도」에 대한 도상화가 이루어진 것이다. 이 도상을 그리거나 새긴 물건이 해인이라는 필자의 가설을 뒷받침해 주는 다음과 같은 기록이 『석문의범(釋門儀範)』(1931)에 있다.

> 해인도(海印圖), 일명은 법계도(法界圖)며 역왈(亦曰) 법성게(法性偈)니
> …… 의상(義相)은 72개의 의지(義旨)를 종합하야 차도(次圖)를 제진(製進)
> 하니, …… 그 후 의상조사께서 …… 귀국하야 영주(榮州) 부석사(浮石寺)를
> 창(創)하고 화엄종(華嚴宗)을 립(立)하며, 차(次)를 기(其) 제자 상원대덕(相
> 元大德)에게 전함에, 원(元)은 신림대덕(神琳大德)에게, 림(琳)은 순응대덕
> (順應大德)에게 전하니, '응(應)은 차(次) 해인(海印)을 지(持)하고' 가야산
> (伽倻山)에 왕(往)하야 사(寺)를 창(創)하고, 해인(海印)으로 사명(寺名)을 제
> (題)하며, 수(遂)히 화엄경(華嚴經)과 수정무공주(水晶無孔珠)와 공(共)히 화
> 엄종신물(華嚴宗信物) 삼종보(三種寶)를 작(作)하니라.

의상이 자신의 제자들에게 「해인도」를 그려 주었다는 인용문의 앞부분에 있는 기록은, "해인(海印)을 가지고 있다."는 표현에 이르면 그 어감이 약간 달라진다. 해인이 단순히 종이 위에 그려진 도상이 아니라 구체적인 형체를 지닌 물건으로 상정될 여운을 남기고 있는 듯하다.

의상대사의 제자들이 가지고 있었던 해인

의상에게 화엄교학을 배웠던 제자들이, 그들의 연원을 밝히는 상징으로

서 「해인도」를 그려서 간직했을 가능성은 농후하다. 이러한 필자의 추론
을 뒷받침하는 결정적인 기록이 고려시대의 승려 균여(均如, 923~973)의
『석화엄지귀장원통침(釋華嚴旨歸章圓通枏)』에 다음과 같이 전한다.

> 신라 스님 지통(智通)은 의상대덕(義相大德)의 열 분 큰 제자 가운데 한
> 사람이다. (그가) 대백산(大伯山) 미리암혈(彌理巖穴)에서 화엄관(花嚴觀)을
> 닦을 때, 하루는 갑자기 동굴 밖을 급히 지나가는 큰 산돼지를 보았다. 항상
> 예불드리는 목각존상에게 그의 정성을 다해 (그 연고를 알기를) 발원했다. 목
> 각존상이 "동굴을 지나간 돼지는 바로 너의 과거 몸뚱아리였고, 내가 바로 네
> 가 장차 과보로 이룰 부처다."라고 일러주었다. 지통이 이 말을 듣고서 즉시
> 삼세일제(三世一際)의 법문(法門)을 깨달았다. 훗날 (지통이) 의상대덕(義相
> 大德)에게 나아가 이 일을 아뢰니, 의상대덕께서 그 그릇이 이루어졌음을 아
> 시고, 드디어 법계도인(法界圖印)을 (지통에게) 수여하셨다.
>
> 新羅僧智通, 乃相德十聖弟子之一也. 居大伯山彌理巖穴, 修花嚴觀, 忽一
> 日見大猪, 過穴門及通. 依常禮木刻尊像, 盡其誠懇. 像謂曰, 過穴之猪, 是汝過
> 去身, 我卽是汝當果之佛也. 通聞此告, 卽悟三世一際之法門矣. 後詣相德敍之,
> 相德知其成器, 遂以法界圖印授也.

의상대사는 제자들의 깨달음을 인가해 주는 방법으로, 자신의 깨달음
을 상징하는 '법계도인(法界圖印)'을 제자들에게 전해 주었던 것이다. 여
기서 지통(655~?)이 의상에게서 받았다는 법계도인이 정확히 어떤 것인
지는 더 이상 부연되는 설명이 없으므로 알 수 없다.

아마도 법계도인은 법계도(해인도)를 새긴 물체가 아니었을까? 법계
도 자체가 인상(印像)을 하고 있으므로 인(印)을 다시 쓴 것은 동어반복에
불과하기 때문에, 굳이 인(印)을 덧붙인 것에는 나름대로 특별한 연유가
있었을 것이다.

의상대사가 창건한
부석사 무량수전

  이처럼 스승에게 자신의 깨달음을 인가받았다는 증거로 특별한 물건을 전해 받았다는 주장은, 중국 선종(禪宗)에서 제자가 게송(偈頌)을 읊으면 그의 깨달음을 인가한다는 표시로 스승이 제자에게 자신이 평생토록 입고 다니던 단 한 벌의 가사를 전해 준다는 전의설(傳衣說)과 유사하다.

  물론 이러한 주장은 스스로를 스승의 법맥을 이은 유일한 정통(正統)이라고 강조하기 위한 후대의 가탁(假託)에 불과하다. 자신만이 스승으로부터 유일하게 인정받은 사람이라고 주장하며, 이를 다른 사람들이 믿게끔 하기 위한 이러한 주장은 역사적으로 계속 있어 왔다.

  여기서 중요한 점은 과연 그러한 사실이 실제로 있었느냐 또는 정말로 가사(袈裟)나 바리때 등의 신표(信標)가 단 하나만 있었는가의 진위 여부의 문제가 아니다. 스승의 적통(嫡統)임을 자부하는 제자들이나 그 스승의 사상을 받아들인 후대인은 끊임없이 전의설(傳衣說)과 유사한 주장을 했으며, 그러한 현상이 역사적으로 실재했다는 점이다.

  애초의 논의로 돌아가면, 의상의 제자 가운데 적어도 지통(智通)은 스승인 의상으로부터 법계도인을 직접 전해 받았노라고 주장했다. 시간이 흐름에 따라 의상의 제자들 가운데 대표적인 열 명의 제자들 모두가 스승인 의상으로부터 특별한 물건들을 전법(傳法)의 표시로 받았을 것이라는 추정에 가까운 이야기가 유포되기 시작했고, 차츰 이러한 이야기는 정설로 굳어지게 되었던 것으로 보인다.

사실 의상에게 열 명의 큰 제자가 있었다는 주장 자체도 후대인들이 설정한 어떤 의도에 의해 가능했던 일이었다. 어찌 의상에게 하필이면 열 명의 큰 제자만 있었겠는가? 10이라는 완전을 상징하는 숫자로 표상되어야만 의상이 세상에서 할 일을 모두 마쳤으며, 나아가 그의 정법(正法)이 온전히 제자들에게 전해졌음을 증거하기 때문에 굳이 '10대 제자'라는 표현이 가능했던 것이리라.

어쨌든 후대인들에 의해 의상은 제자들에게 무엇인가 특별한 신표를 주었던 인물로 믿어졌다. 역사적 사실로서가 아니라, 종교적 진실로서.

소설에 보이는 의상대사의 해인

해인에 대한 이러한 믿음에 영향을 받은 후대의 학자 가운데도 의상이 제자들에게 해인을 전해주었을 것이라고 설명하는 사람도 있다. 조명기는 『신라불교의 이념과 역사』(1962)에서 다음과 같이 주장했다.

의상(義相)이 귀국 후 해인도(海印圖)를 교과서로 하여 제자에게 교수(敎授)하는 동시에, 전법(傳法) 삼보(三寶)를 작(作)하여 제자 중에 화엄오지(華

嚴奧旨)를 철오(徹悟)하여 교화(敎化)를 담당할 만한 자가 있으면, 이 해인도
(海印圖) 일매(一枚)를 전하여 신(信)을 표(表)하는 것이다. …… 화엄종 본
산에서는 해인(海印)과 화엄경판(華嚴經板)과 무공주(無孔珠)를 삼보(三寶)
로 하고, 대대로 전하는 것을 종풍(宗風)으로 삼는다.

위의 인용문은 해인이 화엄경판과 구멍이 없는 수정구슬과 더불어 한
국 화엄종의 3가지 보물로 손꼽힌다는 주장이다. 여기서는 단순히 해인도
를 종이 위에 그린 것을 해인이라고 보지 않는 듯하다. 한국 화엄종의 종
맥을 보존하기 위한 중요한 보물 가운데 첫 손가락에 꼽히는 해인이 누구
나 쉽게 알 수 있고 가질 수 있는 '의상대사가 종이 위에 그린 해인도(海
印圖)' 라면 설득력이 전혀 없지 않는가?

한편 소설로 정착된 의상대사에 얽힌 이야기에는 이러한 내용이 좀 더
적극적으로 기록되어 있는데, 이종익의 『역사소설 의상대사』(1977)에는
다음과 같은 기록이 보인다.

법계도송〈法界圖頌, 해인삼매도(海印三昧圖)〉 …… 대사는 다시 이 도
(圖)와 같은 인장(印章) 십개(十個)를 만들어 십대제자(十大弟子)에게 전하였
는데, 그 인장이 지금은 전하지 않는다. 말세에 이 인장을 들고 나오는 도인(道
人)이 이 세상을 구제한다는 전설도 있다.

대사는 일찍이 당나라 종남산에서 찬술한 법계도송을 그 도(圖)와 같이 쇠로
부어 도장(圖章) 열 개를 만들어 십대 제자에게 전해주며, "이 '도장' 은 법계(法
界)의 실상과 연기(緣起)의 무진한 인과이법(因果理法)을 표시한 것이니, 내가 이
것으로써 화엄대법(華嚴大法)을 그대들에게 전하여 주는 신표(信表)로다. 아무쪼
록 이것을 가지고 길이 정법을 호지하여 무한한 인천(人天)의 복 밭이 되며, 어두
운 방의 등대가 되며, 고해(苦海)의 자항(慈航)이 되게 하라."고 말하고, 그 도장을

십대제자들에게 한 개씩 나누어 주며 …….

소설형식에 이르면 의상이 「해인도」를 도상으로 새긴 쇠로 만든 인장을 열 명의 제자들에게 신표로 나누어 주었다고 한다. 의상의 말을 빌려 이 쇠도장은 화엄대법을 전하는 신물(信物)이 된다. 나아가 말세에 이 도장을 가진 도인이 나타나 세상을 구제할 것이라는 이야기까지 덧붙여진다. 허구(虛構)인 소설에 나오는 이야기이므로 신빙성이 없는 허황한 이야기라고 판단하고 말 것인가?

해인사에 모셔졌던 해인

그런데 실제로 해인(海印)이 실물로 주조(鑄造)되어 해인사에 보관되었던 적이 있었다는 역사적 사실이 『석문의범(釋門儀範)』(1931)의 다음과 같은 기록을 통해 밝혀진다.

최근 여항(閭巷) 전설에 의하면 해인사에는 해인이라는 것이 잇는대, 차(次)를 사용하게 되면 호풍환우(呼風喚雨)와 이산초해(移山超海)를 임의로 하는 술법이 잇는 것인대, 정만인(鄭萬仁)이 차(此)를 절거(竊去)하엿다 한다. 도참지설(圖讖之說)에 미혹한 정만인이 전기(前記) 삼종보물(三種寶物) 중(中) 해인만을 절거(竊去)하였는가를 확지(確知)치 못하나, 화엄경판과 무공주(無孔珠) 뿐이 지금 상전(相傳)되고 해인이 오무(烏無)인 것을 보아 의점(疑點)이

불무(不無)이며, 금(今)에 그 보물이 무(無)한 것만이 유감되야, 연전(年前)에 찬송거사(餐松居士) 최기남(崔基南)이 차(此)를 주취(鑄就)하야 해인사에 봉안(奉安) 운(云)이나 기후하락(其後下落)은 미가지(未可知)이다.

최소한 1931년 이전의 어느 시점에 해인사에는 주물로 만든 해인이 엄연히 존재했었음이 위의 기록을 통해 확인되었다. 『석문의범』의 편집자 안진호(安震湖)는 해인의 행방에 대해서는 알 수 없다고 말했으며, 해인사에 전해 내려오던 3대 보물 가운데 왜 하필이면 해인만 도둑맞았는가에 대해 의문을 표한다.

어쨌든 근세에 최기남(崔基南)이라는 불교신자가 해인사에 해인이 없다는 사실을 아쉽게 여겨 자신이 직접 해인을 만들어 해인사에 봉안했었다는 역사적 사실이 밝혀졌다. 그리고 인용문을 통해 당시 사람들이 생각한 해인은 "바람과 비를 부르고, 산을 옮기고 바다를 건널 수 있는 술법이 내재한 신기한 보물"이었음도 알 수 있다.

당시 해인사에 소장되었던 해인이 구체적으로 어떤 형태였는지는 현재로서는 알 수 없다. 왜냐하면 이에 대한 자료나 사진 등이 현존하지 않기 때문이다. 다만 앞에서 살펴본 논의과정에 힘입어 해인은 의상의 「해인도」에 나오는 도상을 새긴 것이었다고 추정할 수 있을 따름이다.

그런데 일반인들은 『화엄경』의 내용을 요약한 의상스님의 「해인도」에서 해인이라는 보물이 상상되었다는 역사적 사실은 알지 못하거나 관심조차 없다. 그들은 모든 일을 마음대로 할 수 있는 보물인 해인이 해인사라는 성스러운 장소에 보관되어 있다고 믿고 싶은 것이다.

바로 여기서 역사적 사실과는 다른 종교적 진실이 태어난다. 이제 '해인사에는 해인이 있다.' 라는 종교적 진실은 이를 믿는 사람들에게는 그 어떤 역사적 사실보다도 더욱 더 참된 진리로 받아들여진다. 이러한 해인에 대한 일반인들의 믿음을 충족시켜 주기 위해서라도 해인이 실물의 형태로 만들어져야 했었던 것이리라.

그렇다면 앞에서 살펴보았던 '해인으로 해인사를 만들었다.' 는 해인 설화와 '해인을 보관한 해인사' 라는 종교적 믿음은 어떤 관련성이 있는지 살펴보도록 하자.

해인사의 창건과정

해인사는 지금의 행정구역으로 경상남도 합천군(陜川郡) 가야면(伽倻面) 치인리(緇仁里)에 있는 가야산의 서남쪽 기슭에 자리한 사찰이다. 원래 치인리는 신라 말 최치원(崔致遠, 857~?)이 처자를 거느리고 가야산에 들어와서 종신(終身)하였으므로 치원리(致遠里)라고 불렀는데, 그 후 자연스럽게 치인리(致仁里)로 바뀌었다가, 1914년에 지금의 치인리(緇仁里)로 고쳐졌다고 한다.

해인사는 의상(義相)의 화엄(華嚴) 십찰(十刹) 가운데 하나이며, 팔만대장경(八萬大藏經)을 봉안한 법보사찰(法寶寺刹)이며, 유명한 수도도량이기도 하다. 이 절은 신라 애장왕 때 순응(順應)과 이정(利貞)이라는 두 스님이 창건하였다.

의상의 제자 신림(神琳)의 제자인 순응은 혜공왕 2년(766)에 중국으로 구도의 길을 떠났다가, 수년 뒤에 귀국하여 가야산에서 정진하다가 애장왕 3년(802)부터 해인사 창건에 본격적으로 착수하였다. 그런데 사찰을 창건하기 위해 전념하던 순응이 갑자기 죽자, 이정이 그의 뒤를 이어 절을 완성하였다.

해인사의 창건주인 순응(順應)이 의상의 법손(法孫)이라는 점을 생각해 볼 때, 절 이름을 『화엄경(華嚴經)』의 해인삼매에 근거하여 해인사라고 명명했음이 분명하다. 따라서 해인사는 화엄의 철학과 사상을 천명하고자 하는 뜻에서 이루어진 화엄의 대도량이다. 이는 훗날 고려 태조의 귀의를 받았던 희랑(希朗)스님이 해인사에서 화엄사상을 펼쳤는데 그 장소가 현재에도 희랑대(希朗臺)로 남아 있고, 해인사의 사간장경(寺刊藏經) 가운데 특히 화엄학 관련문헌이 많은 분량을 차지하고 있다는 사실로도 충분히 입증된다.

결국 절 이름을 해인사(海印寺)라고 한 것은, 부처님께서 해인삼매에서 출정(出定)하셔서 『화엄경』을 설하셨다는 불교의 믿음에 근거했기 때문이다. 일부 사찰은 소속 종파(宗派)의 소의경전(所依經典)을 부처님께서 설하실 때 부처님이 의지한 삼매(三昧)의 이름 또는 경전의 이름에 따라 절 이름을 명명한다.

해인사는 해동(海東) 화엄종의 개창조(開創祖)인 의상대사의 법맥을 이은 순응(順應)과 이정(利貞)에 의해 창건된 사찰이므로, 『화엄경』을 소의경전으로 하여 절 이름을 정했다. 이러한 입장을 반영해주는 『가야산(伽倻山) 해인사지(海印寺誌)』(1992)의 다음과 같은 기록이 있다.

또 신라의 의상대사가 당나라의 지엄법사에게 『화엄경』의 뜻을 전해 받고 본국에 돌아와서 '해인(海印)'을 신표로 법을 전할 적에 그 상수제자(上首弟子) 상원(相源)에게 전하고, 상원은 신림(神琳)에게, 신림은 다시 순응(順應)에게 전하였으므로, 순응이 이 절을 짓고 화엄(華嚴)의 도장(道場)이라는 뜻에서 해인사(海印寺)라 이름한 것이다.

한편 최치원이 신라 효공왕 4년(900)에 지은 「신라가야산해인사선안주원벽기(新羅伽倻山海印寺善安住院壁記)」에 기록되어 있는 해인사의 창건 연기(緣起)는 다음과 같다.

순응대덕(順應大德)은 신림(神琳)에게 사사(師事)하였다. 대력(大歷) 초년(初年, 766)에 마른 나무쪽에 의탁하여 중국으로 고승(高僧)이 거처하는 산을 찾아가 도를 구했다. …… 신라에 돌아오자 …… 드디어 정원(貞元) 18년(802) 10월 16일에 동지를 인솔하여 여기에 건물을 세웠다. …… 이때에 성목태후(聖穆太后)께서 나라의 어머니로 군림하시면서 불교도들을 아들처럼 육성하였다. (절을 짓는다는) 소문을 듣고 공경하고 기뻐하시며 날짜를 정하여 귀의하시고, 좋은 음식과 예물을 내리셨다. …… 그러나 스님은 갑자기 세상을 떠나셨다. 이정선백(利貞禪伯)이 뒤를 이어 공적을 세웠다.

서기 900년에 작성된 최치원의 기록에 해인사라는 이름을 구체적으로 명시했으므로, 최소한 서기 900년 무렵부터는 이 절이 해인사로 불렸음을 알 수 있다.

해인사 창건 연기설화 하나

고려 태조 26년(943)에 지어진 작자 미상의 「가야산해인사고적(伽倻山海印寺古籍)」에는 해인사의 창건을 좀 더 전설적인 설화로 엮고 있는데, 중요한 부분은 다음과 같다.

해인사 전경

　가야산 해인사는 해동(海東)의 명찰(名刹)이다. 옛날 양(梁)나라 때의 보지공(寶誌公)이 임종시에 제자들에게 「답산기(踏山記)」를 주면서 유언하기를 "내가 죽은 뒤에 고려(高麗)의 두 스님이 와서 법을 구할 것이다. 그때 그들에게 이 책을 전해 주라."고 했다.

　그 뒤에 과연 순응(順應), 이정〈理貞, 이(利)의 오기(誤記)일 것이다. 필자 주〉 두 대사가 중국으로 가서 구법(求法)하였다. …… 두 스님이 그 말을 듣고 공(公)의 묘소에 찾아가 …… 밤낮 이레 동안을 선정(禪定)에 들어 법을 구했다. 묘문(墓門)이 저절로 열리고, 공(公)이 나와 설법하고 의발(衣鉢)과 신발을 전해 주었다.

　그리고 이어서 (보지공이) "너희 나라 우두산(牛頭山) 서쪽에 불법(佛法)이 크게 일어날 곳이 있다. 너희들은 돌아가 별보대가람해인사(別補大伽藍海印寺)를 세우라."고 명하고는, 다시 묘문(墓門)으로 들어갔다. 두 스님이 신라로 돌아와 우두산 …… 서쪽으로 내려가다가 사냥꾼들을 만나 …… "절을 지을 만한 곳이 없던가?"라고 물었다.

　사냥꾼들은 "여기에서 조금 내려가면 물이 고인 곳이 있는데, 거기에는 철와(鐵瓦)가 많으니 그곳에 가보시오."라 했다. 드디어 두 스님이 그곳에 이르러보니 마음에 흡족하였다. 풀을 깔고 앉아 선정에 들었는데, 이마에서 광명이 나와 붉은 기운이 하늘에 뻗쳤다.

그때 신라 제 39대(40대의 잘못이다. 필자 주) 애장왕(哀莊王)의 왕후가 등창병이 났었는데, 어떤 약도 효력이 없었다. …… 왕후가 병든 사연을 이야기하자, 두 스님은 오색실을 주면서 "이 실의 한 끝을 궁전 앞에 있는 배나무에 매고, 다른 한 끝을 아픈 곳에 대면 나을 것이다."라고 말해주었다.

…… 과연 배나무는 말라죽고 (왕후의) 병은 나았다. 임금이 고맙게 생각하여, 나라 사람들을 시켜 이 절을 짓게 하였다. 그때는 애장왕 3년(802)이며, 당(唐)의 정원(貞元) 18년이다.

앞에서 살펴본 최치원의 기록이 사실 기술적이고 객관적인데 비하여, 위의 기록은 상당히 신비적이고 설화적인 내용으로 이루어져 있다. 이는 해인사의 창건에 얽힌 사연을 신비화시키고자 한 후대인의 심리적 표현으로 보인다. 왜냐하면 후자의 경우는 그 전체적인 줄거리의 토대는 최치원의 기록과 동일하지만, 거기에 다분히 전설적이고 설화적인 이야기가 덧붙여져 있기 때문이다.

한편 이덕무(李德懋, 1741~1793)의 「기해인사팔만대장경사적(記海印寺八萬大藏經事蹟)」에도 중국의 보지도인(寶誌道人)이 죽을 때 「답산가」 1편을 순응과 이정에게 전해 주라는 유언을 남긴 일, 두 스님이 찾아왔을 때는 이미 지공(誌公)이 죽었던 일, 두 스님이 지공(誌公)의 무덤 앞에서 3주야를 주문과 염불을 외웠더니 그가 나타나 "신라 우두산에 사찰을 세우라."고 말해 주었던 일, 그 후 신라로 돌아온 두 스님이 애장왕의 왕후의 등에 난 종기를 치료해 준 일, 왕실의 도움으로 사찰을 건립하게 되었던 일 등의 이야기가 실려 있다. 앞의 기록과 거의 비슷하다. 다만 "선정(禪定)"이 "주문과 염불을 외우는 일"로 바뀌었고, 기도한 기간이 7일에서 21일로 늘어났다.

그런데『삼국유사』에는 신라 문무왕(文武王) 16년(676)에 의상대사가
부석사를 창건하고 곧이어 해인사, 화엄사, 범어사 등의 이른바 화엄십찰
(華嚴十刹)에서도 화엄종지(華嚴宗旨)를 펴게 했다고 적혀 있다. 이 기록
에 의하면 마치 해인사가 이미 7세기 말에 세워졌었던 것처럼 보인다.

그러나『삼국유사』에 전하는 화엄십찰이 의상 당시에 모두 있었다고
보기는 힘들고, 화엄십찰은 의상의 제자들에 의해 훨씬 후대에 지어졌다
고 보는 것이 타당하다. 왜냐하면 해인사의 창건주인 순응도 의상의 법손
(法孫)에 해당하기 때문이다.

순응과 이정 두 스님은 신라 혜공왕(惠恭王) 2년(766)에 법을 구해 중국
으로 들어갔다. 그들이 이미 250여 년 전에 죽은 양(梁)나라 때의 인물인
보지공(寶誌公, 417~514)을 만났다는 이야기는, 보지공의 신성함에 가탁
하여 해인사의 창건이 신비하게 이루어졌음을 강조하기 위한 것이다.

애장왕(哀莊王)은 경진년(庚辰年, 800)에 13세의 어린 나이로 왕위에
올랐던 인물이다. 애장왕이 을유년(乙酉年, 805) 정월에 박씨(朴氏)를 비
(妃)로 맞아들였다는『삼국사기(三國史記)』권 10의 기록에 따르면, 애장
왕 2년(801)에 순응과 이정 두 스님이 애장왕 왕후의 병을 고쳐 주었다는
기록과 전언은 잘못이다. 따라서 이 이야기도 역시 역사적 사실을 종교적
진실로 변용시킨 예이다.

필자는 불심(佛心)이 유달리 깊었던 애장왕의 할머니인 성목태후(聖
穆太后)가 해인사 창건의 대시주(大施主)였다는 최치원의 기록이 역사적
사실에 가까운 것이라고 생각한다.

그리고 조선 성종(成宗) 22년(1491)에「해인사중창기(海印寺重創記)」
를 썼던 승정원(承政院) 부승지(府承旨) 겸(兼) 춘추관(春秋館) 수찬관(修
撰官)이었던 매계(梅溪) 조위(曺偉, 1454~1503)가 성종 21년(1490)에 해
인사를 중창할 때 발견된 전권(田卷) 43통을 보고「서해인사전권후(書海

印寺田卷後)」라는 기록을 자신의 문집인 『매계집(梅溪集)』에 남겼다.

매계의 주장에 따르면 해인사는 신라 헌강왕(憲康王) 11년 을사년(乙巳年, 885) 이전까지는 북궁해인수(北宮海印藪)라고 불렸으며, 진성여왕(眞聖女王) 4년 경술년(庚戌年, 890) 이후부터는 혜성대왕원당(惠成大王願堂)이라고 불렸다고 한다. 진성여왕이 자신과 각별한 관계에 있던 각간(角干) 위홍(魏弘)이 진성여왕 2년(888)에 죽자, 그를 혜성대왕(惠成大王)으로 추존하고 해인사를 그의 원당(願堂)으로 삼았다는 주장이다.

그 후 진성여왕은 정사년(丁巳年, 897) 6월에 효공왕(孝恭王)에게 양위(讓位)한 후 북궁(北宮), 즉 해인사에 머물다가 그해 12월에 죽었다. 이는 그녀가 죽어서도 위홍과 함께 묻히기를 원했기 때문에 북궁해인수가 혜성대왕원당이라고 불리게 되었다는 설명이다.

결국 해인사는 '북궁해인수'라는 이름에서 알 수 있듯이 창건될 당시부터 해인(海印)이라는 이름으로 불렸음을 확인할 수 있다. 따라서 해인사가 해인이라는 보물을 사용하여 순식간에 창건되었다는 해인설화는 허구(虛構)이지 사실(事實)은 아님이 확인되었다. 물론 허구가 갖는 진실, 즉 종교적 믿음에 기초한 진실은 엄연히 별도로 존재하지만 말이다.

해인사 창건 연기설화 둘

이제 해인설화와 또 다른 해인사연기설화와의 관계에 대해 검토하자.

이거인(李居仁)은 오늘날까지 해인사의 사간장경판(寺刊藏經板)을 만드는데 공헌한 전설적인 인물로 전한다. 여기서 말하는 사간장경(寺刊藏經)은 고려시대(高麗時代)에 대장도감(大藏都監)에서 새긴 고려대장경(高麗大藏經)과는 다른 것이다. 전설적인 영험담(靈驗談)인 이거인에 얽힌 이야기는 그 자체에 어떤 역사성을 부여할 수는 없지만, 이러한 영험담이 널리 유포되었다는 사실이 불교가 민간신앙화된 형태를 보여주는 것으로 평가된다. 그 이야기는 이덕무의 「기해인사팔만대장경사적(記海印寺八萬大藏經事蹟)」에 다음과 같이 전한다.

신라 애장왕 때 합주(陜州)의 이정(里丁)이었던 이거인(李居仁)이 (어느 날) 길에서 눈은 셋이고 다리를 절름거리는 강아지 한 마리를 보고 불쌍하게 여겨 삼 년 동안 길렀다. 그 개가 죽자, 장사하고 제사지내기를 사람과 같이 하였다.

그런지 이 년 뒤에 거인이 아프지도 않았는데도 갑자기 죽었다. (그의) 영혼이 명부(冥府)라는 곳으로 들어가니 대문 안에서 공복(公服)을 차려입은 관원이 (이거인을) 맞이하여 "우리 주인께서는 어찌하여 이곳에 오셨습니까?"라고 말하는 것이었다. 거인(居仁)이 그를 보았더니 전혀 면식이 없었는데, 다만 그의 눈이 셋이었다(는 점이 특이했다).

그가 "옛적에 내가 화액이 있어 인간 세계에서 모피(毛皮)를 쓰고 있어야 했는데, 다행히 주인의 은혜를 입어 3년이 지난 후 다시 이 벼슬에 봉직되었습니다."라고 말했다. …… 눈이 셋 달린 사람이 "다만 세상에 살아 있었을 때에 팔만대장경을 간행하여 보고자 생각했으나 성사하지 못했다고 말하십시오."라고 일러주었다.

거인(居仁)이 그 말대로 〈염왕(閻王)에게〉 아뢰었더니, 염왕이 (이거인을) 크게 기특히 여겨, 귀신의 명부에서 삭제하고 석방하도록 명하였다. 눈이 셋 달린 사람이 작별인사를 하면서 "세상에 돌아가시면 팔만대장경을 등사하시고, 화주(化主)의 권선권(勸善券)에 합주(현감)의 도장을 찍어 잘 간수하여 두십시오. 그렇게 하시면 후일에 서로 만날 수 있을 것입니다."라고 말하였다.

거인(居仁)이 살아 돌아와서 그 말대로 하고 잘 간수해 두었다. 이때 애장왕의 공주 자매가 함께 천연두를 앓고 있었는데, (두 딸이) 갑자기 "만일 팔만대장경의 권선문(勸善文)을 얻는다면, 우리의 병은 나을 것입니다."라고 말했다.

이에 왕이 (신하들에게) 명하여 (권선문을) 구하게 하였더니, 합주의 현감이 거인(居仁)을 역마로 달려 보냈다. …… (공주가) 말하기를 "팔만대장경은 저승에서 귀중하게 여기는 것입니다. 염왕께서 이 사람을 석방시켜 주신 까닭은, 세상에 나와서 이 일을 도모하게 하신 것입니다. 원하건대 왕께서는 이 사람을 도와 일을 성사하소서."라 하고 …… 그러고는 곧 병이 나았다.

이때 거제도 바다에 어느 나라에서 왔는지 모를 큰 배가 떠 있고, 그 안에는 팔만대장경이 가득 실려 있었는데, 모두 금은(金銀)으로 된 글자였다. 왕은 온 나라 안의 기술자를 동원하여 거인(居仁)과 함께 섬에 가서 (팔만대장경을) 간행하도록 하고, …… 합주 해인사에 옮겨 보관하도록 명하였다.

또한 일제강점기에 조선총독부에서 발행한 『조선사찰사료(朝鮮寺刹史料)』(1911)에도 「해인사유진(海印寺留鎭) 팔만대장경(八萬大藏經) 개간인유(開刊因由)」라는 제목으로 위의 이야기와 거의 비슷한 내용이 실려 있다. 여기에는 이거인이 당(唐)나라 대중연간(大中年間, 847~859) 때의 사람이라고 구체적으로 기록하였다.

그리고 삼목인(三目人)이 인간계에 가게 된 이유에 대해 "명부(冥府)에서 허물이 있어서 개의 몸을 받고 3년 동안 귀양살이를 해야 했기 때문"이라고 스스로 밝히고 있다. 또 삼목인(三目人)이 이거인에게 권선문의 제목도 '팔만대장경판각공덕문(八萬大藏經板刻功德文)'이라고 써서 관청에 가서 도장을 받아두라고 자세히 일러준다. 그리고 "거제도에서 재목을 구하여 대장경을 새긴 뒤에 해인사에 모셨다.”라고 비교적 합리적으로 설명된다.

이러한 자료들을 비교해 보면 시간적으로 후대에 나온 기록이 실제로 있었던 일이었음을 강조하기 위해, 앞선 기록들보다도 훨씬 자세하고 있었을 법한 이야기로 묘사되었던 것을 알 수 있다.

개를 길러준 은혜 때문에 죽은 다음에 명부(冥府)까지 갔다가 다시 살아서 이 세상으로 돌아왔다는 이거인설화는 해인설화와 일단 동물보은담이라는 점에서 유사하다. 그러나 해인설화는 해인이라는 용궁의 보물을 받아오는 것이 핵심 줄거리인데, 이거인설화는 팔만대장경의 권선문을 만들어 놓으라는 내용이어서 인간세계에서도 가능한 일을 미리 가르쳐 주는 데 불과하다.

또 이거인설화와 해인설화는 모두 해인사와 관련이 있다는 점에서 상호관련성이 엿보인다. 그러나 해인설화는 해인사의 창건이나 중창과 관련이 있지만, 이거인설화는 이미 창건된 해인사에 대장경 경판이 모셔지게 된 일에만 관련된다는 점에서 다르다.

그런데 해인사 창건연기설화인 이거인설화에 도장에 얽힌 이야기가 나온다는 점에 주의를 기울일 필요가 있다. 왜냐하면 이와 같이 해인사가 창건된 일에 도장이 등장한 것이, 훗날 해인사의 해인이라는 절 이름이 실물의 형태를 지닌 보물로 상상된 실마리가 되었을 수도 있기 때문이다.

해인사의 보물들

이덕무(李德懋)가 조선 정조(正祖) 6년(1782)에 지은 「가야산기(伽倻山記)」에는 해인사에 얽힌 이야기들과 함께 해인사에 보관하고 있는 팔만대장경, 불상, 북 등에 대해 자세히 기록하고 있다. 그러나 해인(海印)이라는 보물에 대한 언급은 전혀 없다. 천장립자(天將笠子, 하늘 장군의 삿갓)이라는 묘한 물건이 있었는데, 화재 때 불타버렸다는 이야기를 전하는 정도다.

「가야산기」는 해인사에 얽힌 민간전승의 세밀한 부분까지 기록하고 있으며, 당시에 알려진 대장경판에 얽힌 신비한 이야기에 대해서도 예리한 비판과 함께 그 현황을 상세히 기록하고 있다. 이러한 이덕무의 기록에 해인이 보이지 않는 점은, 그가 생존했을 당시에는 해인에 대한 특별하거나 구체적인 이야기가 널리 알려지지 않았던 사정을 반영하고 있다고 볼 수 있다. 따라서 일단 1780년대 당시에는 해인사와 해인이라는 보물에 대한 상관성이 이야기되지 않았다고 추정해 볼 수 있다.

기록으로 확인가능한 해인사의 중창기록은 다음과 같다. 해인사는 『가야산(伽倻山) 해인사지(海印寺誌)』(1992)에 따르면 신라 경순왕(敬順王) 4년(930) 무렵에 희랑(希朗)에 의해 중창되었고, 조선 성종(成宗) 19년(1488)에 등곡(燈谷) 학조(學祖)가 160칸의 건물을 3년간에 걸쳐 대규모로 중창했다고 전한다. 그런데 해인사는 조선 숙종(肅宗) 21년(1695)부터 순조(純祖) 17년(1817)까지 무려 7회나 화재를 당했다.

특히 이 가운데 영조(英祖) 19년(1743)의 대화재 때에는 수백 칸의 당우(堂宇)가 소실되었고, 순조 17년(1817) 2월의 대화재 때에는 수백 칸의 불당(佛堂)과 십여 방(房)의 요사채가 전소(全燒)되었다고 표현될 정도였다.

영조 19년의 대화재 때에는 능운당(凌雲堂) 일종선사(一宗禪師)가 당시 경상도관찰사였던 김상성(金尙星, 1703~1755)의 도움을 받아 중창했다. 그리고 순조 17년의 대화재 때에는 제월당(霽月堂) 성안대사(聖岸大師)가 도화주(都化主)가 되었고, 당시 경상도관찰사였던 김노경(金魯敬, 1766~1840)이 사재(私財) 만 냥을 희사하였고, 경상도 70주(州)의 군수(郡守)들로부터 만 냥을 모금하였으며, 기타 화주들의 성금으로 이듬해 6월 21일에 상량(上梁)하였다.

이때 김노경은 그의 아들인 추사(秋史) 김정희(金正喜, 1786~1856)를 시켜 대웅전(大雄殿) 건립을 위한 권선문(勸善文, 시주를 권하는 글)과 상량문(上梁文)을 짓도록 했다. 전하는 이야기로는 상량문에 『법화경(法華經)』「화성유품(化城喩品)」의 팔방(八方) 16불명(佛名)과 아미타불(阿彌陀佛)의 육방(六方) 불명(佛名)으로 육위사(六偉詞, 상량문의 끝에 붙이는 노래)를 지어서 화재를 방비하고 진압하였으므로, 그 뒤로는 해인사에 큰 화재가 없어졌다고 한다. 이러한 전설적인 이야기는 1961년에 해인사 대웅전의 지붕을 수리할 때 김정희가 쓴 상량문이 나옴으로써 그 실체가 증명되었다.

결국 해인이라는 보물로 단기간에 해인사가 지어졌다거나 중창되었다는 이야기는 일반인들의 소박한 믿음에 불과하다는 점이 확인되었다. 그리고 해인사 창건연기설화와 해인설화는 이야기의 내용이 상당히 다르며, 다만 '동물보은담'의 형식을 취하고 있으며 '도장'이라는 화소(話素)를 공유하고 있을 따름이다.

김정희 영정

『임진록』에 보이는 해인

그렇다면 도장의 형태로 만들어진 해인이 역사적으로 처음 등장하는 때는 과연 언제쯤일까? 그리고 해인이 모든 일을 마음먹은 대로 할 수 있는 조화력을 지닌 물건으로 알려진 것은 어떤 사건과 기록에 연유하는 것일까?

해인사라는 절이 지어진 이후 점차 시간이 흐름에 따라 민중들은 해인사라는 절 이름에서 자연스럽게 해인이라는 보물을 관념화시켰을 것으로 보인다. 왜냐하면 해인의 연원이 오래되었고 확실함을 강조하기 위한 수식이 이야기의 형태로 계속 덧붙여져서 널리 알려졌으며, 이에 따라 점차 해인이 '바다 속에 있는 신기한 도장' 이라고 믿고 싶었던 민중들의 바람이 조금씩 이야기 속에 반영되었기 때문이다. 또한 민중들은 『화엄경』의 어렵고 복잡한 교리체계보다는 해인이라는 보물로 상징되는 불법(佛法)의 위대함을 훨씬 더 쉽게 인정하고 받아들였던 것 같다.

어쨌든 구비설화의 형식을 벗어나 기록으로 정착된 '보물로서의 해인 이야기' 가 처음으로 선을 보이는 것이 바로 『임진록(壬辰錄)』이다.

『임진록』에 비로소 해인(海印)이 보물이라는 구체적인 언급이 보이기 시작하는데, 이 책은 작자와 연대가 미상인 고전소설이다. 3권 3책으로 된 것은 목판본이고, 1권 1책으로 된 것은 필사본이다. 한글본으로는 경판본(經板本)과 완판본(完板本)이 있고, 필사본으로는 국립중앙도서관본, 흑룡록〈黑龍錄, 이명선본(李明善本)〉, 흑룡일기〈黑龍日記, 백순재본(白淳在本)〉, 숭실대학본 등이 널리 알려져 있으며, 세창서관의 구활자본도 전한다. 『임진록』은 약 40여 종의 이본이 있다.

『임진록』은 성격상 역사소설에 해당한다. 임진왜란이 사실상 우리나라의 참담한 패배로 끝을 맺자, 당시 전란을 체험하였던 일반 민중이나 그 후손들이 민족의 수난과 위기를 극복하기 위한 전망을 제시하기 위해 지은 것으로 보인다. 그러므로 『임진록』에는 밖으로는 외적의 침략에 저항하는 의식을 고취시키려는 의도와 안으로는 외적의 침략을 자초하였던 당쟁 등에 대한 뉘우침이 담겨 있다.

한마디로 『임진록』은 전란을 계기로 지난 역사를 뒤돌아본 분노와 자성(自省)의 민중사(民衆史)라고 평가할 수 있다. 이 작품은 소설이니만큼 거의 모든 이본들이 역사적 사실을 의도하는 바에 따라 다양하게 허구화하고 있다는 특색을 지닌다.

현실적으로 패배한 패전의 역사를 허구적(虛構的) 전승사(戰勝史)로 꾸미며, 쓰라렸던 지난날의 패배에 대한 정신적인 보상을 얻으려는 것이 주요한 의도이다. 그러므로 『임진록』은 임진왜란을 통해 체험되고 전승된 배외적(排倭的)인 전쟁설화가 오랜 구전(口傳) 과정을 거치면서 문자로 정착되고, 다시 그것이 전사(轉寫) 과정을 거듭하면서 여러 이본(異本)을 낳아 임진록군(壬辰錄群)을 형성하기에 이르렀다.

소수의 이본을 제외한 대부분의 『임진록』 이본에, 인조(仁祖) 5년(1627) 후금(後金)의 조선에 대한 제1차 침입인 정묘호란(丁卯胡亂) 때까지 활약한 김응서〈金應瑞, 후에 이름을 경서(景瑞)로 고쳤음. 1564~1624〉와 강홍립(姜弘立, 1560~1627)이 등장한다. 따라서 『임진록』은 적어도 1627년 이전에는 창작되지 않았을 것이다. 그 이후 어느 때에 『임진록』이 기록되었는지를 정확히 알아내기는 어렵지만, 숭실대본을 통해 대략적인 추정이 가능하다.

숭실대본의 말미에 무자년(戊子年)에 필사했다는 기록이 있는 점, 구개음화(口蓋音化) 현상이 거의 나타나지 않는 점 등을 고려하고 표기나 문체로 볼 때, 『임진록』 숭실대본의 필사 연대는 영조(英祖) 44년(1768) 무렵일 가능성이 높다. 신태수의 「임진록 작품군의 등장인물 성격 연구」

(1992)에 의하면 숭실대본의 선행 이본이라고 해서 원본일 가능성이 있는 것은 아니므로, 『임진록』의 원본은 늦어도 18세기 중엽 정도에는 창작되었을 것이다. 한편 소재영의 「임진록 연구」(1980)에 따르면 『임진록』의 여러 이본 가운데 이능우본(李能雨本) 『임진록』 B와 C는 각각 1909년과 1923년에 필사되었다고 명기되어 있다고 한다.

　『임진록』의 여러 이본에는 사명당(泗溟堂) 유정(惟政, 1544~1610)에 대한 이야기가 거의 빠짐없이 수록되어 있다. 임철호의 『설화와 민중의 역사의식』(1989)에 의하면 이 사명당설화는 홍만종(洪萬宗, 1643~1725)의 『순오지(旬五志)』(1678), 『취혜문고(就惠文藁)』 등에 실려 있는 문헌설화를 원형으로 『갑진록』을 거쳐 『임진록』으로 전개되었다고 한다.

사명당이 서산대사에게 받은 해인

『임진록』의 이본들 가운데 유일하게 『흑농일긔(黑龍日記)』에만 해인(海印)에 대한 이야기가 나온다. 『흑농일긔』는 백순재씨(白淳在氏) 소장본으로 표제가 "흑농일긔"로 되어 있는 등사본이다. 이 책은 총 40면(面), 매면(每面) 16행(行), 매행(每行) 25자(字) 내지 30자(字)의 순국문체 필사본이다. 소재영은 이 책의 구성상의 특색을 허구성보다는 사실성이 강하다는 점, 통신사들의 엇갈린 보고를 싣고 있다는 점, 임진왜란의 원인을 당쟁(黨爭)이라고 파악한 반성적 기술이 중심이라는 점 등으로 파악하였다.

『흑뇽일긔』에는 가등청정(加藤淸正), 소서행장(小西行長), 흑전장정(黑田長政), 논개(論介), 계월향(桂月香) 등에 관한 인물 묘사도 있기 때문에, 유성룡(柳成龍, 1542~1607)이 지은 『징비록(懲毖錄)』 등의 역사적 사료를 중심한 기사체(紀事體)에 바탕을 둔 이본이라고 평가할 수 있다.

결국 『흑뇽일긔』는 역사적 사실을 바탕으로 하고, 여기에 의도적인 설화를 가미한 『임진록』의 이본이다.

이제 『흑뇽일긔』에서 해인에 대해 언급한 부분을 살펴보자.

짐이 …… 이졔 생각건대 묘향산에 잇는 휴졍대사가 도슐이 고명하고 아난 닐이 만은지라. 이 사람을 왜국에 보내여 항복을 밧은 후 죠공까지 밧게 하리라 하시고, 직시 휴졍대사를 피쵸하사 왜국에 다녀올 의논을 하시니라.

이 휴졍대사는 …… 임진년 왜난을 당하야 팔도 사찰에 중을 모집하야 의병대장이 되야 공뇌가 이셧슴으로 션교의 도총셥을 삼으시고, 또 셔산대사라 하야 묘향산의 쳐하야 년기가 칠십여세로대 동안 화발에 긔운이 씩씩하야 셰상의 둘여울 거시 읍난지라.

임진 이후로 한가이 거쳐하야 공부에 진심하야 그 산중의 옥셕을 웃어 쳔지 됴화와 음양 오행과 일월 도슈와 강산졍긔와 둔갑쟝신하난 법을 모아 그 옥셕의 색이고, 또 한대를 웃어 고깔을 만드되 이 대는 견라도 졔쥬 한라산 상상봉에셔 쳔년 풍상을 격다가 스사로 마른 대라.

그 대를 웃어 고깔 모양을 만드되 그것슨 치운 때에 쓰면 더웁고, 더운 때에 쓰면 셔늘한고, 바다를 임하면 육지가 되고, 산을 님하면 평지가 되고, 열흘을 굴머도 기한을 모로난 물건이되, 이거슨 옛날 달마존자와 셕가여래의 낏친 법으로 휴졍대사가 졔죠하야 그 옥셕의 일흠은 해인이라 하고, 그 고깔 일흠은 대탈이라 하야 합쳔 해인사 팔만대장경 책판 속에 감쵸와 일후의 나라에 큰닐이 잇스면 한 번 시험하리라 하고, 그 졀 일흠을 곳쳐 해인사라 하엿더니, 잇 때를 당하여 셔산대사가 국왕에 명을 밧들어 왜국 사신을 갈새

…… 단독 일신으로 해인과 대탈을 힝쟝의 간슈하고, 가사를 메이고 청녀장을 집고 완완이 행할새, 일흠을 다시 고쳐 사명당이라 하니 이거슨 쳔지와 음양의 니치를 응하여 지은 일흠이라.

『흑뇽일긔』에 나오는 해인은 신비한 보물이다. 임진왜란 때 의병장으로 활약했던 휴정(休靜, 1520~1604) 대사가 묘향산에서 공부에 진력하다가, 그 산에서 나는 옥석(玉石)을 구해 "천지조화(天地造化)와 음양오행(陰陽五行)과 일월도수(日月度數)와 강산정기(江山精氣)와 둔갑장신(遁甲藏身)하는 법(法)을 모아 새긴 물건"이 바로 해인(海印)이다.

이 해인은 휴정대사가 달마존자(達磨尊者)와 석가여래(釋迦如來)가 전하신 법에 따라 만든 것이다. 해인을 만든 휴정대사는 해인을 합천 해인사 팔만대장경 책판 속에 감추어 두었는데, 훗날 나라에 큰일이 있으면 쓰일 것이라고 예언했다.

그 후 휴정대사는 왜국에 가서 항복을 받고 조공을 받아오라는 임금의 명령을 받는다. 이에 휴정대사는 팔만대장경 책판 속에 감추어두었던 해인과 대탈을 가지고 혼자서 왜국으로 건너간다. 휴정대사는 왜국으로 가면서 천지와 음양의 이치에 응해 자신의 이름을 사명당으로 고친다.

『흑뇽일긔』에 불법(佛法)으로 상징되는 "달마존자와 석가여래의 법"으로 만들어졌다는 신기한 보물인 해인이 해인사라는 불교 건축물에 보관되어 있었으며 더욱이 팔만대장경 책판 속에 감추어져 있었다는 내용이 있는 것으로 볼 때, 해인은 불교의 교리와 인식체계에서 상정된 보물이 분명하다. 그리고 해인을 만들었고, 해인을 가지고 조화를 부리는 인물도 불교의 승려이다. 그런데 『흑뇽일긔』에는 휴정대사가 사명당과 동일한 인물로 등장한다는 점이 독특하다.

슈길이 왈, 그대가 임진년의 의병장이 되여 나의 진중에 왕내하시든 서산
대사가 아니시닛가? 대사 대왈 나는 승호가 사명당이오, 셔산대사는 나의 스
승이시니 각 사찰의 닐이 만사와 날을 대신 보내셧노라.

위의 인용문은 휴정대사가 사명당으로 이름을 바꾸었다는 앞에서 살
펴본 인용문의 기록과는 상반되는 내용이다. 이제 서산대사(휴정대사)가
사명당의 스승으로 등장했다. 앞의 인용문은 필사자의 착오이거나 그들
의 관계가 동일인으로 처리해도 좋을 만큼 밀접했었다는 사실을 강조하
기 위한 표현으로 보인다.

『흑농일긔』에 의하면 묘향산의 옥석(玉石)으로 만든 '해인(海印)'과
한라산 정상의 대나무로 만든 고깔인 '대탈'은 신비한 조화력을 가지고 있
는 보물이다. 이 두 가지 보물을 지닌 사명당은 마침내 왜왕의 항복을 받
아냈다. 사명당을 죽이려고 여러 번 시도했던 왜왕 수길(秀吉)은 계속 실
패하고 말았다.

결국 사명당은 왜국의 수도인 경도(京都)를 수중(水中)에 함몰시켜 왜
왕의 항복을 받아내고, 매년마다 인피(人皮) 300매와 고환(睾丸) 300쌍을
우리나라에 조공으로 바칠 것을 약속받은 다음, 파굴된 왕릉의 시신 크기
에 해당하는 백금관(白金棺) 등을 항복의 증거물로 받아가지고 돌아왔다.

여기서 사명당은 해인의 조화력에 의해 불과 한 달만에 일본왕의 항복
을 받아온 것으로 이야기된다. 사명당이 일본을 제압하는 과정에서 신비
한 조화력을 발휘한 해인은 다시 해인사에 감추어진다.

묘향산으로 도라와 해인은 도로 해인사의 감쵸와 두고, 대탈은 해인사 앞
혜 셕탑 속의 두어, 일후에 혹시 쓸 사람이 잇슬가 함이오. 그 후의 서산대사
는 생불이 되여 간 곳을 아지 못하며, 왜국 인민들은 …… 집집마다 사명당을
위하야 긔도를 자죠하더라.

해인을 해인사에 감춘 서산대사(사명당)는 국왕께 왜적의 침략이 재발할 것을 경계하고는 생불(生佛)이 되어 이 세상을 떠나 어디론가 사라진다. 『흑농일긔』의 마지막에는 정유재란(丁酉再亂)의 발발과 왜병의 격퇴과정이 신비스럽게 적혀 있다.

왜적이 진을 친 곳에 밤이 되면 병기가 못 쓸 정도로 변하며, 쥐떼가 들끓어 화살과 활시위를 썰고, 총구멍에도 물이 가득하여 탄환을 적셔버리는 하늘의 조화가 있었다는 내용이다. 결국 왜적은 대패하여 살아서 돌아가는 사람이 거의 없을 정도였다고 글을 마무리한다.

어쨌든 해인에 대해 언급하는 『임진록』의 이본은 『흑농일긔』뿐이다. 흔히 다른 『임진록』에는 사명당이 주문을 외우고, 부적을 사용하거나, 조선에 있는 서산대사의 법력을 빌려 왜왕의 간교한 책략을 물리칠 수 있었다고 설명된다.

한편 서경보의 『역사소설 서산대사』(1972)에는 서산대사가 사명당에게 "시집(詩集)과 엽낭주머니"를 주었다고 한다. 여기서 엽낭주머니에는 후일에 요긴하게 필요할 포척자(抛擲子)라는 과일, 천 년된 잣나무의 잎사귀, 신비한 물을 얻을 수 있는 방법 등이 들어 있었다고 이야기된다.

그런데 대부분의 『임진록』에서 사명당은 천민 신분인 승려출신이면서도 탁월한 도술을 지녔으며, 애국적인 사상과 민중적 세계관을 지닌 영웅적 풍모의 19세의 청년으로 그려진다. 사명당이 도술로써 왜왕을 항복시키고 이룬 세계의 질서는 중화중심적(中華中心的) 봉건질서가 아니다. 옥황상제가 질서의 정점에 있고, 조선은 생불(生佛)이 있는 부처국이고, 일본은 천상에서 죄를 짓고 적강(謫降)한 왜왕이 있는 세계로 표현된다. 따라서 일본은 부처국인 조선을 섬겨야 하는 당위성이 있다.

그렇다면 이제 실존했던 역사인물로서 사명당의 행적을 살펴보면서 설화의 허구(虛構)와 그 의미에 대해 알아보자.

실존인물로서의 사명대사 전기

사명당 유정은 조선 중기의 고승(高僧)인데, 호를 송운(松雲)이라고도 부른다. 그는 명종(明宗) 11년(1556)에 김천(金泉) 직지사(直指寺)에서 출가하였으며, 5년 뒤에 승과(僧科)에 합격하여 많은 유생(儒生)들과 교유하기도 했다. 이때 사명당은 당시 재상인 노수신(盧守愼, 1515~1590)에게 『노자』, 『장자』, 『열자』와 시를 배우기도 했다.

사명당은 선조(宣祖) 8년(1575)에는 묘향산 보현사에 주석하던 휴정대사(休靜大師)를 찾아뵙고 선리(禪理)를 참구하였다. 그 후 그는 전국의 명산을 두루 돌아다니며 정진을 거듭하였다. 선조 25년(1592)에 임진왜란이 일어나자 사명당은 당시 금강산 유점사에 있으면서 인근 고을의 백성들을 구출하였고, 스승 휴정의 격문을 받고 의승병(義僧兵)을 모아 그 휘하에 들어갔다.

사명당은 의승도총섭(義僧都摠攝)이 되어 의승병 2,000여 명을 이끌고 평양성 탈환의 전초 역할을 담당하다가, 이듬해 1월 평양성 탈환의 혈전에 참가하여 성을 수복하는 데 혁혁한 전공을 세웠다. 선조는 그의 전공을 표창하여 선교양종판사(禪敎兩宗判事)를 제수하였다. 그 후 사명당은 도원수(都元帥) 권율(權慄, 1537~1599)과 경남 의령에서 왜군을 격파하여 전공을 세우고 당상관(堂上官)의 위계를 받았다.

그는 선조 27년(1594)에는 명(明)나라 총병(摠兵)이었던 유정(劉綎)과 의논하고 모두 네 차례에 걸쳐 적진인 가토 기요마사(加藤淸正)의 진영을 방문하여 화의(和議)를 위한 담판을 하였다. 사명당은 임금에게 전쟁에 대비한 현실적인 준비를 촉구하는 상소문을 여러 차례 올렸으며, 직접 승병을 이끌고 산성수축(山城修築)에 힘썼다.

또한 사명당은 해인사 부근에서 활촉 등의 무기제조에도 힘을 기울였고, 투항한 왜군 조총병을 비변사(備邊司)에 인도하여 화약제조법과 조총 사용법을 가르치도록 했다. 선조 30년(1597) 정유재란(丁酉再亂) 때에는 명(明)나라 장수 마귀(麻貴)와 함께 울산, 도산, 순천, 예교 등지에서 전공을 세웠고, 선조 35년(1602)에는 중추부동지사(中樞府同知使)가 되었다.

선조 37년(1604) 2월 사명당은 오대산에 머물다가 스승 휴정의 부음(訃音)을 받고 묘향산으로 가던 도중에, 선조(宣祖)의 부름을 받고 조정으로 가서 일본과의 강화를 위한 사신(使臣)으로 임명받았다. 그는 그해 7월에 국왕의 친서를 가지고 왜(倭)로 건너가서 8개월 동안 노력하여 도쿠가와 이에야스(德川家康)를 만나 강화를 맺는 성공적인 외교성과를 거두었다. 이듬해 5월에 전란 때 왜(倭)에 잡혀간 조선인 포로 3,500명을 인솔하여 귀국했다. 그 뒤 사명당은 병을 얻어 해인사 홍제암(弘濟庵)에서 요양하다가 광해군(光海君) 2년(1610) 8월 26일에 설법하고 결가부좌한 채 입적하였다. 그는 초서(草書)를 잘 썼다고 전하며, 밀양의 표충사(表忠祠)와 묘향산의 수충사(酬忠祠)에 배향되었다. 이상이 역사적 인물인 사명당의 실제 삶에 대한 요약이다.

무엇보다도 『임진록』의 내용처럼 사명당이 서산대사의 명을 받고 일본으로 갔던 것이 아니며, 그가 왜(倭)에서 활약할 때 서산대사가 도와주었다는 이야기도 역사적 사실이 아니라는 점이 눈에 띤다. 사명당은 스승인 서산대사의 입적 소식을 듣고 묘향산으로 가던 길에, 조정의 명을 받고 상경(上京)하였다.

당시 조정에서는 도쿠가와의 수차례에 걸친 화친(和親) 요구의 저의가 과연 무엇인지를 정확히 알아볼 사람을 찾고 있었다. 마침내 조정에서는 사명당을 왜(倭)에 보내 정확한 정세를 정탐하도록 결정했다. 이러한 당시의 사정은 신유한(申維翰, 1681~?)이 편찬한 『분충서난록(奮忠書難

錄)』을 통해 알 수 있다. 신유한이 사명당의 행적에 대해 내린 평가에 다음과 같은 내용이 보인다.

> 갑진년(甲辰年, 1604) …… 조정에서 …… 송운(松雲, 사명당, 필자 주)의 대명(大名)이 평소 왜추(倭酋)의 심복하는 바이므로, 특별히 명령하여 배와 행장을 성대하게 꾸며주어, 옛날 달마(達摩)가 동쪽으로 건너오던 행차처럼 하여, 군국(郡國)을 유람한다고 핑계하고, 그 지방의 인심을 두루 살피고, 또 자비의 교(敎)를 이용하여 포로가 된 백성을 깡그리 되돌려오고자 했다. 저들의 부처를 사모하고 복을 구하려는 습속 때문에 (사명당이) 이르는 곳마다 〈왜(倭)의 백성들이 그를〉 환영하여 손을 모아 이마에 대고 부처님이라 칭하고 조사님이라 칭하게 되었으니, …… 그가 조정에 돌아와 보고한 뒤에, 비로소 통신사를 보내어 옛날처럼 친목을 다짐하니, 당시 송운(松雲)을 보낸 한 가지의 일은 진실로 상책을 얻었다고 할 수 있다.

그런데 사명당이 왜(倭)에 들어간 지 반년이나 지났는데도 아무런 소식이 없어 조정에서 궁금하던 차에, 그에 관한 갖가지 소문이 무성하게 일어났다. 그의 소식을 탐지하기 위해 또 다른 사람을 파견하자는 논의가 구체화되어갈 때, 죽은 줄로만 알았던 사명당이 포로로 잡혔던 사람들을 데리고 마치 개선장군처럼 귀국했다. 더욱이 대마도주(對馬島主)가 사명당이 오랫동안 조정에 보고하지 않았던 일에 대해 처벌하지 말 것을 조선정부에 요청하기도 했다. 바로 이러한 극적인 요소가 사명당설화가 형성되는 중요한 요인이 되었다.

사명당이 일본에 가서 후한 대접을 받았다는 기록이 『난중잡록(亂中雜錄)』에 전한다. 사명당에 대한 평가에는 당시 왜(倭)는 매우 어려운 상황이어서 조선과의 강화 협상이 필요했던 상황이었으며, 또한 왜인(倭人)

들이 평소에 승려를 존경했다는 점 등
이 고려되어야 한다.

　왜(倭)의 전체 백성들이나 당시 관
백(官伯)이었던 도쿠가와 이에야스(德
川家康)마저도 사명당에게 경복하고 사
명당을 마치 부처처럼 모셨다는 사실
은, 사명당이 왜왕(倭王)과 맞서 싸워
이겼다는 이야기를 형성시킬 수 있는
충분한 요인으로 작용했다. 여기서도
사명당이 임진왜란을 일으켰던 도요토
미 히데요시(豊臣秀吉)를 항복시켰다는
『임진록』의 기록은 역사적 사실이 아님

사명대사 석장비

을 알 수 있다. 사명당은 실은 도쿠가와 이에야스(德川家康)와 강화 회담을
벌였던 것이다.

　어쨌든 강화 회담의 주역이자 수많은 전쟁포로들을 데리고 온 장본인
인 사명당은, 그러한 역사적 사실에 바탕을 둔 수많은 설화의 주인공으로
재탄생되었다. 민중들의 승리에 대한 간절한 소망이 모여 사명당이 법력
과 도술을 사용하여 왜왕(倭王)을 굴복시켰다는 사명당설화를 형성하게
된 것이다.

설화에 나타난 사명당의 모습

사명당은 임진왜란을 통해 자신의 능력을 충분히 발휘할 기회를 얻었던 인물이다. 그는 신분이 당시 사회에서는 천대받던 승려계층이었지만, 바로 이러한 이유 때문에 민중들에게는 오히려 도술을 지닌 인물로 비춰지기도 했다.

실제로 사명당은 자청하여 전란에 나서서 눈부신 활약을 펼쳤으며, 그 결과 당상관(堂上官) 이상의 벼슬을 제수받아 천대받는 중의 면모를 쇄신(刷新)했다. 사명당은 승려라는 독특한 신분으로 전란 중에 크게 활약하였고, 그의 수도자다운 인품이 적을 위압하여 설득시켰다. 이러한 그의 역할을 통해 도승(道僧)으로서의 영웅적 행위를 보여주었기 때문에, 사명당에 대한 이인설화(異人說話)가 항간에 많이 퍼져나갔던 것이다.

홍만종(1643~1725)이 지은 『순오지(旬五志)』에는 좀 더 현실적인 표현이 있는데, 다음과 같다.

난이 평정된 후 가강(家康)이 일본 관백이 되어 통신사를 우리나라에 청하니 (듣는) 사람마다 통분하였지만, 조정에서는 변방에 틈이 생길까 염려하여 유정(惟政)을 왜(倭)에 보내어 적정(敵情)을 시험하게 하였다.

왜인이 평소에 유정의 명망을 중하게 여겼는데, 그의 절의를 시험하려고 위협하여 항복하게 하니, 유정이 "내가 우리 국왕의 명을 받들어 이웃나라에 사신으로 왔으니 …… 나의 무릎을 너희들을 위하여 굽힐 수 없다."고 대답했다.

이에 왜인이 숯불을 크게 이루어 뜨겁기를 붉은 화로처럼 하여 두고, 유정에게 그 불속에 들어가라고 했다. 유정이 얼굴빛도 움직이지 않고 불을 향하여 서서 뛰어들 것처럼 하니, 하늘에서 갑자기 비가 내리붓듯이 쏟아져 불이 곧 꺼져버렸다. 왜인이 (이 광경을) 바라보고 (유정을) 신(神)이라고 높이며, 마침내 (그에게) 절하면서 "하늘의 도움이 이와 같으니, 대사는 진정 생불(生佛)이오이다."라고 말하고는 곧 금교(金轎)에 모셨다.

위와 같이 현실에서 일어났을 법한 사건이 확대 해석되어 『임진록』에서는 갖가지 어려운 시험을 신비한 조화력으로 극복했다는 이야기로 기록된 것이다. 문헌전승에서는 대체로 사명당이 대담무쌍한 대장부이거나 능력이 탁월한 무장의 모습으로 부각된다.

사명당은 신분의 제약을 뛰어넘어 당시의 위정자들도 하지 못했던 어려운 일들을 성공리에 수행했던 위대한 인물로 받아들여졌다. 결국 사명당의 성공담에 대한 다양한 이야기의 이면에는 위정자들의 반성촉구와 신분차별과 멸시에 대한 민중의 예리한 비판이 깔려 있는 것이다.

지배집단의 무능과 허위의식이 폭로됨으로 인해 민중의식의 성장을 촉진시켜 주는 계기를 마련하고자 한 것이 사명당설화의 역사적 의의이다. 그러므로 사명당설화에는 당시 민중들이 체험했던 현실적인 질곡과 이를 타개하기 위해 민중에 의해 설정된 이상세계가 동시에 표출되어 있다.

문헌자료가 아닌 구비로 전승된 사명당설화도 살펴보자. 사명당에 대한 구비설화는 그의 출가(出家) 이유를 말하는 설화와 그가 임진왜란 후에 왜(倭)에 사신으로 가서 활동한 이야기로 대별된다. 이 가운데 후자는 대부분이 『임진록』의 기록과 비슷하다.

사명당이 일본에 사신으로 갔을 때 왜왕이 시를 병풍에 적어 그가 지나가는 길에 진열했는데 사명당이 모두 암송했으며, 왜왕이 사명당을 무쇠막에 가두어넣고 숯불을 피워 죽이려 했으나 사명당이 도술을 부려 왜왕이 문을 열었을 때 그의 수염과 눈썹에 고드름이 있었다는 등의 이야기다. 그리고 벌겋게 달군 무쇠로 만든 말을 타보라는 왜왕의 요구에 사명당이 비를 불러 왜국을 물에 잠기게 하여 결국 왜왕의 항복을 받아내고 매년 인피(人皮) 삼백장과 불알 세 말씩을 우리나라에 조공으로 바치게 했다는 등의 이야기도 전한다. 이러한 이야기들은 『임진록』의 내용이 이야기의 형태로 풀어진 것으로 보아야 한다.

사명당설화는 임진왜란 때 형성된 왜적에 대한 민족적 적개심과 민족적 긍지를 반영하고 있다고 평가된다. 사명당은 단순히 임진왜란 때 전공과 외교적 성과를 올린 스님으로서가 아니라, 외적의 침략에 대항하여 나라를 구한 도(道)가 높은 민족적 영웅으로 승화된 것이다.

『임진록』은 임진왜란 때 활약한 인물들을 영웅화함으로써 전쟁을 승리로 이끌어내는 이야기를 창출했다. 민중들은 그들에게 도술을 부여함으로써 쉽사리 영웅적 존재로 탈바꿈시킬 수 있었다. 도술이야말로 난국을 해결해 나가는데 가장 손쉬운 방편이 될 수 있을 뿐만 아니라, 이야기를 더욱 흥미있고 풍성하게 만드는 소재다.

실제 역사에서는 사명당과 관련된 보물인 해인에 관한 이야기가 없다. 『순오지』에는 왜(倭)의 관백(官伯)이 사명당에게 소원을 묻자, 사명당이 왜인(倭人)들이 가져간 동화사(桐華寺)의 불화(佛畵)를 요구했지만, 관백이 들어주지 않았던 일을 기록하고 있을 따름이다. 당시 사명당은 이 불화에 대해 "이 부처님이 매우 영험하여 바람과 비를 빌 수 있고, 재앙을 벗기고 상서(祥瑞)를 이룰 수 있다."고 설명했다고 한다.

결국 사명당이 서산대사에게서 받았다는 해인이라는 보물은 실제 역사의 무대에 존재했던 물건이 아니라, 만일 나라를 구할 수 있는 보물이 있었더라면 임진왜란과 같은 참혹한 상황은 일어나지 않았을 것이라고 상상했던 당시 민중들의 희망이 결집된 원망체(願望體)로서 믿음의 영역에 존재했던 성물(聖物)이다.

한국불교와 해인신앙의 성립

붓다의 가르침이 발상지인 인도를 벗어나 동쪽지역으로 전해지면서, 그 근원적인 의미는 변하지 않았지만 점차 내용의 변화가 계속 이루어졌다. 이른바 대승불교(大乘佛敎)로 표현되는 한자문화권의 불교는, 이른바 정통(正統)의 입장에 서서, 붓다의 입을 빌어 새롭고 독창적인 불교교리를 체계화하였다.

"나는 이와 같이 (부처님의 말씀을) 들었노라!〈여시아문(如是我聞)〉"로 시작되는 대승불교의 수많은 경전기록들은 역사적인 붓다가 직접 설했던 '말씀'이 아니라, 붓다를 믿었던 후대의 사람들이 당대의 시대적 요청에 응하여 나름대로 문제해결책으로 제시했던 '말들'이었다.

물론 이러한 경전기록들도 일정한 시간이 지나고 나면 '최고의 깨달음을 얻었던 붓다가 설하신 말씀'으로 '믿어지게' 된다. 이러한 '말씀'은 역사적 사실로서가 아니라 종교적 진실로 이해해야 할 것이다. 종교적 믿음은 항상 시대의 변화에 맞추어 새 옷으로 갈아입으면서 역사적 사실과는 다른 형태로 신앙인의 가슴에 여전히 살아 있다.

대승불교의 경전 가운데 『화엄경』은 중요한 경전으로 손꼽히며, 특히 그 방대한 사상체계로 유명하다. 『화엄경』이 유포된 지역은 불교가 전래된 지역 전체라고 말해도 지나치지 않을 정도다.

그런데 유독 우리나라에서만 『화엄경』에서 연원한 해인신앙(海印信仰)이 태동되었다. 그러므로 해인신앙의 발생과 전개과정은 한국불교의 독창적인 면이라고 규정할 수 있다.

해인(海印)은 본디 『화엄경』에서 유래한 불교용어인데, 부처님의 깨달은 경지를 표현하는 말이다. 산스크리트어 Sagara – mudra가 중국에서 한역(漢譯)되는 과정에서 해인(海印)이라고 번역되었다. 넓은 바다에 바람이 그치면 온갖 사물이 남김없이 비춰지는 상태를 나타내는 것이 해인의 본래 뜻이었다.

따라서 해인은 애초에는 삼매(三昧)라는 명사를 서술하는 형용사적 용법으로만 사용되었다. 『화엄경』에 나오는 해인(海印)의 인(印)은 명사로서 '도장'이라는 뜻으로 풀이되지 않았고, '비춘다', '찍힌다' 등의 동사로 해석되었던 것이다.

『화엄경』의 가르침을 가장 이상적으로 생각했던 몇몇 위대한 종교가들에 의해 6세기 후반에는 중국에서 화엄종(華嚴宗)이 개창되었다. 두순 → 지엄 → 법장 등으로 이어지는 중국 화엄종의 발전사에 따라, 『화엄경』에 대한 수준 높은 연구성과가 점차 모여서 방대한 화엄학 관련서적들이 세상에 모습을 드러내었다.

그 가운데 우리나라의 의상대사(義相大師)가 중국에 유학하여 화엄종의 종지를 배우면서 스승인 지엄에게 제출하여 인가를 받았다는 「해인도」는 가장 짧은 『화엄경』 연구서이면서도 그 핵심을 잘 파악한 독창적인 업적으로 평가받는다.

의상은 210개의 한자로 이루어진 『화엄경』을 요약한 자신의 송(頌)을 54각이 있는 도인(圖印)으로 형상화시킨 「해인도」를 그렸다. 210자의 검은 글자들이 하나의 붉은 선으로 이어져서 구불구불하게 54개의 각을 이루어 끝없이 영원할 불법(佛法)을 상징한 것이 바로 「해인도」이다.

의상이 세상을 떠난 다음 스승인 의상의 법을 남김없이 이어받았음을 주장하기 위해, 의상의 몇몇 제자들이 의상에게서 『해인도』를 새긴 특정한 형태를 가진 물건을 직접 전수받았다고 강조했다. 이단을 배척하기 위한 독선의 입장인 이른바 정통이라는 종맥(宗脈)을 정립하기 위해 의상의 몇몇 제자들은 제각기 다른 형태의 「해인도」를 새긴 물건을 지니고 있었던 것으로 짐작된다.

9세기 초에 이르러 의상의 법맥을 이은 순응(順應) 등에 의해 경상남도 합천군에 있는 가야산에 해인사(海印寺)가 창건되면서, 점차『화엄경』에 나오는 해인은 일반인에게도 친근한 개념으로 받아들여졌다. 그리고 성스러운 종교 건축물과 연관된 해인은 시간이 흐르면서 원래의 교리적인 개념보다는 그 신비한 조화력이 더욱 부각되었고, 결국은 구체적인 실물이라고 인식되었다.

이제 해인사에는 해인이라는 성스러운 보물이 보관되어 있다고 믿어졌으며, 주어진 현실의 고통을 종교적 믿음으로나마 극복하고자 했던 사람들의 마음속에 불법(佛法)의 신비력을 실제로 행사할 수 있는 보물인 해인에 대한 신앙이 조금씩 싹트기 시작했다.

이러한 필자의 주장은 해인사의 3대 보물 가운데 첫째로 해인이 손꼽힌다는 민중들의 믿음과 19세기 후반부터 20세기 초엽의 어느 시점에 해인사에 해인이 없음을 아쉬워했던 사람에 의해 실제로 주물로 만들어진 해인이 봉안되었다는 사실 등에 의해 뒷받침된다.

한편 해인사의 창건에 얽힌 연기설화인 이거인설화와 해인설화는 동물보은담이라는 점과 해인사와 관련된 설화라는 점에서는 동일한 이야기 구조를 지녔다. 반면 세부적인 내용인 등장인물의 차이, 해인이라는 용어의 유무, 명부(冥府) 방문과 용궁(龍宮) 여행의 구별, 보물과 대장경 판각 권선문의 비교 등 여러 측면에서 볼 때는 서로 상당히 다른 이야기다.

그런데 이거인설화에 나오는 '도장'에 대한 언급은 훗날 '용궁을 다스리는 도장'인 해인(海印)으로 자연스럽게 연결될 가능성을 열어 놓았다. 왜냐하면 해인사 창건연기설화에 등장하는 도장을 해인(海印)의 인(印)과 관련시켜 보고자 했던 사람들에 의해 해인이 보물로 상정되었기 때문이다.

결국 해인사 창건연기설화에서 싹트기 시작한 보물로서의 해인에 대한 신앙은, 해인설화로 변모된 형태로 민간에 유포되어 점차 공감의 폭을 넓혀갔다. 18세기 중엽 무렵에 창작된 것으로 추정되는 『임진록』의 여러 이본들 가운데 「흑뇽일긔」는 해인을 신통력을 부리는 보물로 인식하였다. 「흑뇽일긔」에서 해인은 임진왜란 때 의병장과 외교사절로 활약했던 사명당이 스승인 서산대사에게서 전수받은 신물(神物)로 묘사되었다.

사명당은 해인을 가지고 왜국(倭國)으로 건너가서 여러 차례의 이적을 행하여 마침내 왜왕(倭王)의 항복을 받아냈다고 전한다. 그 후 우리나라에 돌아온 사명당은 생불(生佛)이 되어 이 세상을 떠나면서 해인을 해인사에 감추어 두었다고 이야기된다.

따라서 『임진록』이 형성되던 시기에 이르면 해인신앙이 당시대인들에게 어느 정도 영향력을 미쳤을 것으로 짐작된다. 그 이유는 오랜 구전과정을 거친 끝에서야 비로소 이처럼 해인신앙이 구체적인 기록으로 남겨질 수 있었기 때문이다. 이제 해인사의 비밀장소에 사명당이 사용했던 해인이 감추어져 있다는 해인신앙은 역사에 그 실체를 드러내기 시작했다.

이후 한국사상사의 전개과정에서 해인은 『정감록』, 『격암유록』 등의 민중예언서에 조만간 이 땅에 출현할 민중적 영웅인 진인(眞人)이 가지고 올 보물로까지 믿어지게 된다. 나아가 19세기 후반에는 해인사에 정만인이라는 이인(異人)이 나타나 해인을 찾아서 어디론가 숨어버렸다는 이야기가 널리 회자되기도 했다.

이처럼 오랜 신앙적 변용과정을 거친 해인은 한국 신종교의 하나인 증산교의 교리체계에서는 말대(末代)에 발생할 엄청난 병겁(病劫)을 구원해 줄 성물(聖物)로 표현된다. 그리고 갱정유도회 등의 일부 한국 신종교 교단에서도 해인신앙은 중심적인 신앙의 하나로 받아들여지고 있다. 오늘날에는 전도관, 승리제단 등 일부 그리스도교계 신종교 교단에까지 해인신앙이 나타나는 실정이다.

결국 지금 이 순간에도 한국의 대표적인 보물로서 해인에 대한 이야기는 입에서 입으로 끊임없이 전해지고 있다.

해인신앙의 형성과 일련의 이행과정을 간략히 도식화하면 다음과 같다.

불타(佛陀)의 해인삼매 → 대승불교의 「화엄경」→ 중국 화엄종의 태동 → 의상의 중국 유학과 귀국 → 해동 화엄종의 성립 → 가야산 해인사의 창건 → 해인사 창건연기설화의 유포 →「임진록」에 해인 관련기록이 등장 →「정감록」의 유포와 남조선신앙의 성립 → 대원군의 풍수 맹신에 얽힌 설화의 성립과 확산 → 해인설화의 성립과 확산 → 증산교의 해인신앙 → 개태사 김광영 보살과 야산 이달의 해인신앙 →「격암유록」의 등장과 해인신앙 → 현대 한국 신종교의 해인신앙

한국종교사에서 해인신앙은 면면히 이어져 왔다. 따라서 해인신앙의 성립과 전개과정을 살펴보는 일이 한국종교사의 특성을 이해하는 첩경 가운데 하나이다. 애초에 『화엄경』이 한역(漢譯)되면서 해인이라는 용어가 조합된 이후, 해인은 대승불교의 중요한 사상을 대표하는 개념으로까지 받아들여졌다.

의상이 『화엄경』의 내용을 집약한 「해인도」를 저술한 일에서 한국불교의 주요한 특성의 하나로 평가될 해인신앙이 출발하였다. 「해인도」의 도상(圖象)을 전법(傳法)의 상징으로 간직했던 의상의 제자들에 의해 구체적인 실물의 형태로 믿어진 해인은 대대로 계승되었다.

그 후 의상의 법손인 신림이 가야산에 해인사를 창건한 일에 연유하여 해인은 불교신자들만이 아니라 점차 일반인들에게까지도 매력적인 보물로 받아들여졌다. 이러한 경향은 해인사 창건연기설화와 해인설화가 만들어지고 널리 알려졌다는 점에서 잘 확인된다.

해인사와 연관되어 해인에 대한 이야기가 나타난 것은 해인이 불교교리에서 연유했던 사실을 반영한 것이다. 결국 『임진록』에 해인이 서산대사가 사명당에게 전해준 신물로 기록되어, 불교 승려들 사이에 비전(秘傳)되는 성스러운 보물이라는 관념이 더욱 구체적으로 표현되었다.

해인신앙의 연원은 불교교리였다. 그리고 『화엄경』이 유포된 세계의 여러 지역 가운데 유독 우리나라에서만 해인신앙이 발생하였다는 사실을 고려해 볼 때, 해인신앙은 한국불교의 주요한 특성의 하나로 인정될 수 있다.

제3부

해인신앙의 전개과정과 종교적 의의

해인신앙의 전개과정과 종교적 의의

해인은 불교의 교리체계에 나오는 용어이다. 『화엄경』에서 부처님이 깨달으신 진리를 표현하는 개념으로 자주 사용되었다. 한반도에 불교가 유입되면서 이 지역에는 『화엄경』이 유포된 다른 지역에서는 찾아볼 수 없는 해인에 대한 독특한 인식과 믿음이 있었다. 불교적 용어인 해인이 불타(佛陀)의 정법(正法)을 상징하는 개념에 머무르지 않고, 구체적인 형태를 지닌 물건으로 상정되기 시작한 것이다.

결정적인 사건은 신라의 의상(義相, 625~702)스님이 『화엄경』의 요체를 독창적인 도상으로 그려 「법계도(法界圖)」를 작성한 일이다. 이 도상은 불법(佛法)의 영원함을 상징하는 것으로, 현재도 한국의 전통적이고 고유한 문양으로 인정받는다. 의상스님의 법을 이어받았다고 주장하는 사람들이 자신의 정통성을 보장받기 위해 의상스님에게서 법계도인(法界圖印)을 받았다는 주장이 와전되면서, 점차 해인이 특별한 물건 또는 보물로 믿어지기 시작하였다.

이후 의상스님의 법손인 순응(順應)에 의해 『화엄경』을 소의경전으로 하는 사찰이라는 뜻의 이름을 가진 해인사(海印寺)가 창건되는 역사적 사건이 있었고, 이 일이 해인이라는 보물에 대한 일반인의 상상력과 결부되면서 후대에 이르러 더욱 신비화되었다.

정확한 연대를 추정하기는 힘들지만, 오랜 시간에 걸쳐 '해인사가 해인(海印)이라는 성물(聖物)과 관련되어 있다는 믿음' 이 많은 사람들에게 확산되었으며, 급기야 '해인사가 해인의 성스러운 힘에 의해 이루어진 사찰이며, 나아가 해인이라는 보물을 보관하고 있는 장소' 라는 이야기들이 입에서 입으로 전해졌다.

이러한 해인에 대한 이야기가 구체적으로 확인되는 것은, 임진왜란을 겪은 다음 18세기 중엽 무렵에 저술되었을 것으로 추정되는 『임진록』의 여러 이본 가운데 하나인 『흑룡일기』이다. 여기서 해인은 휴정대사가 묘향산의 옥석(玉石)으로 만든 "천지조화(天地造化)와 음양오행(陰陽五行)과 일월도수(日月度數)와 강산정기(江山精氣)와 둔갑장신(遁甲藏身)하는 법을 모아 새긴 물건"으로 묘사된다.

더욱이 사명당이 해인을 사용하여 일본 왕의 항복을 받아낼 수 있었다고 이야기되며, 해인은 훗날 다시 한 번 사용될 날을 기다리며 해인사의 팔만대장경 경판 속에 감추어졌다고 전한다. 이처럼 오랜 구전과정을 거쳐 해인이라는 보물에 대한 신앙이 역사에 그 실체를 드러내기 시작했다.

필자는 이 글에서 상당히 오랜 기간에 걸쳐 형성된 해인신앙이 조선 후기에 이르러 어떻게 변화되었는지를 구체적인 양상을 통해 살펴보겠다. 먼저 해인신앙이 어떤 연원을 거쳐 형성되고 체계화되는지를, 이른바 비결(秘訣)과 관련된 진인신앙(眞人信仰)에서 그 실마리를 찾아보겠다.

나아가 해인신앙이 체계화되는 일이 어떻게 해서 가능했는지를 역사적 사실을 통해 찾아본 다음, 그 전개과정을 살펴보겠다. 그리고 해인신앙이 한국 신종교의 다양한 교리체계에서는 어떻게 변용되어 믿어져왔는가

를 고찰해 보겠다. 결론에서는 한국종교사에서 해인신앙이 갖는 위상을
자리매김해 보겠으며, 해인신앙이 가지는 의의를 찾아본다.

『정감록』의 개요

『정감록(鄭鑑錄)』은 조선시대 이래 민간에 널리 유포되어 온 우리나라의
대표적인 예언서이다. 여러 가지의 감결류(鑑訣類)와 비결서(秘訣書)의
모음집이며, 이본(異本)이 많은 것이 특징이다. 『정감록』에 포함되는 문
헌으로는 각종 이본들에 공통적으로 나타나는 「감결(鑑訣)」을 비롯하여,
「삼한산림비기(三韓山林秘記)」, 「화악노정기(華岳路程記)」, 「구궁변수법
(九宮變數法)」, 「동국역대본궁음양결(東國歷代本宮陰陽訣)」, 「무학비결
(無學秘訣)」, 「도선비결(道詵秘訣)」, 「남사고비결(南師古秘訣)」, 「토정가
장비결(土亭家藏秘訣)」, 「삼도봉시(三道峰詩)」, 「옥룡자기(玉龍子記)」
등 수십 가지가 있다.

　『정감록』의 저자나 그 성립 시기에 대한 여러 설이 있으나 확실한 것
은 밝혀지지 않고 있다. 『정감록』은 반왕조적이며 현실부정적인 내용을
담고 있어서 조선시대 이래 금서에 속하였지만, 민간에서는 은밀히 전승
되어 왔다.

　『정감록』은 정도전(鄭道傳, 1337~1398)이 조선왕조의 역성혁명(易姓
革命)을 합리화하고 민심을 조작하기 위해 저술한 책이라는 일부의 추측
도 있다. 그러나 『정감록』이 특정인물에 의한 저술이 아니라는 사실은, 내

용이 다양한 수십 편의 비결들이 집대성되어 있다는 사실을 통해서도 짐작할 수 있다.

『정감록』은 여러 가지 형식으로 서술되어 있으며, 사상적으로도 다양한 배경을 지니고 있는 책이다. 흔히『정감록』은 몰락한 지식계층의 인사들이 풍수지리설이나 음양오행설에 관한 지식을 동원하여 왕조교체와 사회변혁의 당위성을 우주론에 입각한 운세법칙(運世法則)에 연관하여 설명한 책으로 평가된다.

더욱이『정감록』이 지닌 반왕조적인 성격 때문에 공식적으로 인쇄되지 못하고 필사본으로 전해졌기 때문에, 시간이 흐름에 따라 필사자들의 의도와 성향에 따라 끊임없이 첨삭이 가해졌음이 분명하다.

그리고『정감록』의 성립 시기에 대해서는 외적의 침입에 의해 사회적 혼란이 극심하고 개인적인 자기 보전에 급급하였던 임진왜란과 병자호란 이후로 보는 설이 가장 설득력 있게 받아들여진다.

『정감록』의 핵심적인 내용은 난세에는 풍수설에 따라 지정된 피난처에서만 지복(至福)을 누릴 수 있으며, 궁극적으로 정씨(鄭氏) 성(姓)을 지닌 진인(眞人)이 출현하면 이씨 왕조가 망하고 새로운 세계가 도래할 것이라는 주장이다. 그 표현기법은 직설적인 표현을 피하고 은어(隱語), 우의(寓意), 시구(詩句), 파자(破字) 등을 사용하여 해석이 난삽하고 애매한 부분이 많다.

이러한『정감록』에 기초하여 이루어진 이른바 '정감록신앙'이란 '정씨(鄭氏) 성(姓)을 가진 진인(眞人)이 출현하여 미래국토를 실현하고, 지복(至福)의 터전을 이룩한다는 신앙'이다. 따라서 정감록신앙은 「감결」, 「징비록(徵秘錄)」, 「감인록(鑑寅錄)」 등에 나타나는 "이망정흥(李亡鄭興)"이라는 예언적 구절에 근거한다. 나아가 정감록 신앙자들은 계룡산에 등장하는 정씨 왕조의 800년 통치에 이어 가야산에는 조씨(趙氏) 왕조가 세워지고, 완산(完山)에는 범씨(范氏) 왕조가 세워질 것이라고 믿는다.

그런데 『정감록』에는 해인(海印)이라는 용어가 단 한 번도 나오지 않는다. 반면 우리나라의 대표적인 또 다른 비결서로 전하는 『격암유록』에는 해인(海印)이라는 용어가 상당히 자주 나온다. 여기서 우리는 일단 이야기의 논리적인 구조를 살펴볼 필요가 있다.

남해(南海)에서 진인(眞人)이 나올 것이라는 『정감록』의 글귀가 『격암유록』에도 동일하게 반복되는데, 『격암유록』에는 남해에서 진인이 해인(海印)을 가지고 나올 것이라는 내용으로 확장된다. 이러한 점을 미루어 볼 때, 적어도 『정감록』이 『격암유록』보다 앞서 만들어진 책이라고 추정할 수 있다. 왜냐하면 같은 이야기 구조를 지니면서 특정한 내용이 더욱 자세히 보충되었다면, 일단 특정한 내용이 보충되기 이전의 자료가 시기적으로 앞서서 작성되었을 개연성이 높기 때문이다.

『정감록』의 진인출현설

『정감록』에 나오는 진인(眞人)과 관련된 글귀를 살펴보면 다음과 같다. 인용서적은 안춘근의 『정감록집성(鄭鑑錄集成)』(아세아문화사, 1981)이며, 괄호 안의 숫자가 해당 면수를 나타낸다.

「유산결(遊山訣)」
― 진인이 남도(南島) 가운데로부터 온다. 眞人自海島中來矣. (28면)

─ 정씨가 해도(海島)에서 출현한다. 鄭氏出於海島中. (29면)

「오백론사(五百論史)」

─ 성인이 남쪽에서 태어난다. 聖人生南. (412면)

─ 진인이 남쪽에서 나온다. 眞人南出. (413면)

「경주이선생가장결(慶州李先生家藏訣)」, 「토정가장결(土亭家藏訣)」

─ 이때 정씨가 해도(海島)의 병사를 통솔한다. 此時, 奠邑率海島之兵. (447면)

─ 곧바로 금강을 건너온즉, 천운(天運)이 돌아와 융성하리라. 直渡錦江則, 天運回泰. (459면)

「서계이선생가장결(西溪李先生家藏訣)」

─ 이인이 남쪽에서 온다. 異人南來. (472면)

─ 진인이 남(南)을 건너온다. 眞人渡南. (473면, 797면)

「징비록(徵秘錄)」

─ 진인(眞人)이 남해(南海)로부터 나와서, 계룡(鷄龍)에 왕업(王業)을 이룰 것이다. 眞人自南海而來, 鷄龍創業. (486면)

「운기구책(運奇龜策)」

─ 신유년간에 성인이 바다로부터 나오니, 천명이 정씨에게 내려져 나라를 이루어 17세 520년 동안 유지하리라. 辛酉間聖人出海, 天命啓鄭, 享國十七世五百二十年. (498면)

─ 진인이 남해로부터 와서, 계룡산에 창업하리라. 眞人自南海來, 鷄龍山創業. (502면)

「요람역세(要覽歷歲)」

─ 개국 초에 진인이 어느 곳으로부터 세상에 나올 것입니까? 처음에 제주로부터 와서 다시 전라도에 이른 다음, 남(南)으로부터 올 것이니라. 國初眞

人從何而出世乎? 初自濟州而更至全羅, 而自南而來. (527면)

- 진인이 제주도의 명도에서 출현하니, 성은 정이요, 이름은 도인이며, 자는 인감이요, 병진생이리라. 眞人出濟州道, 鳴島, 姓鄭名道仁, 字仁鑑, 生丙辰. (529면)

「동차결(東車訣)」

- 임진년간에 직주(直主)가 해도(海島)로부터 출현하리라. 壬辰直主出於海島中. (555면)
- 진사년간에 진왕(眞王)이 해도에서 나오리라.   辰巳之年, 眞王出海島中. (565면)

「감결(鑑訣)」

- 계해년에 진인이 남(南)에서 출현하여, 화산(花山)에 도읍을 정하리라. 癸亥眞人南出, 國都花山. (578면)
- 이인이 남쪽으로부터 오리라. 異人南來. (590면)

「감인록(鑑寅錄)」

- 세 대장이 바다에서 출현하리라. 三大將出自海中. (615면)
- 성인이 남쪽에서 나오리라. 聖人出南. (622면)

「정이감여론(鄭李堪輿論)」

- 정씨(鄭氏)가 해도(海島)에서 일어나리라. 鄭起於海島. (620면)

「비결집록(秘訣輯錄)」

- 정씨가 남해도(南海島)에서 나오리라. 鄭氏自南海島中來矣. (830면)
- 직인(直人)이 남해도에서 나와서, 곡종(穀種)을 삼풍(三豊)에서 구하고, 인종(人種)을 양백(兩白)에서 구하리라.   直人自南海島中來矣, 求穀種於三豊, 求人種於兩白.
- 성인이 남(南)에서 나오리라. 聖人南來. (853면)

『정감록』은 다양한 형태의 비결을 집성한 민간예언서로서, 이심(李沁)과 정감(鄭鑑)의 문답과 조선 후기의 쇠운설(衰運說)이 주축이 되며 참위설, 풍수지리, 도교사상 등이 혼합되어 있는 책이다. 정감은 포은(圃隱) 정몽주(鄭夢周, 1337~1392)의 선조(先祖)이고, 이심은 태조(太祖) 이성계(李成桂, 1335~1408)의 선조(先祖)로 고려시대의 인물이라고 믿어진다. 또 어떤 판본에는 이심이 태조의 7대조라고 밝힌 것도 있지만, 신빙성은 없다.

『정감록』에 대한 연구들

『정감록』은 비결서라는 특성상 정확한 원본이 발견되지 않으며 민간에 유포된 각종의 필사본이 있을 따름이다. 책 이름도 『정담록(鄭湛錄)』, 『정감록(鄭堪錄)』, 『감론초(堪論抄)』, 『석서(石書)』, 『조선보감(朝鮮寶鑑)』, 『역세요람(歷歲要覽)』, 『징비록(徵秘錄)』 등으로 불린다. 안춘근의 『정감록집성(鄭鑑錄集成)』(1981)에 수록되어 있는 자료 가운데 「비람(秘覽) 청류당 음청록(聽流堂陰晴錄)」은 1891년에 필사되었다고 명시되어 있다.

『정감록』에서 장차 이 세상에 올 진인(眞人)의 성(姓)이 왜 하필이면 정씨(鄭氏)로 이야기되었는가에 대해서는 여러 의견이 있다.

현병주(玄丙周)는 일단 완산(完山) 이씨(李氏)의 성보(姓譜)에 한륭공(漢隆公)이라는 인물이 나오지 않으므로 그의 2세(世)로 이야기되는 이심(李沁)은 『정감록』 기술자의 상상 속의 인물로서 가차(假借)한 것이 분명하며, 그 대화자인 정감(鄭鑑)도 상상의 인물이라고 주장한다.

나아가 그는 조선 초기에 계룡산을 중심으로 도읍을 정하려 했던 일이 실패한 이유를 설화에서 근거를 찾기도 했다. 이성계가 계룡산(鷄龍山)에 도읍을 정하려고 2년간이나 역사(役事)를 계속했지만, 당시 민중들은 오히려 고려 말의 충신으로 널리 알려진 정몽주(鄭夢周, 1337~1392)가 억울하게 타살된 일을 안타깝게 여기고 전조(前朝)인 고려를 회고하고 추모하는 분위기여서 도읍지 조

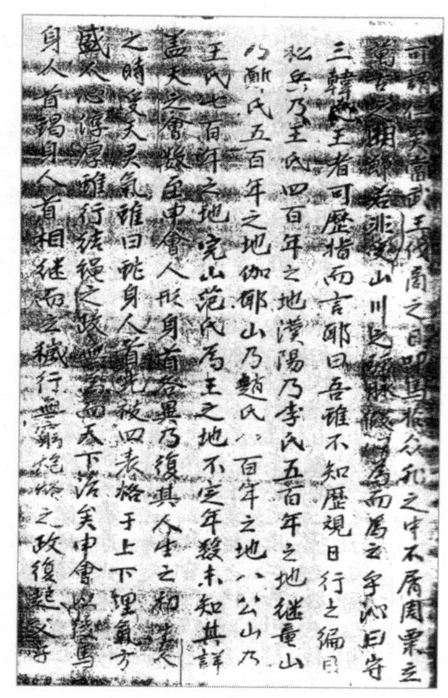

『정감록』(규장각 소장본)

성사업이 제대로 진행되지 않았다고 한다. 그 때 공중으로부터 신화(神話)가 있어 "계룡산은 정씨(鄭氏)의 후손이 도읍할 땅이다. 이씨(李氏)가 도읍할 땅은 한양(漢陽)이다. 한양 도읍 오백년 후에 계룡산이 정씨의 도읍이 될 것이니, 이씨는 공연히 정씨의 소유를 침해치 말라."고 했다는 이야기가 전한다.

이 이야기는 원래 홍만종(洪萬宗, 1643~1725)의 『순오지(旬五志)』(1678)에 실려 있다. 조선 태조 당시에 이러한 이야기가 알려졌을 가능성은 희박하지만, 최소한 『순오지』가 저술된 17세기 후반에는 이와 같은 내용의 설화가 상당히 광범위한 지역에까지 알려졌다는 점이 확인된다.

현병주(玄丙周)는 『비난정감록진본(批難鄭鑑錄眞本)』(1923)에서 "정감록의 연원은 반드시 계룡역사시대(鷄龍役事時代)에 신화(神話) 일절

(一節)을 근거로 하여 어떠한 무거자(無據者)가 기록하여 비전(秘傳)한 것이다."라고 주장했다. 그는 조선 초기에 고려를 회고하던 민심이 '정몽주의 충절이 후대에는 보상을 충분히 받을 것이라는 믿음'에 힘입어 수습된 일에 근거하여, 『정감록』이 정씨(鄭氏)라는 성을 가진 인물을 중심으로 서술되었다고 본다.

특히 그는 「도선비결(道宣秘訣)」을 설명하면서 나말여초(羅末麗初)의 인물인 도선이 왜 고려(高麗)에 대해서는 유독 말하지 않았겠느냐는 의문을 표한 다음, 이는 도선을 가차한 익명의 인물이 지었을 것이며, 최근 40년간에 기록된 것이라고 그 저작 연대를 추정하고 있다. 결국 현병주는 『정감록』이 연활자본으로 간행되었기 때문에 아무리 빨라도 19세기 후반에야 저술되었을 것이라고 주장한다. 그러나 필자는 연활자본으로 간행되었다는 사실이 『정감록』의 저작시기를 추론할 수 있는 근거가 될 수는 없다고 본다.

이와 관련하여 최수정(崔守正)도 「정감록(鄭鑑錄)에 대한 사회학적(社會學的) 고찰(考察)」(1948)이라는 글에서 "…… 이 태조 즉위 이듬해에는 할 일 없이 계룡산(鷄龍山)에 가서 어름어름하다가 신탁(神託)이나 받은 듯이 다시 한양(漢陽)에 와서 (도읍을) 정한 것이니, 정몽주(鄭夢周)에 대한 천추유한(千秋遺恨)은 마침내 정감비결(鄭鑑秘訣)로서 오백년 동안이나 민간신앙(民間信仰)에 잠재하여 오다가 ……"라고 기록하여 『정감록』이 정몽주의 피살사건과 관련이 있다고 보았다.

그런데 호소이(細井 肇)는 『정감록비결집성(鄭鑑錄秘訣集成)』(1923)에서 「감결(鑑訣)」의 저자를 정도전(鄭道傳)으로 보았다. 그는 조선(朝鮮) 건국의 기초를 닦았던 정도전이 이씨 혁명을 혐오한 고려 말의 유신(遺臣)으로서, 태조(太祖) 이성계에게 마음으로 복종하지 않고 세자 방석(芳碩)을 옹립하여 정안군〈靖安君, 이방원(李芳遠), 훗날의 태종(太宗)〉을 제거하고 왕권을 자기 수중에 넣고자 음모를 꾸몄지만 그만 발각되어 결국은 참살되었던 인물이라고 본다.

실제로 정도전은 문무(文武)를 겸비한 인물로 혁명가적 소질의 소유자였다. 그는 조선 개국과정에서 자신의 위치를 중국 한(漢)나라의 장량(張良)에 비유하여 "한고조가 장량을 이용한 것이 아니라, 장량이 한고조를 이용하였다."고 말하면서, 실질적인 개국의 주역은 자신이라고 믿었다고 전한다.

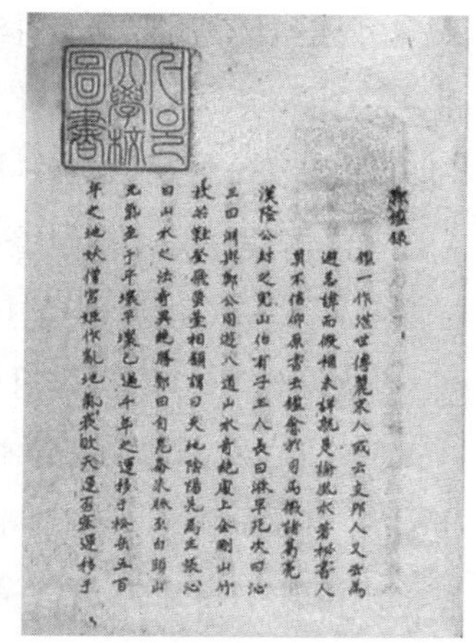

『정감록』(서울대학교 도서관 소장본)

결론에서 호소이는 『정감록』의 저작 연대에 대해서는 근대 50~60년 전의 정쟁(政爭)을 나타내는 표현이 있다고 기록하여 1860년대 이후의 저작이라고 주장했다. 그러나 필자는 현전하는 『정감록』의 전체적인 내용이 모두 근대의 사정을 반영하는 것은 아니라고 본다. 적어도 『정감록』은 지금과 같은 형태로 있었던 것은 아닐 것이며, 많은 부분이 훨씬 이전 시기에 유포되었을 가능성이 농후하다.

이능화(李能和, 1869~1943)는 『조선기독교급외교사(朝鮮基督敎及外交史)』 하편(1928)에서 선조(宣祖) 22년(1589)에 일어났던 정여립(鄭汝立, 1546~1589)의 역모사건을 『정감록』의 기원으로 본다. 이능화는 "정여립은 뜻을 잃고 나라를 원망하던 사람이었다. 그는 계룡산에 갔다가 반란을 일으킬 마음을 적은 반시(反詩)를 지어서 자기의 뜻을 나타냈다. 그리고 장차 목자〈木子, 이씨(李氏)〉가 망하고 전읍〈奠邑, 정씨(鄭氏)〉이 일어난다는 노래를 지어서 퍼뜨렸으며, 스스로 그에 응하였다. 이것이 『정감록』에 대한 주장의 시초가 된다."라고 주장했다. 그러나 이능화는 정씨가 새로 일어난다는 간단한 언급 이외에 『정감록』의 저자가 정여립이라는 구체적인 근거는 제시하지 못했다. 이능화는 "이망정흥(李亡鄭興)"이 이른바 『정감록』의 중요한 주제의 하나라는 사실을 확인했을 뿐이다.

또 이능화는 정조(正祖) 을사년(乙巳年, 1785)의 홍복영(洪福榮)의 옥사(獄事)와 순조(純祖) 신미년(辛未年, 1811)의 홍경래(洪景來)의 난(亂)에 『정감록(鄭鑑錄)』이라는 용어가 분명히 나온다는 점을 밝혔으며, 철종(哲宗) 임술년(壬戌年, 1862)에 왕족(王族)이었던 이하전(李夏銓, 1842~1862)이 제주도에서 사사(賜死)된 후에 사람들 사이에 "그가 죽지 않고 남조선(南朝鮮)에 숨어 붉은 옷을 입고 있다는 말이 떠돌았다."고 기록하였다.

결국 이능화는 『정감록』의 저작 연대를 『정감록』이라는 용어가 분명히 나오는 정조(正祖) 9년(1785) 이후로 보고 있으며, 그 하한 연대를 철종 13년(1862)까지 끌어내렸다는 점에서 탁월한 견해를 펼쳤다. 따라서 이능화는 지금까지 『정감록』의 저작 연대를 상한선에만 초점을 맞추어 설명한 오류를 시정하고자 노력했다고 평가된다.

최남선(崔南善, 1890~1957)은 『조선상식문답(朝鮮常識問答)』에서 이씨조선(李氏朝鮮)이 정씨(鄭氏)의 혁명을 만난다는 운명설은 선조조(宣祖朝, 재위기간은 1567~1607년) 전부

『정감록』 한글본

터 있었고, 선조(宣祖) 22년(1589)의 정여립(鄭汝立)의 역모(逆謀)사건이 이를 배경으로 했으며, 특히 정조(正祖) 을사년(乙巳年, 1785)의 홍복영(洪福榮)의 옥사(獄事)에 『정감록』이라는 명칭이 분명히 나오기 때문에, 『정감록』은 선조조(宣祖朝)로부터 정조조(正祖朝)에 이르는 어느 시기에 미래국토(未來國土)의 희망적(希望的) 표상(表象)으로 만들어낸 것이라고 주장했다.

그러나 최남선은 선조 이전 시기에 정씨의 혁명설에 대한 이야기가 유포되었다는 객관적인 근거는 제시하지 못했다. 아마도 그는 앞에서 이미 살펴본 태조 이성계가 계룡산에 도읍지를 정하려 했다는 설화를 염두에 둔 것 같다. 설화의 발생 시점을 이야기의 내용에서 찾으려는 시도는 설득력이 부족하다. 그 누가 어떤 이야기가 시작된 정확한 시기를 판별할 수 있단 말인가?

한편 최수정은 조선의 고유신앙의 대상인 용(龍)이라는 상징에서 『정감록』의 연원을 찾는다. 그는 "미래 사회의 창업주라는 소위 정도령〈鄭道領, 도의적(道義的)이요, 양심적인 인물을 상징한 대통령(大統領)의 느낌이 있음.〉을 중심으로 한 '용(龍)'의 전설 대신에 '진인남래설(眞人南來說)'과 정감(鄭鑑)의 비결이 등장되는 것이, 이전 시대의 종래 비결이 신학적이고 형이상학적임에 비(比)하여 정감비결(鄭鑑秘訣)이 실증적(實證的)인데 더욱 흥미있는 일이다."라고 주장한다.

박종홍은 『한국사상사』(1974)에서 "『정감록』 등의 도참사상(圖讖思想)은 억눌린 민중의 '원(怨)'과 '망(望)'을 표출하는 미래상(未來像)의 현세적(現世的) 집약(集約)이기 때문에, 결국 시대사회사적인 요청에 의해 자연스럽게 발생한 것"이라고 보았다.

여기서 도참사상(圖讖思想)은 한국의 전통사상 가운데 민중예언사상(民衆豫言思想)으로서 점복(占卜), 예언(豫言), 풍수(風水), 오행(五行), 참

위(讖緯) 등을 두루 포함하고 있어서 분명하게 개념화하기는 어렵다. 그러나 도참사상의 역사는 이미 한국사상의 뿌리와 연결되어 있는 우리의 전통사상 가운데 전개된 하나의 문화현상이라는 점은 틀림없다. 나아가 도참사상은 오랜 역사를 통해 한국 특유의 민간신앙을 이루면서 한국정신사의 기층을 이루어왔다. 따라서 도참(圖讖)은 국가조업(國家祚業)의 홍망성쇠(興亡盛衰)와 인간만사(人間萬事)의 길흉화복(吉凶禍福)을 징험(徵驗)하는 예언과 비기류(秘記類)를 총칭한다.

양은용은 「정감록(鄭鑑錄) 신앙의 재조명」(1990)에서 『정감록』이 조선 중기 이후에 유행했다고 보고 있으면서도, 조선왕조의 홍망이 중심내용이 되었기 때문에 『정감록』의 성립은 조선왕조의 성립(1392) 이후부터 『정감록』이라는 명칭이 처음 등장한 홍복영(洪福榮) 옥사(獄事, 1785)에 이르는 기간에 이루어졌다고 주장하여, 성립시기에 대해 매우 광범위한 규정을 시도했다.

어쨌든 현재 전해지고 있는 『정감록』의 판본은 약 50여 종에 이른다. 이는 『정감록』이 고정된 형태의 저작이 아니라 민중들에 의해 항상 새롭게 부각되고 해석될 수 있는 동적(動的)인 성격을 지녔음을 알려준다.

또한 양은용은 『정감록』은 조선 건국 후 이성계가 계룡산 아래에 신도(新都)를 경영했던 예에서 출발하여, 이 사건이 민중에 의해 하나의 신앙으로 전승되었다고 본다. 이러한 신앙에 의해 『정감록』에 십승지(十勝地)의 하나로 계룡산이 열거되었고, 그 후 조선이 망한 다음 이곳에서 새로운 정씨(鄭氏) 왕조(王朝)가 세워질 것이라는 '정(鄭) 도령 출현의 참언(讖言)'이 등장하여 새로운 전개를 가져왔다는 것이다. 특히 『정감록』에는 피난의식이 종교교의에 의해 재해석되는 상황이 반영되어 있다고 주장하며, 그 구체적인 예로 1919년 이후 계룡산 신도안으로의 급격한 인구 유입이라는 역사적 사실을 든다. 그러나 이러한 주장은 계룡산을 중심으로만

『정감록』을 이해했다고 보이며, 신도안으로의 인구 유입은 『정감록』을 믿었던 사람들의 결과적인 행동이었다. 따라서 『정감록』의 저작 시기를 추론해 보는 일과는 일정한 거리가 있다.

한편 안춘근이 모은 『정감록 집성』에 수록된 『농아집(聾啞集)』이라는 필사본은 "천계(天啓) 사년(四年) 갑자(甲子) 완산(完山) 이운하(李運夏)"라고 끝을 맺는 서문(序文)이 있다. 천계

「유산결」(『정감록』의 이본)

(天啓) 4년은 명(明)나라 희종(熹宗)의 연호로서 조선 인조(仁祖) 2년(1624)에 해당한다. 이를 근거로 『정감록』의 저작시기를 상당히 끌어올리려는 시도도 있을 수 있다.

그런데 『농아집』은 「서문(序文)」, 「책수기례(策數起例)」, 「팔문정례(八門定例)」, 「월건례(月建例)」, 「토정비결원리(土亭秘訣原理)」 등으로 이루어져 있다. 그 가운데 「토정비결원리」는 내용이 있는 것은 아니고, 편찬자가 붙인 제목만 있을 뿐이다. 다만 『농아집』의 서문에 "농아집 일편은 곧 우리 토정 이 선생이 지은 것이다. 聾啞一篇, 卽我土亭李先生所著也."라고 기록되어 있어서, 이 책이 이지함의 저술 또는 가탁(假託)임을 짐작할 수 있을 따름이다.

필자는 『농아집』이 한국 전래의 비결집이라는 사실은 인정할 수 있지만, 이 책이 곧바로 『정감록』의 하나로 인정될 수는 없다고 본다. 왜냐하면 『농아집』에는 정씨(鄭氏)의 새로운 왕국이 건설된다는 내용은 단 한 구절

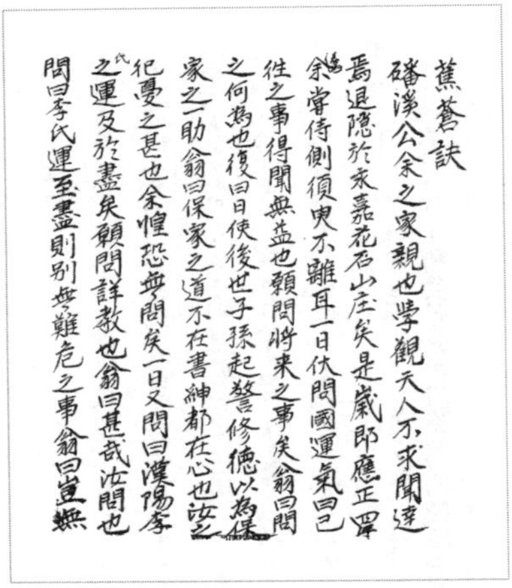

蕉蒼訣
磻溪公余之家親也學觀天人不求聞達
焉退隱於永嘉花石山庄矣是歲郎應正罪
余嘗侍側須臾不離耳一日伏問國運氣曰已
往之事得聞無益也願問將來之事矣翁曰問
之何為也復曰日使後世子孫起警修德以為保
家之一助翁曰保家之道不在書紳都在心也汝之
杞憂之甚也余惶恐無問矣一日又問曰漢陽李
氏之運及於盡矣願問詳教也翁曰甚哉汝問也
問曰李氏運至盡則別無難危之事翁曰豈無

「초창결」(『정감록』의 이본)

도 찾아볼 수 없고, 다만 상원(上元) · 중원(中元) · 하원(下元)의 분류에 따라 팔문(八門)과 별이름을 배치하여 운수를 가늠해 보는 기록이 대부분이기 때문이다.

안춘근이 모아 놓은 『정감록 집성』에서 연대가 밝혀진 판본은 「비람(秘覽) 청류당음청록(聽流堂陰晴錄)」이 유일하다. 이 책은 고종(高宗) 23년(1886)에 간행되었던 시헌서(時憲書)의 이면(裏面)을 활용하여 필사했다고 한다. 사용한 종이에 의해 일단 그 이후의 시점에 필사했다는 사실이 확인 가능하다. 그리고 필사년도에 대해서도 "신묘비등(辛卯秘謄)"이라고 적었기 때문에, 고종 23년(1886) 이후 가장 빠른 신묘년은 고종 28년(1891)이므로, 1891년에 필사되었다고 추정할 수 있다. 더욱이 이 책은 1886년 3월에 고종(高宗)이 창경궁(昌慶宮)에 있었던 일을 기술하고 있으며, 「정감록(鄭堪錄)」, 「옥룡자십승지비결(玉龍子十勝地秘訣)」, 「옥룡비결(玉龍秘訣)」 등이 함께 기록되어 있으므로 정씨왕국의 건설을 예언한 이른바 『정감록』의 하나로 인정할 수 있는 책이다.

이 밖에도 서학(西學)이 크게 일어나 천주교인들이 많이 살해되었다는 언급이 나오는 「운기구책(運奇龜策)」도 있다. 서학에 대한 박해는 신해년(1791)과 신유년(1801)에 시작되어 을해년(1815), 정해년(1827), 기해년(1839), 병오년(1846)에 집중되었다. 이 기간 동안 무려 1만여 명의 '서학신봉자' 들이 희생되었다고 전하는데, 적어도 이러한 이본이 포함된 『정감록』은 빨라야 정조(正祖) 15년(1791) 이후에 작성되었다고 볼 수 있다.

『정감록』의 남조선신앙

최남선은 『조선상식문답』에서 '남조선신앙(南朝鮮信仰)'에 대해 "주관적·관념적인 산물이 아니라 객관적 사실의 충동에 의해 자연히 성립된 신앙이며, 미완의 가변동적(可變動的)인 것으로 언제나 필요한 수정과 보충을 더할 수 있으며, 진보적인 형태로 민족 운명의 판결을 의미하는 신앙"이라고 정의하였다. 다소 애매모호하게 정의한 느낌이 든다. 어쨌든 『정감록』에 열거된 이른바 십승지(十勝地)가 모두 남쪽 조선에 위치한다는 점에서, 『정감록』과 남조선신앙의 연관성을 찾아보아야 할 것이다.

최수정은 「정감록에 대한 사회학적 고찰」(1948)에서 『정감록』에 대해 "가장 주목되는 것은 팔도유람을 금강산(金剛山)으로부터 출발하여 삼각산 백운대로, 다시 금강산으로부터 가야산(伽倻山)에 이르고, 서선(西鮮)과 북선(北鮮)에 가지 않은 것이다. 이로써 남조선설(南朝鮮說) 운운(云云)도 일리가 있는 듯싶다."라고 평하였다.

또 김수산(金水山)도 『원본 정감록』(1972)에서 『정감록』의 특징 가운데 하나로 남조선사상(南朝鮮思想)을 들고 있으며, 그 구체적 내용에 대해 "진인(眞人)이 남해(南海)에서 나타난다.", "진인(眞人)이 남해도(南海島)에서 나타난다."는

「진험」(『정감록』의 이본)

비기(秘記)와 십승지(十勝地)가 모두 남도(南道)에 국한되어 있다는 사실을 들고 있다. 그는 『정감록』을 남조선신앙을 근거 지우는 도록(圖錄)으로 규정하고 있으며, 계룡산을 중심으로 한 승지신앙(勝地信仰)을 남조선신앙의 한 표상(表象)이라고 보았다.

이에 대해 양은용은 "남조선신앙(南朝鮮信仰)은 우리들 앞에는 남조선(南朝鮮)이 있어서 때가 되면 진인(眞人)이 나와서 우리를 그곳으로 인도하여, 지금 시달리고 억눌리는 모든 것이 다 없어지고 바라고 하고자 하는 모든 일이 저절로 성취되는 좋은 세월을 보내게 될 것이라는 민중신앙"이라고 정의한다.

진인출현설에 대한 연구

진인출현설(眞人出現說)에 대한 국문학계의 연구성과가 있다. 조동일은 「진인출현설의 구비문학적 이해」(1981)에서 진인출현설은 누구의 조작이기 이전에 '민중들 사이에서 자연스럽게 이루어진 이야기'라고 보며, 진인을 "세계와의 대결을 준비하고 있으며, 대결이 벌어진다면 반드시 승리할 것으로 인정되는 인물"이라고 정의한다. 그리고 진인 이야기는 결말이 있는 영웅 이야기와는 달리, 결말이 없이 오직 승리의 가능성을 예언하는 데서 이야기가 끝난다는 특징을 지닌다고 분석했다.

나아가 조동일은 민중적 영웅의 패배가 진인출현설에서는 전폭적인 승리 가능성으로 대치되어 있으며, 그 가능성은 아직 실현되지 않았기 때문에 설득력을 가질 수 있다고 날카롭게 지적한다. 결국 그는 진인은 실패 또는 패배한 민중적 영웅을 뒤이어 그렇게 패배를 겪고도 다시 모색되는 승리의 가능성을 최대한 고양시키고자 설정한 인물이라고 본다.

조동일은 17세기 말 숙종의『추안급국안(推案及鞫案)』의 기록〈104책 신미(辛未, 1691) 11월, 109책 갑술(甲戌, 1694) 2월〉과 순조(純祖) 11년(1811) 12월부터 이듬해 4월까지 평안북도 일대에서 일어난 홍경래(洪景來)의 난을 평정한『관서평난록(關西平亂錄)』을 진인 이야기의 시작으로 보고 분석하였다.

그는 숙종(肅宗) 17년(1691)의 자료를 분석하여 진인출현설은 "어느 부인이 아들을 낳아 길렀는데 아이가 일곱 살이 되자 어디론가 가버렸다 는 이야기를 들은 사람들이, 그 아이를 생불(生佛) 혹은 득국지인(得國之 人)으로 공연히 추측한 데서 시작되었다."고 밝히고 있다.

그 후 숙종 20년(1694)의 기록에는 "섬에 머무르고 있는 정(鄭) 진인 (眞人)이 나라에 변란이 일어나면 육지로 나올 테니, 그를 맞이할 준비를 갖추어야 한다."는 이야기로 발전되었다. 여기서 진인을 맞이할 준비는 재물과 사람을 모으는 일이다. 조동일은 이러한 이야기에 대해 재물과 사 람을 모아서 변란을 꾀하는 행위가 진인을 맞이한다는 구실로 합리화된 것이라고 평가한다.

순조 11년(1811) 음력 12월에 일어난 홍경래의 난은 정(鄭) 진인(眞人) 이 나타나 철기(鐵騎) 십만 명의 군사를 이끌고 진군해 들어오기로 예정 되어 있으므로 이에 앞서서 기병한다는 이야기를 핵심으로 삼아 일어난 사건이다. 난이 평정된 후 관변 측 인사들이 가담자들을 심문한 결과, 진 인출현설은 봉기군 측이 민심을 선동하고 규합하기 위해 꾸민 이야기라 고 결론지었다.

봉기군 측이 순조 11년(1811) 12월 18일에 낭독한 격문에는 "세상을 구할 성인(聖人)이 평북 청천강 북쪽 검산(劍山) 일월봉(日月峰) 아래 군왕포(君王浦) 위쪽에 있는 가야동(伽倻洞) 홍의도(紅衣島)에서 탄생했다. 다섯 살 때 신승(神僧)을 따라 중국에 들어갔었는데, 황명(皇明)의 세신유족(世臣遺族)과 철기(鐵騎) 십만 명을 거느리고 장차 우리나라를 깨끗이 하러 올 것이다."라는 내용이 들어있었다. 『관서평란록(關西平亂錄)』에는 진인이 정시은(鄭時殷), 정시수(鄭時守), 정제민(鄭濟民) 등으로 불리는 41세의 남자라고 기록되어 있다.

당시 관군 측에서 진인(眞人)의 삼촌이라고 주장하는 정세규(鄭世圭)라는 노인을 찾아가 조사한 『관서평란록』의 내용을 살펴보면, 당시로부터 약 50년 전에 정세규의 형수가 고깃덩어리처럼 생긴 괴물을 낳았으므로 보기가 끔찍해 볏짚을 쌓아둔 데에 버렸다가 땅에 묻은 일이 있었다고 진술했다. 그런데 이웃 사람들이 아이가 태어났는데도 우는 소리가 들리지 않고 흔적조차 없으니, "아마, 장군을 낳았구나. 그래서 태어나자마자 어디론가 가고 흔적이 없구나."라고 추측하여 뱉은 말이 빌미가 되어 맹랑하게 풍문으로까지 발전했다는 것이다.

이와 비슷한 이야기가 또 다른 자료에도 보인다. 『관서평란록』의 또 다른 기록에는 어느 정씨네 집 부인이 잉태하여 난산으로 신고(辛苦)하다가 괴물 모습의 아이를 낳아, 놀랍고 괴이하여 울타리 뒤에다 묻은 일이 있었다고 한다. 이튿날 이웃집 여자가 찾아와 해산을 했는데 아이가 없음을 의심하여 "어젯밤에 아이를 낳았다는데 지금은 볼 수가 없다니, 세상에서 말하듯이 장군이 태어나자마자 어디론가 가버린 것이 아닐까?"라고 진술했다고 한다. 이처럼 무식한 여자가 터무니없이 지어낸 말이 진인출현설로까지 번졌으며, 난을 꾸미는 주동자들이 민심을 선동하는 데 이를 이용했다는 것이 관군 측의 심문에 진술자들이 답한 내용이다.

결국 조동일은 두 자료가 일치하며, 유언비어가 과장되어 엄청난 이야기로까지 발전했다는 관군 측의 조사결과는 믿을 만하다고 결론짓는다. 장수나 진인이 나타나야 한다는 기대가 계속되던 차에, 태어나자마자 자취를 감춘 아이가 있다는 풍문이 돌았으며, 그 아이가 바로 진인이 아닐까라는 추측이 생겨났고, 이러한 추상적인 기대가 구체적인 근거를 가지자 진인 이야기가 다시 생동하게 되었다고 본다.

『관서평란록』의 기록에 의하면 태어나자마자 자취를 감추었다는 아이는 다섯 살 때 중국에 갔다가 홍의도(紅衣島), 신도(薪島) 등으로 불리는 섬에 들어갔다고도 하고, 신승(神僧)을 따라 중국에 갔다고도 한다.

결론에서 조동일은 민란이 일어나게 된 고조된 분위기가 추상적인 기대와 구체적인 근거를 결합시키는 데 결정적인 작용을 했으며, 이처럼 진인 이야기는 역사의 맥락 속에서 되풀이되어 온 구조를 되찾으면서 거듭 성립되었다고 주장한다.

그런데 조동일은 진인출현설이 언제 처음 생겼는지는 확인되지 않는다고 결론짓는다. 그러면서도 그는 17세기 말과 19세기 초의 자료를 통해 볼 때, 진인출현설은 전승되는 이야기 유형이면서 역사의 새로운 움직임과 밀착되어 구체화되고 거듭해서 살아날 수 있는 것으로 보았다. 진인출현설은 민중운동의 퇴조기에는 일단 사라지거나 불신되지만, 그와 반대되는 상황이 조성되면 그때 새삼스럽게 형성된 이야기인 것처럼 긴박한 설득력을 가지고 민심을 선동하고 규합할 수 있었다는 것이다. 조동일은 이야기의 형성 시기 자체는 그다지 문제삼지 않고 내용의 의미를 파악하고자 했다.

정도령출현설의 등장

『정감록』은 오랜 기간 동안 금서(禁書)로 규정되어 있었기 때문에 은밀하게 여러 사람의 손을 거쳐 사본으로 전해져 왔다. 그리고 그 전파과정에서 전사자(轉寫者)의 의도에 따라서 본래의 내용이나 형식이 새로 구성되었을 가능성이 높다. 따라서 『정감록』의 작자를 정확히 알아내는 일은 아마 불가능한 일일 것이다. 그리고 『정감록』은 단일한 책자가 아니라 수많은 판본이 있다는 현실을 고려할 때 더욱 그러하다.

그러나 과연 언제쯤 "『정감록』이 편찬되었을까?"라는 물음에 답할 수 있는 실마리가 여러 곳에서 확인된다. 이러한 실마리를 살펴보면서 기존의 논의를 진전시켜 보도록 하자.

숙종(肅宗) 20년(1694) 폐비(廢妃) 민씨(閔氏) 복위운동을 반대하던 남인(南人)이 화를 입어 실권하고 소론(少論)과 노론(老論)이 재집권하게 된 갑술환국(甲戌換局) 때 이른바 해도기병설(海島起兵說)이 공식적으로 처음 언급되었다.

당시 환국을 기도한 소론 측의 주요 인물인 강만태(康晩泰)가 "임대(任岱)가 말하기를 '갑을(甲乙) 양년(兩年) 사이에 (정씨 성을 가진) 진인(眞人)이 마땅히 출륙(出陸)할 것이니, 장차 가서 맞이해야 하는데 너도 꼭 은자(銀子)를 내라.' 고 하므로, 제가 대답하기를 '가난하여 은자를 내놓을 수 없다.' 고 대답했습니다."라고 진술했다. 이는 해도기병설의 전형적인 내용이다.

경종(景宗) 1년(1721) 경종이 즉위하자, 이듬해에 노론(老論)은 왕위를 계승할 세제(世弟)를 책봉할 것을 주장하였다. 그리하여 연잉군〈延礽君, 훗날의 영조英祖〉〉을 세제로 정하였다. 또 몇 달 후에 노론은 연잉군

에게 왕권을 대행시키는 대리청정(代理聽政)을 하도록 정국을 주도하였
다. 그러나 대리청정은 소론(少論)의 극렬한 반대로 취소되고 말았다. 소
론은 그 해 12월에 노론의 횡포를 공격하여 일부 인사들을 숙청하고 정권
을 장악하였다.

이듬해 3월에 목호룡(睦虎龍)이란 인물이 노론 명문가 자제들의 역모
사건을 고발하여 살육을 동반한 신임사화(辛壬士禍)라는 대대적인 옥사
(獄事)가 일어났다. 이때 왕권을 위태롭게 했다는 죄목으로 김창집, 이이
명, 이건명, 조태채 등을 포함하여 무려 60여 명의 노론계 인사들이 처형되
거나 숙청되었다. 이로써 노론은 소론에 대해 극도의 원한을 품게 되었다.

이 신임사화는 노론이 너무 성급하게 영조(英祖)의 왕위계승권을 확
보하려는 과정에서 무리수를 범하여 일어난 사건이었다. 그리하여 소론
(少論)은 경종(景宗) 연간에 왕위계승을 둘러싼 노론(老論)과의 대립에서
일단 승리하였다.

그러나 경종 4년(1724) 8월 경종이 갑자기 서거하고, 노론이 지지한 영
조(英祖)가 왕위에 즉위하였다. 영조의 후원세력이었던 노론이 득세하자
신임사화(辛壬士禍)는 소론들이 꾸며낸 자작극이라고 번복되었다. 즉 노
론 자제들의 모의는 역모(逆謀)가 아니라 충정(忠情)에서 우러나온 것이
었다고 재규정된 것이었다.

따라서 소론들은 정권에서 실각하게 되었으며, 신임사화를 준엄하게
처리하자고 주장했던 소론의 급진파들은 보다 큰 위협을 느꼈다.

이에 박필현(朴弼顯), 이유익(李有翼), 심유현(沈維賢) 등 소론의 일부
과격파들은 당시 권력에서 소외되어 있던 소수의 남인(南人)과 소북(少
北) 인사들을 규합하여, 영조의 세제 책봉 자체의 부당성, 경종(景宗)의 사
인(死因)에 대한 의혹, 영조가 숙종(肅宗)의 아들이 아니며 경종의 죽음에
관계되었음 등등 여러 가지 소문을 유포하였다.

결국 이들은 영조와 노론 정권을 타도하기 위해 인조(仁祖)의 장자(長子) 소현세자(昭顯世子)의 증손(曾孫)인 밀풍군(密豊君) 탄(坦, ?~1729)을 새로운 왕으로 추대하고자 모의하고 반란을 일으켰다. 이들의 거병에는 유민(流民)의 증가, 도적의 치성(熾盛), 민중의 저항적 분위기의 고조 등 당시 어려웠던 사회상이 반영되었다.

반란주모자들이 반란에 동원했던 병력은 대부분 자신들의 집에서 부리고 있던 하인과 노비 소작농들이거나, 전라도 부안(扶安)과 경기도 양성(陽城) 등지의 산악에 소굴을 가지고 있던 명화적 무리인 녹림당(綠林黨) 패들이었다. 이 가운데 경기도 양성의 녹림당은 훗날 반군의 부원수로 추대되었던 정세윤(鄭世胤)이 지휘하고 있었다. 당시 녹림당의 무리들은 '정도령출현설'을 믿고 있었는데, 정세윤은 자신의 성이 정씨였으므로 은근히 자신을 정도령인 것처럼 암시하였다.

결국 이인좌(李麟佐)가 영조 4년(1728) 3월에 청주성을 함락하고 경종(景宗)의 원수를 갚는다고 선전하면서 서울로 북상하였으나, 3월 24일에 안성과 죽산에서 관군에 의해 격파당했다. 당시 청주성에 남아 있던 세력도 창의군에 의해 토벌되었다.

영남에서는 정희량(鄭希亮)이 거병하여 안음, 거창, 합천, 함양 등을 점령했지만, 경상도관찰사가 이끄는 관군에 의해 궤멸되었다. 호남에서는 박필현(朴弼顯) 등의 가담자들이 거병 전에 체포되어 처형당했다.

이 사건은 발생한 해의 간지(干支)를 따서 흔히 '무신란(戊申亂)'이라고 부른다. 이때 변산(邊山)에 웅거하던 노비도적도 난의 중심세력이었다. 정석종의 「조선 후기 이상향 추구 경향과 삼봉도」(1990)에 따르면, 이들 세력을 이끌던 정팔룡(鄭八龍)은 '정도령(鄭都令)'으로 불리던 유력자로서 이른바 '청룡대장(靑龍大將)' 열두 명 가운데 제1장으로 출병하였다고 한다.

비결서의 등장

적어도 영조 9년(1733) 8월에는 현재 우리가 『정감록』이라고 믿고 있는 책의 일부가 널리 유포되고 있었음을 알 수 있는 기록이 있다.

영조 9년(1733) 김원팔(金元八)과 김영건(金永建) 등이 전라도 남원 읍성(邑城)에 괘서(掛書)를 걸었다가 적발된 '남원사건'을 수사하는 과정에서, 「남사고비결(南師古秘訣)」, 「요람(要覽)」등의 비결서가 존재한다는 사실이 드러났다.

「남사고비결」은 부안군 변산에 있는 월명암(月明庵)의 승려 태진(太眞)이 소장하고 있었는데, 영조 5년(1729)에 우연히 남원 사건의 관련자인 김원팔의 식객(食客)이었던 최봉희(崔鳳禧)와 윤징상(尹徵商) 등이 이를 베꼈고 그 후 주변 인물들과 돌려보았다고 진술했다. 이들의 진술에 의하면 「남사고비결」은 편년체로 나라의 운세를 차례로 기록하는 형식이었다고 전한다.

『영조실록』 영조 9년(1733) 음력 8월 18일조에 보면 이 「남사고비결」에는 영조 4년(1728) 당시 정권에서 소외되어 있던 소론과 남인 출신 인사들이 충청도, 전라도, 경상도에서 일으켰던 대규모의 반역사건인 무신란(戊申亂)에 대해 "피가 흘러 내를 이루고, 길이 막히고, 민호(民戶)에 연기가 끊긴다."라고 기록되어 있었다고 한다.

그리고 「남사고비결」에는 "이런 말세를 당하여 백성이 보존될 수 있는 곳은 산림(山林)이다."라는 내용이 있어서 피난처사상이 엿보인다. 『추안급국안(推案及鞫案)』에 나오는 「남사고비결」의 원 소장자로 여겨지는 태진의 진술에 의하면, 책자가 아니라 이절지(二折紙) 크기의 두루마기였다고 한다.

조선왕조실록에 보이는 남사고 관련기록

이 남원사건을 논의하는 과정에서 영조(英祖)가 측근의 신하들에게 이 책의 저자로 알려진 남사고(南師古)가 어떤 사람인지를 물었다. 이에 대해 약방(藥房) 제조(提調) 윤순(尹淳, 1680~1741)과 도제조(都提調) 서명균(徐命均, 1680~1745)이 다음과 같이 답했다.

> 임금이 말하기를 "…… 남사고(南師古)라는 자는 어떤 사람인가?"라고 물으니, 윤순(尹淳)이 "명종 때의 사람인데, 천문과 지리에 능통함으로써 고금(古今)을 통하여 이름이 높았으므로 이인(異人)이라고 칭하였습니다."라고 대답하였다.
>
> 도제조 서명균은 "「남사고비기(南師古秘記)」가 세상에 전해지는데, 세상 사람들이 제멋대로 더 부연하고 맞추어 그릇되게 전하는 것이 많습니다."라고 답하였다.
>
> 上曰 …… 所謂南師古何許人也. 淳曰, 卽明宗朝人, 以天文地理之皆通, 名於古今稱以異人者也. 都提調徐命均曰, 南師古秘記, 有傳行於世者, 而世人增衍傳會訛傳者多矣.

> (윤)순이 말하기를 "대개 호남지방에서 신비한 중 의상과 도선이 나왔기 때문에 남쪽지방에 그의 방술서가 많이 전해지고 있으며, 혹은 풍수설로, 혹은 운수를 보는 책으로, 혹은 관상을 보는 책으로 …… 전해지고 있습니다. ……"라고 하였다.
>
> 임금이 말하기를 "먼저 왕조에 도선이 있었고, 우리나라에는 무학이 있어서 나라의 운수가 길고 짧은 설이 있었다. ……"라고 하였다.
>
> (서)명균이 "…… 그 비기에 고려는 500년 동안, 조선은 800년간 갈 것이

라는 말이 있습니다."라고 대답하였다.

> (尹)淳曰, 蓋湖南生神僧義相・道詵, 故南方多傳其方書, 或傳以風水, 或傳
> 以推命, 或傳以相術, …… 上曰, 勝國有道詵, 我國有無學, 而有國祚長短之說.
> …… (徐)命均曰, …… 而其秘記云, 高麗五百年, 朝鮮八百年之說矣.
>
> ―『영조실록(英祖實錄)』 9년(1733) 음력 8월 26일

위의 인용문을 살펴볼 때 최소한 윤순, 서명균 등은 남원사건이 일어나기 전부터 「남사고비기」라는 비결서가 민간에 유포되고 있다는 사실을 알고 있었지만, 그것이 명종대(明宗代)에 살았던 남사고가 직접 지은 저작으로는 생각하지 않았음을 알 수 있다.

「요람」은 남원사건의 중심인물이었던 김원팔(金元八)이 조작했다는 예언서다. 김원팔은 양반의 서얼인 이서방(李書房)이라는 사람에게 이른바 「요람」의 대부분을 쓰게 한 다음, 끝부분은 자기가 직접 기술했다고 진술했다. 이 문서는 영조 3년(1727) 무렵에 남원사건의 연루자인 최봉희가 소장하고 있었던 어떤 문서에 기인한 것이었다.

최봉희는 "(그 문서는) 김일경(金一鏡, 1662~1724)이 지은 것입니다. 그 글의 머리에 '황력만년(皇曆萬年)'이라는 말로 사연을 꾸몄는데, 이는 원래 저희 집에 있던 글입니다. 김원팔이 베낀 것은 바로 무신년에 괘방(掛榜)한 글이었습니다."라고 진술했다. 즉, 김원팔이 영조 4년(1728) 무신란 때의 괘서를 바탕으로 삼아 「요람」을 지었다는 이야기다.

최소한 영조 9년(1733) 무렵에는 당시의 왕조를 비판하는 세력들에 의해 이상적인 군주가 가까운 장래에 출현할 것이라는 예언이 널리 퍼져가고 있었음을 확인할 수 있다.

조선왕조실록에 보이는 『정감록』

조선왕조실록 영조 15년(1739)의 기록에 『정감록』이라는 용어가 최초로
언급되었는데, 그 내용은 다음과 같다.

> (영조가) 함경감사에게 하유(下諭)하여 이재형(李載亨) 부자(父子)를 찾
> 아보고 임금의 뜻을 알리게 하였다. 이재형은 경성(鏡城) 사람인데, 뜻을 두
> 터이 하고 학문에 힘쓰며 글이 바르고 맑아서 이름이 서울에까지 알려졌다.
> …… 이때 서북 변방의 사람들이 정감(鄭鑑)이 참위(讖緯)한 글〈정감참위지
> 서(鄭鑑讖緯之書)〉을 파다하게 서로 전하였다. 그래서 조정의 신하들이 (그
> 책을) 불살라 금하기를 청하고, 또 소문의 뿌리를 캐내고자 아뢰었다.
>
> 그러나 임금은 "그것이 어찌 진시황(秦始皇)이 서적의 소유를 금지한 것과
> 다르겠는가? 바른 기운이 충실하면 나쁜 기운은 저절로 사라질 것이다. 바른
> 기운을 북돋우려면 학문이 아니고서 어찌 하겠는가?"라고 말하였다. 이어서
> (임금은) 수백 마디 말로 훈시하였다. 그리고는 북백(北伯, 함경감사)을 시켜
> 이재형 부자를 찾아보고 (그들에게) 벼슬을 주어 부르는 뜻을 알리게 하였다.
>
> —『영조실록』, 영조 15년(1739) 음력 8월 6일

인용문에서 주목되는 사실은 영조 15년(1739) 무렵에 평안도와 함경
도 지방에 이른바 『정감록』〈정확히 말하면 정감(鄭鑑)이라는 인물이 만
든 참위서(讖緯書)〉이 유행하고 있어서 조정에까지 알려졌고 심각한 문
제로 제기되었다는 점이다.

그런데 이러한 사실은 이미 두 달 전인 음력 6월 15일 『비변사등록(備
邊司謄錄)』의 다음과 같은 기록에서도 확인된다.

(우의정 송인명이) 또 "『정감록(鄭鑑錄)』, 『역년(歷年)』 등의 일은 조사함에 있어서 철저를 기하고 엄하게 처리하여야 합니다. 그러자면 함경감사에게 명령하여 조사결과를 보고하게 하여야 합니다. 그런데 본사(本司)에서 서류를 살펴보니, 조유제(趙裕齊) 등이 아주 밀접하게 관련되어 있습니다. 이 사람들의 성명을 차례로 작성하여 비밀리에 (함경도로) 내려 보내서 수사에 도움을 주면 어떨까 합니다."라고 아뢰었다. 이에 임금은 그 말대로 하라고 하셨다(이러한 문답은 이틀 전인 음력 6월 13일에 있었다).

인용문에 나오는 조유제는 함경도에 유배되었던 하급 관리로 짐작된다. 어쨌든 당시 조정에서는 함경도 인근에 『정감록』과 『역년』이라는 비결서가 널리 유포되어 심각한 상황에 있다고 판단하여 비변사로 하여금 비밀리에 조사하고 있었다.

그런데 안춘근(安春根)이 편찬한 『정감록집성(鄭鑑錄集成)』(1981)에 『역년수』라는 12줄 260자의 짧막한 비결서가 전한다. 이 비결서는 육십갑자(六十甲子)로 표기된 해마다의 운수를 각각 16자 정도의 한문으로 풀이한 것이다. 현전하는 비슷한 이름의 비결서를 볼 때, 아마 『역년』 또는 『역년수』도 편년체로 된 비결서였을 것이라고 짐작된다.

이처럼 왕조의 운명을 적은 비결서의 상당수는 현실 정치에 불만을 가졌던 세력들에 의해 조작 또는 유포되었음이 틀림없다. 이와 관련하여 일찍이 이능화는 『조선기독교급외교사(朝鮮基督敎及外交史)』 하편(1928)에서 "『정감록』은 나라를 원망하는 뜻을 잃은 무리〈원국실지(怨國失志)〉의 손에서 나온 것을 알 수 있다. 그러므로 당쟁에서 실패한 사람들과 애써 관직을 구하던 선비들이 조선왕조를 전복시키고자 할 때면 반드시 『정감록』의 예언에 의지하게 되었던 것이다."라고 주장하였다.

한편 『광해군일기』 광해군 8년(1616) 음력 4월 16일의 기록에 근거하여 광해군 8년(1616)에 형조정랑(刑曹正郎)이었던 정감(鄭鑑)이라는 인물에 대한 언급이 있다는 사실을 들어, 『정감록』이 세상에 유행하던 때였다면 그 책의 저자로 이야기되는 정감(鄭鑑)과 똑같은 이름을 사용하면서 관리 노릇을 할 수는 없었을 것이므로, 적어도 광해군 시기에는 『정감록』이 출현하지 않았을 것으로 보는 백승종의 「18세기 전반 서북지방에서 출현한 『정감록』」(1999)이라는 연구도 있다.

『정감록』의 주인공은 왜 정씨일까?

15세기까지 한국 사회에 출현했던 예언서나 비결서의 제목들은 대체로 비기(秘記), 비사(秘詞), 유훈(遺訓) 등이었다. 기(記)와 사(詞)는 한문학의 한 분야이고, 훈(訓)은 예언서가 가진 도덕적인 성격을 강조하는 것이다. 이에 비해 『정감록』이라는 제목은 '사실을 기록한다.'는 뜻의 록(錄)으로 되어 있다.

또한 『신지비사(神誌秘詞)』, 『도선비기(道詵秘記)』, 『남사고비기(南師古秘記)』 등에 언급되어 있는 신지, 도선, 남사고 등은 비결서의 저자를 가리킨다. 물론 신화적이거나 역사적 인물인 그들이 직접 비결서를 지었을 가능성은 거의 없으며, 후대의 가탁에 의한 것으로 보인다. 그런데 『정감록』의 저자로 믿어지는 정감(鄭鑑)은 실존 인물도 아니며, 신화적 인물도 아니며, 단지 가공의 인물이다.

왜 하필이면 정씨라는 성을 가진 가공인물을 내세웠을까? 그 이유는 조선왕조의 개국부터 유달리 정씨 성을 가진 사람들이 반왕조적인 사건을 주동했다는 역사적 사실과 관련이 있는 것 같다.

조선왕조의 개창자인 이성계의 회유를 끝까지 거부하다가 이방원의 사주로 개성의 선죽교(善竹橋)에서 격살되었던 정몽주(鄭夢周, 1337~1392), 왕위계승권을 둘러싼 왕자들의 난에 연관되어 희생되었던 정도전(鄭道傳, 1337~1398), 선조(宣祖) 때 뛰어난 재능을 지녔지만 당쟁에 휘말려 반란을 일으켰다가 진안군 죽도(竹島)로 도망쳐 자살했던 정여립(鄭汝立, 1546~1589), 영조(英祖) 때 밀풍군(密豊君) 탄(坦)을 추대하여 왕통(王統)을 바로 세워야 한다고 반란을 일으켰다가 참수된 정희량(鄭希亮, ?~1728) 등이 조선왕조에 반대한 대표적 인물들이었다.

따라서 조선왕조의 멸망을 예언할 인물로는 정씨 성을 가진 사람이 가장 적합할 것이라는 인식이 널리 퍼져 있었을 것이다. 그리고 정감의 이름인 감(鑑)은 거울을 뜻하므로, '과거·현재·미래를 환하게 비추는 마술적인 거울'과 같이 '미래를 투시하는 능력을 지닌 인물'이라는 의미로 사용된 것으로 짐작된다.

해도(海島)에서 출현한다는 진인

영조 24년(1748) 충청도 청주(淸州)와 문의(文義)에서 적발된 괘서 사건의 관련자인 오명후(吳命厚)가 소장했던 어떤 점서(占書)의 말미에 부록으로 「도선비기(道詵秘記)」가 실려 있었음이 적발되었다. 백승종의

「18~19세기 『정감록』을 비롯한 각종 예언서의 내용과 그에 대한 당시대인들의 해석」(1999)이라는 글에 의하면, 고려 왕조의 성립·융성·멸망과 조선왕조에 의한 세력 교체가 주된 내용을 이루었던 기왕의 「도선비기」와는 달리 이 「도선비기」는 조선의 멸망이 중점적으로 거론되었다는 특징이 있다.

사건 관련자들의 진술에 따르면 이 「도선비기」에는 용두(龍頭)와 사미(蛇尾)에 관한 내용이 있었는데, 왕조의 변혁이 일어날 시기를 기사년〈己巳年, 영조 25년(1749), 사건 발생 이듬해〉으로 예언한 것이었다.

또 기사년에 일어날 변고에 대해 『영조실록』 영조 24년(1748) 음력 5월 23일조에는 "왜인(倭人) 같지만 왜인이 아닌 것이 남쪽에서 올라오는데, 산도 아니고 물도 아닌 궁궁(弓弓)이 이롭다."는 내용도 있었다.

이에 대해 이 사건의 주범인 이지서(李之曙)는 "실은 왜인이 아니고 거짓으로 왜인의 모양을 꾸며가지고 온다. 이들은 무신년(戊申年, 1728)의 여당(餘黨)들로서 해도(海島)에 가 있던 자들이다."라고 진술했다. 이 외에도 이지서는 "울릉도 건너편에 황진기(黃鎭紀) 등 무신년의 여당(餘黨)이 있다."는 소문을 퍼뜨렸다.

나아가 이지서는 "무진년(1748, 괘서를 붙인 해)의 일은 알 수 있고, 경오년(1750)에는 즐거움이 당당하다."라고 예언하고, '사(事)자' 는 난리가 반드시 일어난다는 뜻이고, '락(樂)자' 는 즐거운 일이 있다는 것이다."라고 「도선비기」의 구절을 풀이하기도 했다.

이들은 영조 25년(1749)에 반란을 일으키면서 장차 왕으로 모시게 될 사람이 바로 진인(眞人)이라고 주장했다. 이 진인에 대해 이지서는 자기의 동료들에게 "금산(金山) 봉계(鳳溪)에 사는 정가(鄭哥)가 아들을 낳았는데, 아침에 태어나서 저녁에는 말을 할 수 있었다. 키가 장대하여 삼척동자가 되었으므로, 기이하게 여기지 않는 사람이 없었다. 그래서 그의 부모가 밤에 그 아이를 데리고 도망쳤는데, 이것이 재작년(1746)의 일이다. 지금은 거처를 알 수 없지만, 앞으로 저절로 알 수 있는 방법이 있다.", "금산에 봉황이 있어 알을 낳았는데, 하루만에 그것이 저절로 터졌으니 실로 재변(災變)이다." 등의 말을 했다고 전한다.

이처럼 이 사건의 주모자들은 새 왕조의 건국자를 정씨라고 보았으며, 그를 후원할 세력이 바다 가운데 섬에 있다고 주장하였다.

또 이 「도선비기」에는 조선이 306년만인 숙종 24년(1698)에 망한다는 예언이 적혀 있었다고 한다. 그런데 이지서는 조선왕조의 역수(曆數)로 이를 다시 해석하여 조선왕조의 수명이 380년이라는 새로운 주장을 괘서에 실었다고 진술했다. 결국 이지서의 비결서 풀이에 의하면 영조 48년(1772)을 고비로 조선왕조의 수명이 다할 것이므로 새로운 왕조가 들어서는 것은 시간문제라는 것이었다.

영조 31년(1755) 2월 '나주(羅州) 괘서(掛書)사건' 때에도 해도기병설(海島起兵說)이 유포되었다. 당시 나주에 유배되어 있던 윤지(尹志), 윤광철(尹光哲) 부자(父子) 등은 거사를 준비하면서 괘서사건을 일으켰다. 이때 주동인물들 사이의 대화에서 윤지가 "비기(秘記) 가운데 명년(明年)에 안성(安城)과 죽산(竹山) 사이에 시체가 쌓여 산과 같이 되고, 성세(聖世)에 인천(仁川)과 부평(富平) 사이에 밤에 배 1천 척을 댄다."고 말했다. 이는 현전하는 『정감록』에 나오는 내용이다.

또 윤지는 지난 무신란 때에는 너무 쉽게 육지에서 출병하였기 때문에 실패했다고 비판하면서, 이제는 해도(海島)에 거점을 두고 거사해야 한다고 강조했다. 『영조실록』 영조 31년(1755) 음력 3월 계미일조에 보면, 윤지는 "먼저 탐라에 거점을 구축하여 연해에 출몰하면서 세선(稅船)을 잡아들이고, 진도(珍島)로부터 곧바로 강화에 도착하면 일이 이루어질 것이다."라고 주장하여 해상공격로를 설정하였다.

홍경래의 난과 진인출현설의 전개

『순조실록』 순조 12년(1812) 음력 4월 28일 경오일조를 보면, 순조 11년(1811) 음력 12월에 일어났던 홍경래(洪景來)의 난에서 진인출현설이 다시 고개를 들었다. 이 사건의 주동자들은 하늘이 가야산 아래에 진인(眞人)을 낼 것이라는 소문을 퍼뜨렸다.

그런데 당시에 이미 진인이 평안도에서 탄생하여 홍경래의 기병을 사실상 뒤에서 조종하고 있다는 소문도 있었다. 홍경래 난의 주요 인물인 김창시가 썼다고 전하는 격문에 다음과 같은 내용이 보인다.

> 다행히 세상을 건질 성인(聖人)이 청(천강 이)북 선천(宣川) 검산(劍山) 일월봉(日月峰) 아래 군왕포(君王浦) 위 가야동(伽倻洞) 홍의도(紅衣島)에서 태어나셨다. 태어나면서부터 신령함이 있었는데, 다섯 살 때 신승(神僧)을 따라 중국에 들어갔다. 장성하여서는 (압록)강변〈강계(江界)〉의 (옛) 사군 땅인 여연(閭延)에 머물렀다. 그곳에서 5년 만에 황명(皇明)의 세신유족(世臣遺族)을 거느리게 되었다. 이윽고 철기(鐵騎) 10만으로 조선〈동국(東國)〉을 깨끗이 할 뜻을 가지게 되었다.

순조 12년(1812) 4월에는 진인이 여연군(閭延郡)에서 몰래 철기(鐵騎)를 기르고 있다는 이야기가 널리 퍼져 있었다. 김창시가 지었다는 격문에 보이는 진인출현설(眞人出現說)은 당시 서북지방 일대에 광범위하게 유포되었을 것으로 짐작된다.

순조 12년(1812) 3월에 일어났던 이진채(李振采)의 역모사건에서도 사건 관련자들이 "우리나라에 여러 해 동안 전쟁이 있을 것이며, 장차 나라가 셋으로 쪼개진다."고 주장했다. 또한 이들은 "난리가 일어날 때에는 서울〈장안(長安)으로 표현했음〉이 화공(火攻)을 입는데, 인(천)과 부(천) 사이에 천 척의 배가 이르고, 남쪽 지방에 전쟁이 일어난다."고 말하면서 공포분위기를 조성했다.

이진채(李振采)는 서울과 시골에 출몰하면서 "2만 석의 군량미를 쌓아 두었다.", "진신(搢神)의 집에 화구(火具)를 몰래 묻어 두었다.", "심수(沁囚)를 업고 바다를 건너도 빠지지 않는다.", "묘일(卯日)에 거사하기로 기약했다." 등의 말을 전파시키면서 인심을 선동하였다.

홍경래는 순조 12년(1812) 4월 19일 관군에 의해 정주성이 함락할 때 전사하였으며, 정부는 그를 '군대를 일으켜 반역한 우두머리〈거병역두(擧兵逆魁)〉'로 인식했다. 그러나 민중들은 그를 저항과 변혁의 상징으로 인식하였기 때문에, 홍경래가 정주성 전투 때 죽지 않고 하늘을 날아서 성을 빠져나갔다는 소문이 퍼지기도 했다. 또한 이후에도 많은 사람들이 홍경래가 살아 있다고 주장하면서 민중봉기를 선동하는 데 이용했다.

순조 13년(1813) 7월에 일어났던 백태진(白泰鎭) 사건에도 해도진인설이 등장했다. 백태진은 평안도 삼등현에서 출생하여 평양에서 성장한 천민(賤民)으로 진주병사(晋州兵使) 이회식(李晦植)의 막비(幕裨)였다. 백태진은 방기(方技)에 능했으며, 성주에 살던 이술(異術)을 부릴 줄 안다는 백동원(白東源)을 진주로 불러 이회식으로 하여금 신사(神師)로 대접하게 했다.

백태진과 백동원은 이회식에게 "일찍이 해도(海島)를 왕래할 때 도적의 괴수들이 모여 있는 것을 보았다."고 말했다. 해도는 연도(蓮島)이며 도적들은 신병(神兵)이라고 주장했다. 또 백태진이 운문산(雲門山)에서 백동원을 만났을 때 "어떤 사람이 제주(濟州)를 공격하여 점령할 계획에 관하여 물었다."고 진술하였다. 그 외에도 백동원은 자신의 팔뚝에 있는 일곱 개의 사마귀를 가리키면서 "이것은 개국정승이 될 조짐이다."라고 말했다.

그들은 해도(海島)가 석도(石島)라고 말했으며, 백동원은 개국(開國)으로 연결될 큰 난리가 3월에 일어난다고 보았고, 진인(眞人)의 무리들이 우리나라 본토를 공략하기에 앞서서 제주도를 공격한다고 믿었다.

순조 17년(1817) 3월에는 장수(長水) 출신의 행상(行商) 채수영(蔡壽永)이 안유겸(安有謙) 등과 함께 "황해도에서 배가 내려온다.", "홍경래가 살아 있다." 등의 말을 퍼뜨렸다. 이들은 전라감영→충청감영→서울로의 공격로를 정하고, 입성한 후에는 "여러 신하들을 죽이고 강화(江華) 죄인을 모셔와 큰일을 일으키려 한다.", "만일 거사가 실패하면 고군산열도(古群山列島)를 통해 제주도로 들어가, 대마도(對馬島)에 청병(請兵)하겠다." 등의 말을 퍼뜨리면서 민심을 선동했다. 이 사건은 당시 충청도 지방에서 활동하던 명화적(明火賊)이었던 장응팔(張應八)과 권훈(權塤) 등과도 연결되었다.

해도기병설(海島起兵說)

순조 19년(1819) 6월에는 관노(官奴) 출신인 김재묵(金在默)이 "전화(錢貨)를 마련하여 해도(海島)에서 군병(軍兵)을 일으킬 계획을 짜놓았으며, 김노신(金魯信)을 도원수(都元帥)로 삼고 장수가 80명이며 병사가 10만 명이 있다."는 내용의 문건을 화성(華城) 성문에 괘서(掛書)한 사건이 일어났다. 김재묵이 김노신이라는 가공인물을 해도기병설의 주체인 진인(眞人)으로 내세워 민심을 선동시킨 사건이었다.

순조 26년(1826)에도 김치규(金致奎)와 이창곤(李昌坤) 등이 해도기병설을 유포하였다. 이들은 "황해가 다시 맑아지고 동해에 아지랑이가 피어오르면 성인(聖人)이 나올 것이다."라는 말을 퍼뜨렸다. 또 이들은 "태백산 아래의 정희조(鄭喜祚)는 지혜와 용기를 겸비하여 장수가 되었다."는 소문을 내서 민심을 선동했는데, 이 소문은 정희조가 철관대장(鐵冠大將)과 태백신장(太白神將)을 겸하고 있다는 주장으로 확대되었다.

이 밖에도 김치규 등은 "홍경래와 이희저(李禧著)가 서쪽에서 제주도로 들어갔다.", "홍경래와 우군칙(禹君則)이 제주에 모여 있다." 등의 말도 유포시켰다. 이것은 이른바 '홍경래불사설' 과 '제주난리설' 로 요약되는 '남방기병설' 을 괘서 등의 형태로 퍼뜨린 사건으로, 당시 충청도 일대에 적지 않은 파문을 일으켰다.

이처럼 홍경래의 난이 진압된 지 10여 년이 지나도 그가 살아 있다고 믿었던 사람들이 있었을 정도였다. 『순조실록』 순조 26년(1826) 10월 27일 을해일조를 보면, 충청도 청주에서 검거된 정상채(鄭尙采), 박형서(朴亨瑞), 이규여(李奎汝), 신수량(申秀亮) 등은 홍경래와 관련된 해도진인설(海島眞人說)을 주장했다.

정상채는 의술과 풍수 등을 생업으로 삼았으며 『환묘문(幻妙門)』과 같은 비기(秘記)를 이용하여 호풍환우(呼風喚雨)하는 신이한 술책을 지닌 인물로 알려졌는데, "홍경래는 죽지 않았다.", "병화(兵禍)가 해도(海島)에서 일어날 것인데, 진인(眞人)은 홍하도(紅霞島)에 있으며, 이름은 정재룡(鄭在龍)이다.", "도당(徒黨)을 모아서 명첩(名帖)을 도중(島中)에 써서 보냈다.", "군복(軍服)을 마련하기 위하여 면포를 사왔다.", "혜성(彗星)이 자주 나타나고 있으며, 천구(天狗)가 은하(銀河)를 범했다." 등의 내용을 진술했다. 또 정상채는 홍하도는 "수로가 4천 리이며, 돌이 많고 길이 매우 험해 사람이 통과할 수 없으므로, 우리들이 아니면 출입자가 없다."고 진술했다.

이 밖에도 이들은 '남적출현설(南賊出現說)'과 '복주파천설(福州播遷說)'을 내세우기도 했다. "서적(西賊)이 나온 이후에 마땅히 남적(南賊)이 나오고, 진인이 해도에서 나온다."라고 주장했는데, 여기서 서적은 홍경래를 가리킨다.

또 박형서가 정상채의 말을 인용한 진술에서 "지금 마땅히 신도국(新都國)을 건설해야 하기 때문에, 해도(海島)에서 정씨가 반드시 나올 것이다."라고 말했다. 이들은 홍하도에서 군사를 기르고 있는 정재룡이 먼저 대마도를 정벌하고, 다음에 조선을 정벌하여 복주로 파천한다고 주장했다.

박형서는 검거되어 있던 상태에도 청주관장에게 투서했는데, '홍경래 불사설', '소선풍(小旋風)', '대야야(大爺爺)', '외원병(外援兵)' 등의 와언(訛言)이 들어 있었다. 그리고 정상채는 진인(眞人)을 보좌할 인물로 『정감록』에 등장하는 '배가장(裵哥將)'과 '변가상(卞哥相)'을 설정하기도 했다.

이 사건에서 명첩과 군복과 관련되어 책임을 맡았던 박형서에 대한 정부 측의 최종 처분인 결안(結案)에는 다음과 같이 기록되어 있다.

(박형서는) 아주 간특하고 지극히 요사한 정상채와 체결하여, 요서(妖書)를 전해 익혀 남의 재물을 속여서 취했으며, 흉언(兇言)을 지어내어 인심을 선동시켰다. 감히 해도(海島)의 진인(眞人)이라거나, 장차 병화(兵禍)가 일어날 것이라는 말을 지어내어 유혹하고 안팎으로 화응(和應)하였다. 종이를 주면서 명첩(名帖)을 쓰도록 권하여 도중(島中)에 보낸다고 하였다. 돈을 거두어 백목(白木)을 사라고 요구하면서 군복을 만든다고 했으니, 이는 용서받을

수 없는 단안(斷案)이었다.

―『순조실록』 순조 26년(1826) 10월 27일 을해일

순조 26년(1826)에 일어난 정상채 사건의 또 다른 관련자인 오한경(吳漢京)은 "진인이 백로(白鷺)를 변화시켜 호랑이를 만든다."고 진술하기도 했다. 이 외에도 정상채, 박형서, 오한경 등은 "세월이 백룡(白龍)을 만나면 사람은 어디로 가며, 해가 뱀 꼬리를 만나면 반드시 흉악한 무리가 잔멸될 것이다.〈세우백룡인하거(歲遇白龍人何去), 년봉사미필흉잔(年逢蛇尾必凶殘)〉"이라는 시를 서로 전하면서, 조선왕조의 멸망이 박두하였다는 이야기를 은밀히 퍼뜨렸다.

진인출현설은 18세기 이후에 발생한 많은 변란(變亂)에서 그 사건을 반체제성향으로 추동해가는 하나의 사상체계 역할을 수행하였다. 진인출현설이 이처럼 각종 변란에 이용될 수 있었던 것은, 그 자체에 '현실부정과 새로운 세계의 구현'이라는 혁명적 논리가 담겨져 있기 때문이다.

이러한 논리는 "진인(眞人)이 해도(海島)에서 군사를 이끌고 나와 현재의 왕조를 무너뜨리고 새로운 왕조인 이상사회를 건설한다."는 이른바 '해도기병설(海島起兵說)'에 응축되어 있으며, 이는 변란의 강력한 이념으로 기능하였다. 이와 관련하여 진인(眞人)의 실체가 해도(海島)에 숨어 있던 저항집단과 그 집단의 우두머리를 상징적으로 그려낸 것으로 본 고성훈의 「조선 후기 '해도기병설' 관련 변란의 추이와 성격」(1997)이라는 연구성과가 있다.

동학과 남조선신앙

김상기(金庠基)의 『동학(東學)과 동학난(東學亂)』(1975)을 보면, 동학군은 옛날부터 전해오던 궁을(弓乙)과 진인(眞人)사상을 동학군의 전쟁 의욕을 북돋우기 위해 사용했다. 따라서 전봉준은 동학군들 사이에서 진인(眞人)으로 믿어지기도 했다.

최수정은 수운(水雲)이 「필법(筆法)」에서 "상오국지목국(象吾國之木局)하니 수불실어삼절(數不失於三絶)"이라고 말한 것이 교운(敎運)이나 국운(國運)을 삼절관(三絶觀)으로 보았던 명백한 증거라고 주장하면서, 이러한 사상은 이씨 왕조의 국운이 세 번 끊긴다는 『정감록』의 영향이라고 평한다.

『정감록』의 기본적인 이야기 구조는 남(南), 남해(南海), 남도(南島), 남해도(南海島)에서 진인(眞人)이 출현하리라는 것이다. 그렇지만 남조선(南朝鮮)이라는 용어는 나오지 않는다. 비결서로는 『정감록』보다 훨씬 후대에 기록된 것으로 보이는 『격암유록(格庵遺錄)』의 「가사총론(歌辭總論)」에 비로소 "남문복기남조선(南門復起南朝鮮)"이라는 용어가 나온다. 다만 『정감록』에 피난처로 언급되고 있는 십승지(十勝地)가 주로 남쪽 조선에 있다는 점과 관련지어 남조선이라는 의미가 상정될 가능성은 충분하다.

어쨌든 이러한 여러 비결서의 글귀에서 유추된 다양한 믿음들이 복합적으로 작용하여 기록상으로 남조선신앙의 실체가 확인되는 사건은 동학도(東學徒)와 밀접하게 관련된다. 동학혁명이 일어나기 직전인 1893년경에 무장(茂長), 영광(靈光), 정읍(井邑) 등지에 거주하는 몇몇 동학도들이 계룡산에 개국할 천명(天命)을 받았다고 주장했다. 이 사건에 대해서는

김탁의 「한국종교사에서의 증산교와 민
간신앙의 만남」(2000)이라는 연구가 있
다. 이들은 정부 관료조직을 본떠 독자적
인 관직을 임명했고, 무기와 화약을 구해
무장봉기를 준비하는 일을 꾸미기도 했
다. 이러한 내용을 알려주는 문서에 그들
이 "명산대천에 가서 남조선(南朝鮮) 정
씨(鄭氏)를 위해 하늘에 제사를 지냈다."
는 기록이 보인다.

김개남

또한 동학군을 이끈 주요인물 가운데
한 사람인 김개남(金開南)의 원래 이름은 김기범이었는데, 꿈에 신인(神
人)이 나타나 그의 손에 '개남(開南)'이라는 두 글자를 써 주었기 때문에
그렇게 개명했다고 한다. 개남(開南)은 "남조선을 개벽(開闢)한다."는 뜻
이다.

고종 31년(1894) 9월의 동학군 2차 봉기 때 김개남은 비결서의 "남원
에 49일간 머물러야 된다."는 이야기를 믿고, 주력부대인 전봉준군과 합
류하지 않고 부대를 움직이지 않았을 정도로 비결신앙에 심취했던 인물
이었다. 아마도 그는 "남(南)에서 진인(眞人)이 출현한다."는 비결을 자신
에게 맞추어 해석했던 것 같다. 당시에는 이러한 이야기가 상당한 설득력
을 가지고 널리 알려지고 믿어졌다고 보인다.

이 밖에도 동학혁명운동관계 기밀문서 제90호에 보이는 고종 31년
(1894) 5월 초의 공초기록에 "동도대장군(東道大將軍) 이씨(李氏)가 남조
선에서 나왔다."고 주장하는 내용이 보인다. 여기서 동도대장군은 동장사
(童壯士) 이복용(李福用)인데, 그는 천문지리에 통달한 조화를 부리는 인
물로 알려졌다.

그리고 『동학난기록』하권 중범공초(重犯供草)를 보면, 고종 32년 (1895) 음력 정월 해주부(海州府)를 공략하려던 동학여당은 "해도중(海島 中) 실정(實鄭)"이 즉위할 것이라고 믿었다고 한다.

근대의 남조선신앙

대한제국 2년(1898)에 발생한 제주도 농민항쟁 때에도 해도기병설이 이 용되었다. 김윤식(金允植, 1835~1922)의 『속음청사(續陰晴史)』를 보면, 화전민들로 이루어진 남학당(南學黨)을 이끌며 항쟁을 주도한 방칠성(房 星七)은 "제주는 방성(房星) 분야이며, 나의 성(姓)이 방(房)이므로 서로 부합된다. 그리고 비기(秘記)에 '방씨(房氏)와 두씨(杜氏) 장군'이라는 표현이 있는데, 이 또한 나의 성씨와 부합되니, 이것이 하늘의 뜻이 아닌 가? 지금 국운이 이미 쇠퇴하여 진인(眞人)이 마땅히 해도(海島)에서 나 올 것이니, 이 기회를 잃을 수 없다."고 주장하면서 민심을 선동하여 봉기 의 정당성을 확보하고자 노력했다.

또 이영호의 「갑오농민전쟁 이후 동학농민의 동향과 민족운동」(1990) 에는 대한제국 4년(1900) 4월 무렵 소백산맥 동쪽지역에서도 반외세 운동 조직을 정비하고 전략수립 과정에서 체포된 인물들이 있었다고 한다. 당 시 이들이 가지고 있던 대장기의 가장 윗부분에 남조선(南朝鮮)이라고 적 혀 있었다.

이 외에도 작자와 간행년대가 미상인 『계압만록(鷄鴨漫錄)』에 "남조선(南朝鮮)은 남해의 가운데 제주도 밖에 있는 지역으로, 매우 크고 토지가 기름져 살만한 곳인데, 언제 점유되었는지는 알지 못한다. 연일(延日) 정씨(鄭氏)의 후예들이 들어가 살면서 무리를 불러 모아, 대사(大事)를 경영하고 있다. 이는 곧 후일 계룡산으로 도읍을 옮길 조짐이라고 한다. 이 일이 있은지는 백 년이 되었다."라고 적혀 있다.

여기에는 남조선 사람들이 모두 영민하고 준수하며, 모든 기계가 갖추어졌을 뿐만 아니라, 이 섬 스스로가 국도를 이루고 있다고 설명된다. 즉 하나의 이상사회로서 '남조선왕국'이 그려지고 있다.

남사고의 생애와 예언

격암(格庵) 남사고(南師古)는 역학(易學), 참위(讖緯), 감여(堪輿), 천문(天文), 관상(觀相), 복서(卜筮) 등에 두루 통달한 인물이었다고 전한다. 그런데 남사고가 선조(宣祖) 때 천문교수(天文敎授)를 지냈다고 전하는 이야기 이외에는 뚜렷한 경력이 없다. 그러나 조선시대 잡과방목에 그의 이름이 확인되지 않는 것으로 보아 그의 관직 임용은 사실이 아닐 가능성이 높다.

필자는 한국정신문화연구원에 소장된 『격암선생일고(格庵先生逸稿)』라는 책을 통해 남사고(南師古)의 생몰년대를 밝힐 수 있었다. 이 가운데 만휴(萬休) 임유후(任有後)가 쓴 「격암선생유전(格庵先生遺傳)」에 의하면, 남사고의 자(字)는 경원(景元) 혹은 복초(復初)이고 정덕(正德) 4년 기사(己巳, 1509)생이며 융경(隆慶) 5년 신미(辛未, 1571)년에 세상을 떠났다고 한다.

격암은 일찍이 이인(異人)을 만나 공부하다가 진결(眞訣)을 얻어 신비한 능력을 소유했으며, 특히 풍수에 밝았고 앞일을 예언하기도 했다고 알려졌다. 『정감록』에 그의 이름으로 된 도참서(圖讖書)인 「남격암비결(南格庵秘訣)」, 「남격암십승지론(南格庵十勝地論)」 등이 전하지만, 풍수와 관련된 내용이며 정씨 왕조 출현설과는 전혀 관련이 없다.

정사(正史)에 전하는 격암 남사고 관련기록으로는 『선조실록(宣祖實錄)』 선조 26년(1593) 정월 정묘일(丁卯日)에 임금이 중국인 원주사(袁主事)가 기운을 보고 앞일을 점쳤다는 보고를 듣고 이를 이상하게 생각하자, 이산보(李山甫, 1539~1594)가 "우리나라의 남사고(南師古)도 기운을 바라보곤 했습니다. 我國南師古 亦望氣)."라고 대답했다는 기록이 있다.

한편 이른바 「남사고비기(南師古秘記)」의 유포 사실에 대해 『영조실록(英祖實錄)』에 다음과 같은 기록이 있다.

임금이 말하기를 …… 남사고(南師古)라고 하는 사람은 어떤 사람인가?"라고 물으니 윤순(尹淳)이 "명종 때의 사람인데, 천문과 지리에 능통함으로써 고금(古今)을 통하여 이름이 높았으므로 이인(異人)이라고 칭하였습니다."라고 대답하였다. 도제조 서명균은 「남사고비기(南師古秘記)」가 세상에 전해지는데, 세상 사람들이 제멋대로 더 부연하고 맞추어 그릇되게 전하는 것이 많습니다."라고 답하였다.

上曰 …… 所謂南師古何許人也. 淳曰, 卽明宗朝人, 以天文地理之皆通, 名於古今稱以異人者也. 都提 徐命均曰, 南師古秘記, 有傳行於世者, 而世人增衍傳會訛傳者多矣.

— 『영조실록(英祖實錄)』 영조 9년(1733) 9월 갑술일(甲戌日)

그런데 남사고가 예언가로 유명해진 것은 17세기 전반기부터였다. 상촌(象村) 신흠(申欽, 1566~1628)이 『상촌잡록(象村雜錄)』에서 "남사고는 풍수, 천문, 복서(卜筮), 상법(相法)에 능했고, 비결을 얻어 말하는 것이 반드시 적중했다. 판서 권극례(權克禮)와 깊이 사귀었다. 남사고가 '오래지 않아 조정에 당패가 생겨날 것이며, 왜구의 변란이 있을 것인데, 만약 용의 해에 일어나면 구할 수 있지만 뱀의 해에 일어나면 구할 수 없으리라.' 고 말했다. 그 밖에도 사람들에게 '사직동에 왕기(王氣)가 있으니 그곳에서 태평주(太平主)가 나오리라.' 고 말했다. …… 조정에서는 을해년(1575)부터 관리들의 사이가 벌어지기 시작하여 지금까지 50여 년이 지났으나 그치지 않고 있다. 왜구가 용의 해에 쳐들어 왔고, 선조(宣祖)께서 사직동 저택에서 살다가 궁에 들어와 왕이 되셨다. …… 우리나라에도 이와 같은 사람이 있으니 기이하다."라고 기록했다.

『격암유록』의 해인신앙

국립도서관에 도서번호 고(古)1496 – 4로 소장되어 있는 『격암유록(格庵遺錄)』은 1944년의 필사본으로, 충남 서산에 있는 도원정사(桃源精舍)에서 필사한 것으로 기록되어 있다. 이 책의 마지막 장에는 "갑신(甲申, 1944년, 필자 주) 4월 병신(丙申) 서산군(瑞山郡) 지곡면(地谷面) 도성리(桃星里) 전성후인(全城后人) 이도은(李桃隱) 복사(複寫)"라고 적혀 있다. 그런데 이 책이 국립도서관에 등록된 일자는 1977년 6월 7일이다.

「격암유록」

이 책은 천기(天機)에 관한 책이라 하여 간행되지 않고 비밀리에 보관되다가, 1945년 광복(光復) 이후 남사고가 예언한 말세(末世)가 이르렀다고 생각한 자손들에 의해 비로소 세상에 공개되었다고 전한다.

내용은 「예언서(豫言書)」, 「세론시(世論視)」, 「계룡론(鷄龍論)」 등의 논(論)이 18편, 「궁을가(弓乙歌)」, 「은비가(隱秘歌)」 등의 가사가 30편이 있고, 이어서 「출장론(出將論)」, 「승지론(勝地論)」 등의 논이 10편, 「말초가(末初歌)」, 「말중가(末中歌)」 등의 가사가 3편이 수록되어 있으며, 논과 가사가 순서 없이 섞여 있다.

가사는 국한문이 혼용되어 있는 것이 특징이며, 「말운론」에서 6·25사변으로 인민이 죄없이 살생됨을 지적하였고, 「은비가」에서는 양백(兩白), 삼풍(三豊), 소두무족(小頭無足), 궁을(弓乙), 십승(十勝) 등의 이해할 수 없는 용어에 대해 해석하였다. 그리고 「격암가사」에서는 미래에 남북이 통합된다는 설과 해인(海印)의 조화로 인하여 우리나라가 동양에서 제일가는 강대국이 될 것이라고 역설하였다. 미래의 시기나 중요한 사건에 대

해 은어(隱語)나 파자(破字), 속어(俗
語), 변칙어 등을 사용하여 보는 사
람들이 내용을 분명하게 파악할 수
없도록 기록했다.

『격암유록』에 나오는 해인과 관
련된 기록은 다음과 같다.

『격암유록』 마지막 장

「남사고비결(南師古秘訣)」

바다를 건너고 산을 옮길 수 있는
해인의 이치 …… 자하선(紫霞仙) 가
운데 금으로 된 계룡이라. …… 해인,
해인, 무슨 해인인가? 화(火), 우(雨), 로(露)임을 보고서도 모르리라. 화자(化
字), 화자(化字), 무슨 화인(化印)인가? 무궁한 조화가 바로 해인일세. ……
해인을 사용하고 부리는 이가 진인일세.

渡海移山海印理 …… 紫霞仙中金鷄龍 …… 海印海印何海印, 見不知而火
雨露, 化字化字何化印, 無窮造化是海印. …… 海印用使是眞人

「말운론(末運論)」

천지해인을 그 누가 어찌 말하는가? 불도대사보혜인(佛道大師保惠印)이
라네. 천지인이 셋이니 (해인 역시) 화인(火印), 우인(雨印), 로인(露印) 셋이
라네. 삼풍삼인(三豊三印)이니 하늘 백성이 땅을 다스림이네.

天地海印誰何說? 佛道大師保惠印, 天地人三, 火印, 雨印, 露印, 三豊三印
天民撑地.

「도하지(道下止)」

팔만염불장경중에 미륵세존이 해인을 가지고 출현하신다네.

八萬念佛藏經中, 彌勒世尊海印出.

『격암유록』「도하지」

일명 해인이라 하니, 착한 이에게는 삶을 얻는 물건이요, 악한 이에게는 죽음과 형벌을 내리는 물건이라네.

一名曰, 海印, 善者, 生獲之物, 惡者, 死獄之物.

산도 아니요 들도 아닌 양백(兩白) 사이가 바로 궁을(弓乙)이요. 삼풍(三豊) 사이가 바로 해인이라네. 이들을 쓰시는 이는 하늘 권한을 지닌 정씨라네. 그러므로 궁을합덕진인이라 하네.

非山非野兩白之間, 卽弓乙. 三豊之間, 海印. 用事者, 天權鄭氏也. 故曰弓乙合德眞人也.

해인용궁에 일월이 한가롭고 자하도가 바로 이 땅이라네.

海印龍宮閒日月
紫霞島中亦此地.

「농궁가(弄弓歌)」

진인이 용사(用事)하시는 해인법을

眞人用事海印法

「가사요(歌詞謠)」

보혜사 성인이 해인을 가지고 오시니, 상제의 도덕이 선인(仙人)에게 내렸도다.

保惠師聖海印出, 上帝道德降仙人.

「길지가(吉地歌)」

구원방주(救援枋舟) 놉히떳네 …… 해인조화(海印造化) 낫타난다.

「십승가(十勝歌)」

팔만대장경 안의 보혜대사(普惠大師)는 미륵불의 십승이요, 의상조사의 삼매해인과 정도령의 십승이요. 해외도덕(海外道德)인 보혜대사(保惠大師)는 상제가 재림하시는 십승이니, 유불선 및 그와는 다른 이치, 결국은 다시 합쳐진 십승이라.

八萬經內普惠大師, 彌勒佛之十勝이요, 義相祖師三昧海印, 鄭道令之十勝이요, 海外道德保惠之師, 上帝再臨十勝이니, 儒佛仙異言之說, 末復合理十勝이라.

「해인가(海印歌)」

진시황과 한무제가 구하던 불로초와 불사약이 어디 있나, 일곱 빛깔 무지개 영롱한 운무 가운데, 단 이슬과 비 같은 해인이라. 불, 비, 이슬의 삼풍해인이니, 극락세계에 들어가는 표를 발행하니, 조화, 조화, 조화인에, 못하는 바가 없는 해인이라.

秦皇漢武求下不老草不死藥 어데잇소, 虹霓七色雲霧中에 甘露如雨海印이라. …… 火雨露三豊海印이니 極樂入卷發行하니 化字化字化字印에 無所不能海印이라.

「궁을위가(弓乙圍歌)」

사람들이 힘을 합쳐 일심으로 합한다면, 각각의 사람들이 해인만 같지 못하랴? …… 72가지 재주가 있는 해인과 금척의 무궁한 조화, 하늘이 만세를 부르도다.

人人合力一心合이면 原子不如海印이라. …… 七十二才海印金尺無窮造化天呼萬歲.

「가사총론(歌詞總論)」

오운육기가 허사가 되니 이름없는 악질병을 면할까 보냐? 마땅히 오랫동안 송주(誦呪)를 행하여야 온갖 괴이함을 모두 소멸시키는 해인일세. …… 무도(無道)하여 큰 병에 걸린 자들 불사해인(不死海印) 나왔다네. …… 해인의 조화를 깨닫지 못하고서야 어찌 계룡 백석(白石)이 될 것인가? …… 천하이기(天下理氣)의 변운법이 해인조화 되었다네.

五運六氣 虛事되니 無名惡疾 免할소냐 當服奄麻常誦呪로 萬怪皆消海印일세. …… 無道大病 걸린 者들 不死海印나왓다네. …… 海印造化不覺하고 鷄龍白石되단말가? …… 天下理氣變運法이 海印造化 되엇다네.

「격암유록」「성산심로」

「출장론(出將論)」

뇌진전섬(雷震電閃) 해인조화(海印造化) 천지혼돈(天地混沌) 무서워라. …… 인해룡궁한일월(印海龍宮閑日月)이요, 무릉도원(武陵桃源) 자하도(紫霞島)를 …….

「십승론(十勝論)」

구궁팔괘(九宮八卦) 십승대왕(十勝大王) 영신인사(靈神人士) 진인(眞人)으로 궁자해인(弓字海印) 항마지도(降魔之道) 궁을지간십승지(弓乙之間十勝地)를 …….

「삼풍론(三豊論)」

선천하도(先天河圖) 후천낙서(後天洛書) 중천해인(中天海印) 이기삼풍(理氣三豊) …… 삼풍해인(三豊海印) 역일리(亦一理)니 해인조화(海印造化) 무위화(無爲化)라.

「송가전(松家田)」

후천낙서(後天洛書) 우이거(又已去)로 중천인부(中天印符) 갱래(更來)하니 …… 해인삼풍(海印三豊) 아미타불(亞米打佛) 불도창성(佛道昌盛) 이 아닌가? 신운신운(新運紳運) 갱신운(更新運)에 선후과거(先後過去) 중천래(中天來)라. 용병회춘(勇病回春) 해인대사(海印大師) 병입골수(病入骨髓) 무도자(無道者)를 불사영생(不死永生)시키려고 하락리기(河洛理奇) 해인묘법(海印妙法) 만세선정(萬

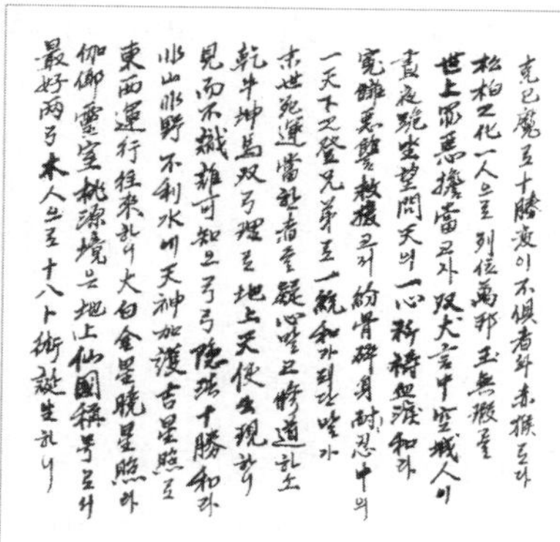

「격암유록」「도부신인」

藏先定) 은장(隱藏)터니, 동서각국(東西各國) 제외(除外)하고 예의동방(禮義東方) 근화국(槿花國)에 자하도(紫霞島)로 건너와서 남지조선(南之朝鮮) 선정(先定)하야 …… 해인삼풍불각(海印三豊不覺)하고 …… 일심수도진정자(一心修道眞正者)는 해인선약(海印仙藥) 바더 살고, 무소불능(無所不能) 해인화(海印化)로 이출도해(利出渡海) 변천지(變天地)를 선후중천(先後中天) 해인선법(海印仙法) …… 진사성군정도령(辰巳聖君正道令)이 …… 남해도(南海島)로 건너와서 …… 자하도(紫霞島)에 정좌(定座)하사 …….

「도부신인(桃符神人)」

석백해인(石白海印) 천권(天權)으로 천하소탕(天下消蕩) 항마세(降魔世)를, 세인조소(世人嘲笑) 기롱(譏弄)이나 최후승리(最後勝利) 궁궁(弓弓)일세. …… 도산이해(倒山移海) 해인용사(海印用事) 임의용지(任意用之) 왕래(往來)하며 …… 사자회춘(死者回春) 갱생(更生)하니 불가사의(不可思議) 해인(海印)일세.

「말중운(末中運)」

…… 진인용법(眞人用法) 해인조화(海印造化) 임의(任意)라네 ……

『격암유록』의 저작시기 추정

이제 현재 전하는 『격암유록』이 과연 언제쯤 작성된 문건인지를 추정해 보기로 하자.

첫째, 『격암유록』에는 『정감록』에 등장하는 정씨(鄭氏) 진인(眞人)을 부정하고 보다 광범위한 성씨로 진인을 규정하고 있다. 따라서 적어도 『격암유록』은 『정감록』보다 후대에 작성되었을 가능성이 매우 높다. 「농궁가(弄弓歌)」에 정도사(正道士), 정도령(正道令) 등의 표현이 나오며, 「송가전(松家田)」에도 정도령(正道令)이 남해도(南海島)에서 건너와서 하늘의 큰 명을 받아 자하도(紫霞島)에 정좌(定座)하여 진심으로 수도한다는 내용이 있다.

그리고 「승운론(勝運論)」에는 "구세진주(救世眞主) 정씨출현(鄭氏出現) 부지(不知)런가?", "해도진인(海島眞人) 정도인(鄭道仁)과 자하진주(紫霞眞主) 정홍도(鄭紅桃)는 금목합운(金木合運) 동서(東西)로써 지상선국(地上仙國) 창건(創建)이라", "천생유성(天生有姓) 인간무명(人間無名) 정씨(鄭氏)로만 볼 수 있나?"는 내용이 있어서 이른바 정씨진인설을 부정하기도 한다. 나아가 「성운론(聖運論)」에서 "…… 감로여우(甘露如雨) 보혜대사(寶惠大師) 정도령(正道靈)이 비출(飛出)하야 ………"라는 내용이 있고, 「말중운(末中運)」에는 정도령(正道靈)이라는 표현이 사용되었다.

즉 『정감록』에서 강조하듯이 정씨(鄭氏)만이 진인이 될 수 있는 것이 아니라, 어떤 성씨를 가지고 있더라도 진인이라면 상관없다는 주장이다. 『격암유록』에 따르면 바른 〈정(正)〉도를 행하는 사람이면 누구나 진인이 될 가능성이 열려 있는 것이다.

둘째, 『격암유록』에는 철학(哲學), 과학(科學), 서학(西學) 등 근대 이

후에 사용된 한자조합어가 상당히 많이 보인다. 철학은 영어 philosophy, 독어와 불어 philosophie, 라틴어 philosophia의 한역어(漢譯語)로 우주의 근본적 원리를 연구하는 학(學)이다. 원래 뜻은 지(知, 희랍어 sophid)와 사랑한다는 희랍어 philos의 합성어이다. 그리고 과학은 천지간의 현상을 개괄하고 부분적으로 계통을 세워 논증하는 학으로, 연구분야에 따라 자연과학과 정신과학으로 나뉘고, 연구방법에 따라 설명과학과 규범과학으로 나뉜다.

『격암유록』 첫 장

　이처럼 『대한화사전(大漢和辭典)』의 철학과 과학의 설명 부분에는 그 용례가 없이 다만 개념적 설명만 적혀 있다. 즉, 철학과 과학이라는 용어는 애초에 한자문화권에서는 근대 이전에는 찾아볼 수 없던 용어였다. 그렇다면 과연 언제부터 이러한 용어가 사용되었을까?

　과학과 철학이라는 용어가 사용된 시기는 우리나라에 있어서 상당히 후대의 일로, 19세기 후반에야 만들어진 신조어(新造語)이다. 이와 관련하여 과학과 철학은 일본어계 한자어라는 연구성과가 있다. 박영섭은 『개화기 국어어휘자료집』(1992)에서 과학과 철학이라는 용어가 일본어 계통에서 유입된 한자어임을 명백히 밝히고 있다.

　나아가 그는 「국어 한자어의 기원적 계보연구 – 현용 한자어를 중심으로」(1986)에서 설립 5년째인 이화학당에서 1892년에 과학과목 등이 강의

되었다고 적고 나서, 특히 1886년 9월에 세워진 우리나라 최초의 관립학교인 육영공원(育英公院)을 통해 이들 새로운 학문들이 당시 사회에 많은 영향을 끼쳤다고 보았다.

박영섭은 이와 같은 근대식 교육기관을 통해 서구의 근대문화가 우리나라에 차츰 소개되었고, 학교교육을 통한 개화의 기운이 우리나라를 점차 변화시켜나갔을 것이라고 주장한다.

우리나라는 오랜 쇄국정책으로 외국과 통상이 없다가 1876년의 강화도조약에 근거한 일본에 의해 거의 강제로 개화(開化)되었기 때문에, 근대의 한자조합어는 거의 대부분 일본에서 조어(造語)된 한자어를 받아들였다.

이외에도 『격암유록』에 보이는 공산(共産), 원자(原子), 도로(道路), 건설(建設), 작업(作業), 사업(事業), 목욕탕(沐浴湯), 정거장(停車場), 반도(半島), 발행(發行), 도매금(都賣金), 피난차(避難車), 승리(勝利), 계획(計劃), 살인강도(殺人强盜) 등이 근대 이후 사용된 일본식 한자조합어다.

셋째, 『격암유록』에는 그리스도교적인 용어가 자주 사용되는데, 「말운론(末運論)」에 "불도대사보혜인(佛道大師保惠印)"이라는 내용과 「가사요(歌詞謠)」에 보이는 "도교통솔보혜대사(道敎統率保惠大師)", "보혜사성해인출(保惠師聖海印出), 상제도덕강선인(上帝道德降仙人)" 등이 대표적인 사례이다.

특히 「십승가(十勝歌)」의 "…… 팔만대장경 안의 보혜대사(普惠大師)는 미륵불의 십승이요, 의상조사의 삼매해인과 정도령의 십승이요. 해외도덕(海外道德)인 보혜대사(保惠大師)는 상제가 재림하시는 십승이니, 유불선 및 그와는 다른 이치, 결국은 다시 합쳐진 십승이라. 팔만경내보혜대사(八萬經內普惠大師), 미륵불지십승(彌勒佛之十勝)이요, 의상조사삼매해인(義相祖師三昧海印), 정도령지십승(鄭道令之十勝)이요, 해외도덕보혜지사(海外道德保惠之師), 상제재림십승(上帝再臨十勝)이니, 유불선이언지설(儒佛仙異言之說), 말복합리십승(末復合理十勝)이라. ……"는 부분에서는 재림이라는 그리스도교적인 용어가 등장한다.

이러한 『격암유록』의 기록은 그리스도교 교리체계에 나오는 보혜사 성령을 연상시키는 구절인데, 바이블의 내용을 『성경전서 - 표준새번역』(1993)을 통해 살펴보자.

「요한복음」 14장 16절

내가 아버지께 구하겠다. 그러면 아버지께서 다른 보혜사를 너희에게 보내셔서, 영원히 너희와 함께 있게 하실 것이다.

「요한복음」 14장 17절

그 분은 진리의 영이시다. 세상은 그 분을 보지도 못하고 알지도 못하므로, 그 분을 맞아들일 수가 없다. 그러나 너희는 그 분을 안다. 그것은 그 분이 너희와 함께 계시고, 또 너희 안에 계시기 때문이다.

「요한복음」 14장 26절

그러나 보혜사, 곧 아버지께서 내 이름으로 보내실 성령께서, 너희에게 모든 것을 가르쳐 주시고, 또 내가 너희에게 말한 모든 것을 생각나게 하실 것이다.

중국 대륙에 개신교(改新敎)가 처음으로 전해진 것은 가경(嘉慶) 12년(1807) 런던 회(會) 전교사인 모리슨 로버트(Morrison Robert)에 의해서였다. 그리고 『신약성서(新約聖書)』가 최초로 한역(漢譯)된 때는 1823년이었으며, 당시 말레이시아에서 전 21권으로 출판되었다. 최초의 한역신약성서(漢譯新約聖書)는 인용하지 못했지만, 현재 중국에서 사용되는 『신구약전서(新舊約全書)』의 해당 부분을 살펴보면 "보혜사(保惠師)〈혹작(或作), 훈위사(訓慰師)〉"라고 기록되어 있다. "보혜사(保惠師)"는 원래 '돕는 자'라는 뜻의 "παρακλετ oς 파라클레토스"라는 희랍어의 한역어(漢譯語)다.

우리나라에서는 1790년대에 최창현이 필사한 『셩경직해광익』, 1860년대에 목판본으로 간행된 필자 미상의 『텬쥬셩교공과』, 존 로스(John Ross), 이응찬, 백홍준 등이 번역한 『예수셩교누가복음젼셔』(1882), 『예수셩교요안내복음』(1883), 이수정이 번역한 『신약마가젼복음셔언해』(1884), 존 로스, 이응찬, 백홍준 등이 번역한 『예수셩교젼셔』(1887) 등이 있다. 이 가운데 흔히 '로스 역'으로 불리는 『예수셩교젼셔』(1887)는 최초로 신약 전체를 완전히 국역한 번역성서이다.

「요한복음」에 보혜사라는 언급이 나오므로, 1887년에 간행된 성서에서 처음 사용되었을 것이다. 그러나 『예수셩교젼셔』는 순한글본이므로 보혜사에 대한 한문역어는 확인할 수 없었다. 『예수셩교젼셔』 「요안내뎨십사쟝」에는 보혜사에 대해 "안위하는 쟈" 또는 "안위하난 쟈"라고 뜻을 풀이하여 번역했다.

순한문본 『신약전서(新約全書)』(1890)에는 다음과 같이 기록되어 있다.

부필별이보혜사사이(父必別以保惠師賜爾), 사기영해이거(使其永偕爾居). ―「약한복음(約翰福音)」14장 16절

유보혜사(惟保惠師), 즉성신(卽聖神), …… ―「약한복음(約翰福音)」14장 26절

보혜사(保惠師) ―「약한복음(約翰福音)」16장 7절

순한문본 『신약전서(新約全書)』(1903)에서도 위의 인용문과 똑같이 적혀 있으며, 한문본 『신약전서(新約全書), 찬송가(讚頌歌) 합부(合部)』

(1914)와 국한문본 『신약전서』(1922)에도 똑같이 기록하고 있다.

이러한 맥락에서 김하원은 『위대한 가짜 예언서 격암유록』(1995)에서 『격암유록』에 보이는 새(賽), 라마단(羅馬簞), 가전(哥前) 등의 장(章) 이름이 한문성서에서 「이사야서」를 「이새아서(以賽亞書)」로, 「로마서」를 「라마서(羅馬書)」로, 「고린도전서」를 「가림다전서(哥林多前書)」로 표기했던 일에 근거하고 있다는 사실을 밝혔다. 즉, 『격암유록』의 해당 내용이 바이블의 제목과 내용을 교묘하게 한역(漢譯)했음이 밝혀졌다.

또한 『격암유록』의 저작 연대를 상당히 후대로 끌어내릴 수 있다는 필자의 견해를 뒷받침해 주는 다음과 같은 주장도 있다.

『격암유록』 「새사일」

> 『격암유록』은 한말(韓末)이나 왜정시(倭政時)에 민족의 미래를 지향하는 지사(志士)들에 의해 남사고(南師古)의 이름을 가탁(假託)하여 기록·전래되어 온 것으로 추측된다. 『격암유록』에 수록된 내용은 대부분이 『정감록』의 문구를 인용 혹은 가감·가필함으로써 전래되어 오던 『정감록』을 필자가 종합해 보려 했던 의도가 엿보인다. 그러나 이것은 최근의 위작(僞作)일 우려가 있기 때문에 ……
>
> —정다운, 『정감록원본해설』(1986)

따라서 『격암유록』은 최소한 역사적 실존인물인 격암 남사고(1509∼
1571)가 지은 책이 아님이 분명하다.

『격암유록』과 전도관

『격암유록』에 나오는 내용이 그리스도교계 신종교인 박태선(朴泰善,
1917∼1990)의 전도관(傳道館)과 관련이 있다고 보아, 『격암유록』이
1975년 이후부터 국립중앙도서관에 등록된 1977년까지의 기간에 써졌을
것이라는 주장이 있다.

정식 명칭이 한국예수교전도관부흥협회이며 속칭 '박태선 전도관'이
라고 불리는 이 교단은 1955년 7월 1일에 창립되었다. 박태선은 1960년
무렵부터 부천시 소사동에 신앙촌을 건설하기 시작했다.

신앙촌을 건설하는 것은 신도들이 이 천년성 안에 들어와 의인(義人)
이 되어 말세의 심판을 면하고 무궁한 복락을 누리게 하려는 데 있다고 주
장했다. 그리하여 대부분의 신도들은 이러한 주장에 희망을 걸고 자신의
재산을 모두 교단에 바치고 그곳에 들어가 공동생활을 했다.

박태선은 자기가 '감람나무 영모(靈母)님'이며, '동방(東方)의 의인
(義人)'이라고 강조했다. 또 자기가 이 세상에 출현함으로써 자신을 중심
으로 천년세계(千年世界)가 도래하고 심판과 예수의 재림이 임박했다고
주장했다. 더욱이 박태선 교주를 따르는 14만 4,000명의 신도들만이 구원
을 받고, 기성교회나 불신자들은 모두 멸망한다는 교리를 유포시켜 민심

을 선동시켰다.

『격암유록』에서 주장하는 말세성인(末世聖人)의 성씨가 목인(木人), 즉 박씨(朴氏)이며, 전도관이 있는 지명과 관련된 부천(富川), 소사(素沙), 계수(桂樹), 범박(範朴), 소래산(蘇來山), 노고산(老姑山), 전도관(傳道館) 등의 용어가 나온다는 사실로 미루어 볼 때, 이 책자는 박태선이 세운 전도관을 선전하기 위해 조작된 가짜 예언서일 가능성이 매우 높다.

특히 김하원의 『격암유록은 가짜, 정감록은 엉터리, 송하비결은?』(2004)에 따르면, 『격암유록』에 자주 나오는 '한번 마시면 수명이 늘고 계속 마시면 불로불사한다.'는 이른바 석정수(石井水)는 박태선 장로가 기도해서 만든 생명수이며, 이 책의 일부 구절을 파자(破字)로 풀이하면 전도관(傳道館)과 박태선(朴泰善)이라는 이름이 분명히 나오며, 천향(天香)도 박태선 장로의 설교 테이프를 시체 앞에 틀어 놓으면 30분 안에 '시체에꽃이 피고 악취도 사라지며 기이한 향기가 난다.'는 현상을 설명한 것이라고 한다.

따라서 『격암유록』은 박태선 장로를 믿는 전도관의 신앙촌 사람에 의해 최소한 10여 년의 기간에 걸쳐 써졌으며, 현재 우리가 알고 있는 이른바 『격암유록』이 국립중앙도서관에 등록된 때가 1977년 6월 7일이고 박태선의 아들 박동명이 연예인과 여대생들과 벌인 스캔들 사건이 예언되어 있기 때문에, 『격암유록』은 1975년부터 1977년 사이에 완성된 가짜예언서라는 견해이다.

그리고 『격암유록』에서 해인은 '불, 비, 이슬'의 세 가지로 이야기되며 삼풍(三豊)과 같은 뜻으로 쓰인다. 여기서 불, 비, 이슬은 말세성군(末世聖君)의 무소불능(無所不能)한 권능(權能)으로써 세상을 불로 멸망시키고, 사람들을 비와 이슬로써 영생불사(永生不死)하도록 한다는 전도관의 핵심교리의 하나다.

전도관은 1980년에 천부교(天父敎)로 교명을 바꾸었는데, 이슬은 성신(聖神)을, 성신(聖神)은 교주인 박태선을 가리킨다고 믿는다. 이슬성신이 내린다는 것은 박태선이 부흥집회를 열 때 이슬과 같은 감로(甘露)가 집회장에 가득 차며, 이 감로가 신도들의 몸에 닿아 시원하고 정신이 맑아지는 상태가 지속되는 것을 가리킨다.

이러한 이슬성신의 체험은 박태선 자신으로부터 시작되었으며, 박태선의 전국적 부흥집회에서 이슬이 내렸다는 영적 체험에서부터 비롯된 것이다. 김종석의 「전도관에서 천부교에로의 변화와 그 뒤」(1999)를 보면, 이슬성신론은 「호세아서」 14장 4절을 근거로 삼으며, 박태선의 부흥집회 때 이슬과 같은 은혜를 체험한 사람이 많았던 까닭에 이슬성신을 내릴 수 있는 사람이 감람나무요, 동방의 의인으로서 구원자의 징표로 믿었다고 한다. 천부교 신도들은 이슬은혜가 바로 하나님의 은혜라고 믿으며, 14만 4,000명을 이슬성신으로 아름답게 다듬어 의인으로 세우면 이 땅에 지상천국이 이루어질 것이라고 주장한다.

『격암유록』이 세상에 널리 알려진 것은 대략 1987년 무렵이며, 지금까지 무려 30여 종의 해설서가 출판되었다. 그리고 예언서로서의 진위 여부 논쟁과는 별도로 최중현은 「『격암유록』이용세본의 저본들에 관한 소고」(2004)에서 저본(底本)에 대한 서지학적 검토를 하고 있다.

현재도 『격암유록』에는 「해주(海州) 오씨본(吳氏本)」, 「격암록」이라는 필사자료, 「산수평장(山水評章)」이라는 필사본, 「서울본」 등 다양한 자료가 있는 상황이므로, 앞으로 보다 세밀한 자료 검토 작업이 요청된다.

그렇지만 『격암유록』이 설령 특별한 의도를 가지고 전체가 조작된 위서(僞書)라고 하더라도, 나름대로 미래의 일이나 길흉화복을 예언한 위서(緯書)임은 분명하다. 이러한 책이 발행되고 거기에 열광하는 대중이 있다는 사실 자체가 하나의 종교현상인 것이다.

따라서 우리는 일단 『격암유록』도 우리 겨레의 대망신앙(待望信仰)을 담아내려는 중요한 사상적 그릇의 하나로 인정해야 할 것이다. 우리 겨레는 비결서가 제시하는 비전을 항상 필요로 해왔고, 앞으로도 역시 그러할 것이기 때문이다.

필자가 『정감록』과 『격암유록』을 비교적 상세하게 분석한 것은 어디까지나 해인(海印)과 관련된 중요한 단서가 있다고 생각해서였다. 비결서는 단순히 조작되거나 만들어지는 것이 아니다. 지나간 과거사를 분명히 맞추었다고 믿어지게끔 설득력을 갖춘 형태로 제시되어야 하며, 당시의 사회상에 걸맞는 형식이나 용어를 사용하여 상징이나 은유로서 드러나야 한다.

이러한 맥락에서 최소한 『격암유록』이 이 세상에 나타난 시점이나 필사되었던 시기에는 해인(海印)에 대한 관심이 상당히 높았다는 사실을 확인할 수 있다. 그리고 그리스도교 계통의 한국 신종교에서까지 해인이 무엇인지에 대해 나름대로 교리로 제시하고 있다는 점도 알 수 있었다. 그만큼 해인은 한국종교 전반에 걸친 상징이나 보물로 자리매김되었던 것이다.

흥선대원군과 정만인

해인설화에 등장하는 해인을 도둑질해 갔다는 정만인이라는 인물은 과연 누구인가? 해인에 대한 신앙과 정만인에 대한 이야기가 최소한 20세기 초에는 민간에 상당히 유포되어 있었다는 사실이 다음의 기록을 통해 확인된다.

대원군이 음양풍수설을 신봉하여 …… 또 참언이 있었는데 "만인에게 패할 것이다."라 했다. 대원군이 이를 마음속으로 두려워하여 비밀리에 조심했다. 합천 해인사에 있던 만인(萬忍)이라는 스님이 절 안에 있는 대장경 판본 전부를 수선하고 싶다고 말하자, 대원군이 수 만 금을 주었는데 만인이 그 돈을 가지고 도망쳐버렸다.

사람들이 (참언이) 기묘하게 맞았다고 했다. 혹자는 (참언에) "만인을 살해하면 평안해지리라."고 했는데, 대원군을 이를 믿어 크게 살육을 일으켜 만 명을 채웠고(천주교 신도를 학살한 것이 만 명에 이르렀다.)

…… 세간에 전하는 이야기에 다음과 같은 것이 있다. 해인사에 소장한 대장경 판본 가운데에 해인이 있기 때문에 해인을 절 이름으로 삼았는데, 대개 해인은 실로 천하에 비할 바가 없는 지극한 보물이다. 만인이라는 스님은 본래 일본 사람인데, 대원군에게 대장경 판본을 수선하겠노라고 청탁하고는 해인을 훔쳐 일본으로 도망쳤다. 대원군이 만인이라는 중을 죽이지 못하고 무고한 만 명의 목숨을 억울하게 죽여 참언에 부응하고자 했으니, 대개 만인(萬人)과 만인(萬忍)은 음이 같기 때문에 그같이 오해했던 것이다. 운운. ……

大院君이 信陰陽風水之說하야 …… 又有讖曰, 敗於萬人이라. 大院君心患之하야 密注意焉이러니, 陜川 海印寺에 有僧名萬忍이 說大院君欲修繕寺中所藏大藏經(板本)全部하야, 大院君與數萬金하니 萬忍攫之而逃하니 人爲奇應이라. 或有言者－殺萬人乃安이라 하니, 大院君信之하야 遂大行殺戮하야 以充萬數하고 (虐殺天主教信徒殆萬數) …… 〈俗間傳說〉云, 海印寺所藏大藏經板本中에 藏有海印故로 寺以海印名이라 하니, 盖海印은 實天下無雙之至寶라. 僧萬忍은 本日本人이니 說大院君하야 託以修繕藏經板本하고 盜海印以逃往日本이라. 大院君不能殺僧萬忍, 而枉殺無辜之萬人之命하야 欲以應讖하니 盖萬人與萬忍音同故로 誤解如是云云이라.

－이능화, 「풍수사상고(風水思想考)」(칠(七)), 『조선(朝鮮)』 160호(1931년 2월호)

흥선대원군(興宣大院君) 이하응(李
昰應, 1820~1898)이 비결을 깊이 신봉
한 나머지 해인사의 만인이라는 스님에
게 속아 넘어갔다는 이야기가 널리 회자
되었고, 나아가 대원군이 비결을 잘못
해석하는 바람에 무고한 천주교인들을
학살하여 천추의 한을 남기게 했다는 이
야기가 유포되었다.

또 정만인이라는 스님은 본래 일본
인이며 그가 해인사의 팔만대장경 속
에 깊이 감춰져 있던 보물인 해인을 가

흥선대원군

지고 일본으로 도망쳐버렸기 때문에 우리나라의 국운이 위태롭게 되었다
는 풍설도 떠돌 정도였다.

이러한 이야기가 적어도 1930년대 초에는 일반인들 사이에서도 유행
하고 있었음이 확인되었고, 따라서 해인설화에 나오는 정만인이라는 인
물에 대한 이야기가 전혀 근거가 없는 일을 서술한 것이 아니라는 사실도
밝혀졌다. 설화에 등장하는 주요한 화소(話素)는 항상 특정한 사실에 바
탕을 두고 구성된다는 것을 다시 한 번 확인할 수 있었다.

그런데 위의 기록에 대해 당시 이 이야기를 소개한 이능화(李能和,
1869~1943)는 자신의 의견을 세주(細註)로 아래와 같이 밝혔다.

절 이름이 해인인 것은 『화엄경』의 해인삼매에서 뜻을 취한 것이요, 실물
이 있는 것이 아니다. 신라 애장왕 3년 해인사를 창건할 때 순응과 이정 두 대
사가 주관했는데, 순응과 이정은 화엄종 계보에 속하는 승려였다. (그들은)
의상대사의 계통이었기 때문에 네모난 1촌 크기 정도의 수정 도장을 이용하

여 의상대사께서 찬술하신 법성게를 새겨, 법손에게 전수하여 선종의 의발을 전수하는 것처럼 신표로 삼았다. 세속에서 이것을 불가의 보물이라고 말하는데, 이 도장이 있으면 바닷물도 말려버릴 수 있다는 등의 말을 한다. 이는 모두 동쪽 촌사람의 말이라, 본래 한 바탕 웃음거리일 뿐이다. 세상 사람들의 미신이 애석할 따름이다.

> 寺名海印是取義於華嚴經之海印三昧者也오. 幷非有實物也라. 按新羅哀莊王三年, 創海印寺, 而順應·利貞二大師, 實主之하니 順應·利貞은 係是華嚴宗僧, 而爲義相大師系統故로 用水晶印方寸許者하야 刻義相大師撰述之法性戒하야 傳其法孫하야 若禪宗之傳衣鉢爲信者也라. 俗乃以此謂佛家寶物하야 若以印雖洋海可立乾云云하니 是皆齊東野人之說이라. 本不値一笑, 而世人迷信은 可哀也已로다.

이능화는 해인은 『화엄경』의 해인삼매에서 나온 용어이므로 결코 실재하는 물건이 될 수 없다고 주장했다. 그는 해인사를 창건한 스님들이 의상대사의 「법계도」를 수정으로 만든 도장에 새겨서 선종(禪宗)에서 의발(衣鉢)을 전하는 것처럼 신표로 삼았을 뿐인데, 이것을 민간에서 오인하여 불가(佛家)의 보물이라고 믿어버렸던 미신에 불과하다고 해인신앙의 본질을 파악하였다. 필자는 이능화의 이러한 관점이 탁월한 견해라고 생각한다.

그렇지만 필자는 이능화의 의견이 가지는 맥락에 대해서는 공감하지만, 해인이라는 실물이 실제로 있다고 믿어 왔던 별도의 해인신앙도 분명히 존재했었고 나름대로 의의가 있다고 생각한다.

이 글에서 필자가 강조하고자 하는 부분은 해인이 실물이냐 실물이 아니냐라는 논쟁에 휘말리는 것이 아니라, 해인이라는 보물신앙이 한국종교사에서 어떻게 형성되고 전개되었는지를 알아보고 그 종교적 의미를 고찰하는 일이다.

이 밖에도 윤효정(尹孝定, 1858~1939)의 『한말비사(韓末秘史)』(1946)
에 대원군과 정만인에 대한 다음과 같은 이야기가 전한다.

〈오인만인(誤認萬人)〉 흥선시대(興宣時代)에 교유(交遊)하든 일산승(一
山僧)이 있으니, 성자(姓者)는 정만인(鄭萬人)이라. 미래(未來)의 길흉화복
(吉凶禍福)을 체년계월(遞年計月)하야 명료히 감정하더니, 갑자(甲子) 이후
에 이것을 증험(證驗)한즉 제이자(第二子)가 계해(癸亥) 12월 13일에 국왕(國
王)이 되신다는 말이 약합부절(若合符節)이라. …… 정만인(鄭萬人)이 내견
(來見)하거늘 …… 만인(萬人)이 사사왈(謝辭曰) 감사하오나 부귀(富貴)는 산
승(山僧)에 부당한 것이오니, 다만 합천(陜川) 해인사(海印寺)에 잇는 팔만대
장경을 인쇄할 만한 권력(權力)을 부여하시면 족하오이다.

대원군은 즉시 종무부(宗務府) 공문을 해인사 주지에게 부치고 인쇄 감독
은 정만인으로 하엿다. 정(鄭)이 해인사에 가니 …… 여하(如何)한 사(事)라
도 자유(自由) 여의(如意)한 지라. 대장경기질(大藏經幾秩)을 인출(印出)하고
장경고(藏經庫)에 비장(秘藏)하였든 해인(海印)을 절취(竊取)하여 가지고, 운
학(雲鶴)의 종적이 묘연하였다.

속전(俗傳)하되 이 해인(海印)의 조화(造化)는 소위 불가사의(不可思議)
라. 인영(印影)이 일조처(一照處)에는 산복해번(山覆海翻)과 풍운뇌정(風雲
雷霆)이 유의시종(惟意是從)하야, 후일(後日)에 대용처(大用處)가 유(有)하
다는 허탄불경지설(虛誕不經之說)을 미신하는 자가 유(有)하다 운운(云云)하
고, 대원군 갑자(甲子) 이전(以前)에 당술자(唐術者)가 평왈(評曰) 살만인(殺
萬人)이라야 부귀평생(富貴平生)이라 하였으나, 만인(萬人)을 살(殺)할 기회
가 없더니 천주교도(天主敎徒)가 속속 출현하는 것을 인하야 …… 날마다 수
백 명씩 교살(絞殺)하야 수구문(水口門) 성외(城外)에 버리니 …… 만인(萬
人)의 수(數)가 넘게 된 뒤에 생각하니 이것이 정만인(鄭萬人)을 죽이라는 것
을 오해한 것이라 하고, 국중(國中)에 대색(大索)하야 정만인을 잡으려하다
가 구지부득(求之不得)하였다 한다.

『한말비사』는 원래 「동아일보」에 1931년 2월 17일부터 5월 22일까지 총 42회에 걸쳐 연재한 내용을 묶은 책이다. 따라서 대원군과 정만인에 얽힌 일화는 1931년 이전의 시점에 널리 알려졌던 이야기다.

위 이야기의 전체적인 맥락은 앞에서 살펴본 이능화의 전언 내용과 유사하다. 다만 정만인이 대원군의 둘째아들이 왕위에 오를 것을 정확히 예언했던 인물이라는 점이 삽입되었다. 그리고 대원군이 천주교인을 박해한 일이 비결을 잘못 풀이했기 때문이라는 이야기를 덧붙여서 신빙성을 강조하고 있다. 이러한 이야기는 해인에 대한 신비성을 증장시키고 그 신통력이 신뢰할 만하다는 기대효과를 고조시킨다.

한편 박제형(朴齊炯, ?~1884)의 『근세조선정감(近世朝鮮政鑑)』(1886)에 대원군이 해인사 승려 만인(萬忍)에게 속아 수만금을 사기당했다는 이야기와 "만인을 죽여야 편하게 된다."는 비기를 믿은 대원군이 사람들을 살육하여 만이라는 숫자를 채웠다는 이야기가 전한다. 그러나 여기에는 해인과 관련된 이야기는 언급되지 않는다.

풍수명인 정만인과 해인

더욱이 이와 비슷한 이야기가 현재까지도 전하는데, 그 줄거리는 다음과 같다. 1982년 10월 14일 저녁에 공주읍 중동에 살던 당시 77세 된 김종철이 구연한 이야기의 요지다.

이태조의 조상인 이심과 정몽주의 조상인 정감은 지리와 앞날의 일을 잘 알아서 미래를 예언하는 책을 쓰게 되었다. 기록한 것을 궁중에다 비장하였다. 대관들이 그 책을 한 장씩 보고 기억했다가 집에 와서 틈틈이 기록하여 두었는데, 나중에 그것을 종합하여 지금 세상에 나다니는 『정감록』이 되었다.

고종 때 대원군이 "살만인(殺萬人)"이라는 구절은 원래는 정만인(鄭萬人)을 죽이라는 것인데 잘못 읽고서는 만인(萬人)을 죽이고 말았다. 또 그 다음 장에 "비군비신(非君非臣)이 열파삼장(裂破三張)이라."고 적혀 있었는데, 대원군이 만인을 죽인 후에 소용없는 책이라고 하면서 찢어버려서 3장이 떨어져나갔다. 그 후에 대원군이 이 책을 불에 던져버리고 말았다. …… 그러니 정감록의 이야기가 순전히 거짓말은 아닌 것이다.

　—『1982년 추계(秋季)학술답사보고서 (공주지역)』(한국학대학원, 1982)

또한 정만인이 스님이 아니라 대원군 당시에 풍수지리에 통달했던 인물이라는 이야기도 전한다.

세상에 전혀 알려지지 않았던 농사꾼이었던 정만인(鄭萬人)은 실은 풍수지리에 통달한 이인이었다. 흥선군의 끈질긴 요청에 의해 1851년경에 정만인은 예산군 덕산면 가야산 아래에 흥선군의 부친인 남연군(南延君) 이구(李球, ?~1822)의 묘를 쓸 터를 잡아준다. 이 자리는 2대에 걸쳐 황제가 날 자리라고 정만인이 확언한다. 과연 이장한 다음 1852년에 흥선군 이하응에게 둘째 아들인 명복(命福)이 태어났고, 그가 철종의 뒤를 이어 왕위에 오르고 흥선군은 비로소 대원군(大院君)에 봉해진다. 대원군은 자미원(紫微垣)이라는 명당도 차지하고 싶어서 안달이 났으나, 정만인은 백 년 뒤에나 사용할 자리라고 거절한다. 거듭되는 대원군의 요청을 빠져나갈 묘안으로 정만인은 다음과 같은 말을 했다고 전한다.

"자미원은 천하에 하나 뿐인 명혈(名穴)로서 지금 쓸 시기가 아닙니다만, 해인(海印)을 가져가면 벼락을 피할 수 있습니다. 해인은 이 우주의 보물로서

산을 무너뜨리고, 강물을 멈추게 하며, 바다의 군함이며 온갖 동물들도 그 영력으로 멈추게 할 수 있다고 전해집니다. 이 해인이 해인사의 장경각 안에 보관되어 있는데, 제가 직접 가서 찾을 수 있도록 해 주십시오. 찾게 되면 자미원을 일러 드리겠습니다."

이윽고 해인사로 간 정만인은 경비하는 군사들을 따돌리고 멀리 도망가서, 다시는 세상에 모습을 드러내지 않았다.

—손석우, 『터』(1993)

한편 지금도 홍선대원군의 부친인 남연군의 묘소 이장과 관련된 다음과 같은 이야기가 전한다.

홍선대원군(興宣大院君) 이하응(李昰應)의 부친 남연군(南延君)의 묘소는 처음에 안성(安城) 청룡산(靑龍山)에 있었다. 조선 헌종(憲宗) 15년(1849) 어느 날, 홍선은 성묘를 하기 위해 청룡산으로 가고 있었다. 그런데 산 입구에 이르니, 남루한 납의(衲衣)를 걸친 한 스님이 길을 가로질러 막고 누워 일어나지 않았다. 홍선이 보니 보통 스님과는 다른, 특이한 이승(異僧) 같았다. 그래서 홍선이 여러 가지 질문을 해보니, 스님은 산천의 풍수지리에 매우 밝은 분이었다.

홍선이 "선친의 묘지가 마음에 들지 않아 발복(發福)할 수 있는 장소로 이장을 하고자 합니다. 스님이 좋은 묏자리를 보아둔 곳이 있으면 알려주십시오. 후사(厚謝)하겠습니다." 그러자 그 스님이 "내 일찍이 한 곳을 보아둔 곳이 있는데, 그 곳은 후손에 임금이 날 자리입니다."라고 말하고, 스님은 홍선을 데리고 덕산(德山) 고을 가야동(伽倻洞)으로 갔다.

약속한 날, 홍선이 선친의 관을 운반해 그곳으로 가니, 스님은 미리 와서 거기에 있던 낡은 절의 법당에 불을 질러 태우고 있었다. 법당이 타고나니, 오직 구리 부처 하나만 타지 않고 남자, 스님은 쇠망치로 그 구리 부처를 부

서 골짜기에 땅을 파고 묻었다. 그
런 다음에 지정한 자리에 묘를 써
서 봉분을 만들었다.

이렇게 하여 3년 후 임자년(壬
子年, 1852)에, 홍선은 둘째아들
을 낳았다. 그 후 계해년(癸亥年,
1863)에 철종(哲宗)이 후사를 두
지 못하고 붕어(崩御)하니, 홍선

남연군 묘소

의 둘째아들은 12세에 왕위에 올랐는데 그가 바로 고종(高宗) 임금이다. 이에
홍선은 대원군의 자리에 올라 섭정(攝政)을 하면서, 마침내 큰 세력을 행사하
였다.

홍선이 국권(國權)을 잡고 세력을 행사하니, 스님은 홍선의 곁에서 제반
대소사의 자문에 응했다. 이 스님의 이름이 정만인(鄭萬人)이라고 알려져 있
는데, 일본에서 온 왜승(倭僧)이라는 설과 또 서양에서 건너온 양승(洋僧)이
라는 설이 있으나 확실치 않다.

홍선대원군이 세력을 얻은 후에 하루는 스님에게 은혜에 보답하겠다는
뜻을 밝히니, 이때 스님은 "내 소원은 해인사(海印寺)에 있는 팔만대장경을
인판(印版)해 출간(出刊)하는 일입니다. 해인사에 보관되어 있는 팔만대장경
경판(經板)을 모두 밖으로 들어내어 책으로 찍어내는 작업을 하게 허락해 주
십시오."라고 말했다.

이 말을 들은 홍선은 매우 좋은 일이라고 하면서, 곧 명령을 내려 팔만대
장경 경판을 모두 건물 밖으로 가지고 나와 먹물을 묻혀 종이에 찍어내는 작
업을 하도록 지시했다. 이렇게 판각(板閣)에서 경판을 모두 끌어내게 되니,
건물은 바닥이 드러났다.

경판이 모두 밖으로 나오고 나니, 정만인은 경판이 놓였던 바닥을 파기 시
작했다. 해인사에 처음 경판을 보관할 당시, 가장 중심 건물의 바닥에 '해인
(海印)'이라는 보물을 묻어 놓았었는데, 스님은 그 보물을 파내기 위한 술책

으로 흥선대원군에게 경판의 인쇄를 제의했던 것이었다. 그래서 경판이 모두 밖으로 나오고 나니, 스님은 바닥을 파서 보물인 해인을 꺼낸 다음, 훔쳐가지고 어디론가 사라졌다.

이 '해인'은 그것을 가지게 되면 신통조화(神通造化)를 부릴 수 있는 보배였는데, 이것이 언제 해인사에 들어와 묻혔는지는 알 수 없지만, 경판은 신라 지장왕(智藏王) 때 바다를 건너 들어왔다고 전해지고 있다.

전설에는, '해인'이 묻혀 있었을 당시에는 판각 건물에 새가 배설물로 더럽히는 일도 없었고 거미가 줄을 치지도 않았는데, 그 스님이 '해인'을 훔쳐간 이후로는 새가 오물로 더럽히고 거미가 줄을 쳐서 어지럽혔다고 말한다.

—김현룡, 『한국인 이야기 7 – 우리 조상들의 풍수 명당 이야기』(2001)

위의 이야기에서는 해인설화에서 해인이 해인사 장경각의 팔만대장경 경판 속에 숨겨져 있었다는 내용과는 달리 장경각 바닥에 비장되어 있었다고 주장한다.

고종의 꿈에 나타난 해인

이 외에도 고종의 꿈과 연관된 해인에 대한 이야기도 있다.

전하는 말에 의하면, 조선조 고종 때 어느 날 왕이 오수(午睡)를 즐길 때 공자께서 현몽하시어 하시는 말씀이 "내가 너희 나라에 와서 500년간 잘 대우받았으나 이제 때가 되어 가게 되었구나."라 했다. 이에 고종이 공자의 도포를 잡고 "우리나라가 풍전등화와 같사온데 지금 가시면 어떻게 합니까?" 하고 사정하니, "아무데(서울 창경궁?)를 가면 어떤 중이 있을 것이다. 그 중이 매고 있는 바랑을 뒤져보면 도장이 있을 터이니 잘 보관하도록 하라."라는 말을 듣고 깨어 보니, 꿈이었다.

혹시나 하여 고종이 사람을 시켜 그곳에 가보게 하니 과연 탁발 중이 있었고 급습해서 바랑을 뒤져 보니 백금으로 된 해인이 들어 있었다. 흥선대원군은 이를 참봉 셋을 시켜 잘 간직하게 했는데, 훗날 조선이 망한 뒤에 참봉 셋 중 둘은 죽고 남은 한 사람인 김병소(金炳韶)가 해인을 가지고 전라남도 완주군으로 내려갔다.

이 해인(海印)은 영묘불가사의(靈妙不可思議)한 조화력(造化力)이 있어서 사해(四海)를 통치할 수 있는 자가 소지하는 보물이라고 한다. 해인의 주인은 이미 정해졌으나 아직 나타나지 않았으며, 훗날 그 주인이 나타나 해인을 사용하면 조선을 통치하는 일을 포함하여 무슨 일이든지 할 수 있다고 한다. 또 해인에 간절히 기도하면 그 영력(靈力)에 의하여 해인의 주인이 나타난다고 전한다.

해인사의 보물 목록과 대장경 인출

그렇다면 대원군 당시에 해인사에 있었다는 만인(萬忍) 또는 만인(萬人)이라는 스님은 과연 실존인물일까? 그리고 해인이 과연 있었을까? 현존하는 해인사의 보물에 대한 다음과 같은 기록이 있다.

무공수정(無孔水晶) 1개 …… 신라시대(新羅時代)의 보물. 신라의 의상조사(義相祖師)가 양양군(襄陽郡) 강현면(降峴面) 전진리(前津里) 낙산사(洛山寺) 관음굴(觀音窟)에서 3.7일 기도 중에 관세음보살로부터 친히 받은 보물이다. 이는 그의 제자 상원(相源), 법손(法孫) 신림(神琳), 법증손(法曾孫) 순응대사(順應大師)에게로 전해졌다.

—이지관 편저, 『가야산 해인사지』(1992)

한국불교연구원에서 발행한 『해인사』(1975)에 무공수정의 사진이 실려 있다. 크기는 직경 13센티미터이고 높이는 11센티미터라고 하며, 창건 당시에는 대적광전주불(大寂光殿主佛)의 미간(眉間)이 백호(白毫)였다고 한다.

『삼국유사』「낙산이대성(洛山二大聖) 관음(觀音) 정취(正趣) 조신(調信)」조에 의상이 공중으로부터 수정염주(水精念珠) 한 꾸러미를 받았고, 동해(東海) 용(龍)으로부터 여의보주(如意寶珠) 한 개를 받았다는 기록이 있다. 의상은 그가 받은 두 구슬을 낙산사의 성전(聖殿)에 모셔 두었다고 한다.

이 밖에도 해인사에 소장하고 있는 보물 가운데 사명대사와 관련이 있는 것으로는 선조(宣祖)가 주었다는 향로 뚜껑, 봉촉대(鳳燭臺), 귀형촉대(龜形燭臺)가 각각 두 개씩 있다.

그리고 도장과 관련이 있는 보물로는 고려시대부터 조선후기까지 해인사 및 각사(各寺)의 인장(印章)이 스무 개가 보관되어 있고, 고려 경종(景宗) 원년(元年, 976)에 만들어진 삼보인(三寶印)이 있다. 결국 현존하는 해인사의 보물목록에는 이른바 해인(海印)은 없다.

한편 허균(許筠, 1569~1618)이 지었다고 전하는 『홍길동전』에 홍길동이 도적의 두목이 된 다음 기이한 계책으로 해인사의 보물을 탈취했다는 내용이 있다.

또 서경보가 지은 『역사소설 서산대사(西山大師)』(1972)에는 서산대사가 사명당에게 '시집과 염낭주머니'를 주었다고 한다. 염낭주머니에는 후일에 요긴하게 필요할 포척자(抛擲子)라는 과일, 천 년된 잣나무의 잎사귀, 신비한 물 등을 얻을 수 있는 방법이 기록되어 있었다고 한다.

의상대사가 용에게 여의주를 받았다고 전하는 낙산사 홍련암

이처럼 해인사의 보물에 대한 이야기는 많이 전하지만, 해인과 관련된 내용은 현재로서는 알 수 없거나 전하지 않는다. 만일 실물의 형태로 전하는 해인이라는 보물이 있었다고 하더라도, 현존한다면 신비감이 격감될 것은 자명하다.

따라서 필자는 어딘가에 신비하게 존재한다고 믿어지는 상태를 유지하는 것이 해인신앙의 본질이라고 생각한다. 일상적인 공간에 있거나 범인(凡人)들이 쉽사리 접근할 수 있는 보물이라면, 해인에 대한 신앙은 형성조차 되지 않았을지도 모른다.

대원군 집정기에 해인사의 대장경을 인출한 예는 단 한 번 있었다. 그 주동자는 남호당(南湖堂) 영기(永奇)였는데, 공교롭게도 그의 성씨가 정씨(鄭氏)였다. 남호 영기(1820~1872)스님이다. 그의 속성(俗姓)은 정씨였고, 출생지는 고부(古阜)이며, 부친의 이름은 언규(彦圭)이며, 모친은 반씨(潘氏)였다.

남호스님은 나이 46세 되던 고종(高宗) 2년(1865)에 대장경 두 질을 인출(印出)하여, 한 질은 설악산 오세암(五歲庵)에 봉안하고 한 질은 오대산 적멸궁(寂滅宮)에 봉안하였다. 『가야산 해인사지』(1992)에는 1865년 추(秋) 9월에 해명(海冥) 장웅(壯雄)이 지은 「인성대장경발(印成大藏經跋)」이 실려 있다.

어쨌든 확인 가능한 해인사 재적승(在籍僧) 명부에 정만인(鄭萬仁) 또는 정만영과 동일한 이름을 가진 사람은 없다.

이처럼 대원군 당시에 실존했다고 믿어지는 정만인이라는 사람은 이야기에만 전하고 역사의 무대에서는 사라져버렸다. 그러나 그는 단순히 없어진 것이 아니라 언젠가는 해인이라는 보물을 가지고 국운회복이라는 국가적 목적을 이루기 위해 나타날 것으로 믿어지는 인물이다.

정만인을 자처한 사람들

이러한 해인신앙에 기초하여 후대에 자신의 본명을 버리고 정만인이라고 개명한 경우도 있다.

경북 문경사람 전용태(錢龍泰)라는 사람이 도주(道主)가 되어 보려는 야망을 가지고 이름을 정만인으로 바꾸었는데, 자신이 앞으로 세워질 계룡산 새 왕조의 주인이라는 의미에서 개명했다고 한다. 전용태는 찬물교의 창시자 김봉남(金奉南, 1898~1950)을 따르기도 했던 인물이다.

나아가 정만인은 증산교단의 하나인 대한불교용화종(大韓佛敎龍華

宗)에서는 이백도(二白島)라는 섬에서 미륵불로 태어난 증산을 모시고 있는 칠은(七隱) 가운데 한 사람이라고 믿어지기도 했다. 여기서 정만인은 앞으로 한국에 세워질 새 왕조에 임금이 되어 세계를 통일한다는 인물인 정용궁(鄭龍宮)의 아버지로 모셔진다.

또한 일심교(一心教)에서도 정만인이 새 왕조를 세울 진주(眞主)라고 믿었다. 『시운기화경(時運氣和經)』에 정만인이 해도(海島) 중에서 1954년에 나온다고 주장했지만, 실제로는 일심교 교주인 강대성(姜大成, 1889~1954)이 회문산(回文山) 도령동(道令洞)에서 천자(天子) 행세를 한 일을 암시했다고 믿었다. 일심교인들은 강대성이 처녀 신도와의 사이에 낳은 아들이 계룡산에서 천자(天子)가 될 주인이라고 믿기도 했다.

대원군의 천주교인 박해

홍선대원군이 집정할 때 천주교인을 박해한 일은 역사적 사실이다. 대원군은 고종 3년(1866)부터 고종 8년(1871)까지 6년 동안에 걸쳐 천주교를 박해하였다.

대원군이 주도한 천주교 박해는 크게 네 시기로 나누어 볼 수 있다. 제1기는 아라사인(俄羅斯人)의 침입을 물리치려는 문제로 일어난 병인년(丙寅年, 1866) 봄의 박해이고, 제2기는 프랑스 함대(艦隊)의 침입으로 일어난 병인년 가을과 겨울의 박해이고, 제3기는 대원군의 아버지인 남연군(南延君)의 묘(墓)가 독일인 오페르트와 이들을 인도한 천주교 신부에 의해 도

굴당한 사건 때문에 일어난 무진년(戊辰年, 1868)의 박해이고, 제4기는 미국 함대의 침입으로 말미암아 일어난 신미년(辛未年, 1871)의 박해다.

당시 순교한 천주교인의 숫자는 정확히 알 수는 없지만, 8,000명설, 수천 명설, 1만 명설, 2만여 명설 등이 있다. 당시 천주교인의 총수가 2만 3,000여 명이었다는 사실을 고려해 볼 때, 상당한 과장이 있음이 틀림없다. 다만 그 박해의 정도가 심했음은 넉넉히 짐작해 볼 수 있다.

유홍렬(柳洪烈)은 『고종치하(高宗治下) 서학(西學) 수난(受難)의 연구』(1962)에서 1870년까지 이미 8,000여 명의 천주교인이 학살되었으며, 여기에 신미년(辛未年)에 희생된 천주교인의 숫자를 합치면 적어도 1만 명의 천주교인이 학살되었다고 주장한다.

해인신앙을 믿는 사람들은 역사적 비극인 천주교인들의 순교사건을 주동자인 대원군이 비결을 잘못 풀이했기 때문이라고 해석한다. 그리고 해인신앙은 천주교인 학살 사건이라는 역사적 비극을 종교적으로 승화하여, 장차 해인을 지닌 진인이 출현하여 새로운 세상을 열어 나갈 것이라는 희망으로 대치시켰다.

현대적 신무기인 해인

한편 해인을 현대적인 신물로 보는 견해도 있어서 주목된다. 최수정은 그의 저서에서 다음과 같이 기록한다.

소두무족(小頭無足)을 화자(火字)로 해석하는 모양인데 감결(鑑訣)에 "적시여산(積尸如山)이니, 인영영절(人影永絶)이니, 유혈성천(流血成川)이니, 계견무성(鷄犬無聲)이라." 하니, 원자탄(原子彈)을 연상하는 모양이다. ……그런데 이 원자탄을 실은 비기(飛機) 추락(墜落)에 대한 전광발명(電光發明)을 연구 중이라는 일설도 전문(傳聞)하거니와, 더욱 흥미 있는 일은 정만리(鄭萬里)가 가야산(伽倻山) 해인사(海印寺)에 비장(秘藏)된 대장경판(大藏經板) 육천오백여권(六千五百餘卷) 십칠만여면(十七萬餘面)을 출판하는 척하다가, 비장(秘藏)된 '해인(海印)'이 발견되자 휴대(携帶)하고 행방불명(行方不明)되었다는 비화(秘話)도 있다. 그 해인은 전광(電光)과 같은 방사능(放射能)의 소유자(所有者)라는 비화일설(秘話一說)도 전해 온다.

여하튼 음양학적(陰陽學的) 무기발전사를 본다면 …… 그 다음은 '화극금(火克金)'으로 화(火)의 무기(武器)가 발명된 것이 화약폭탄(火藥爆彈)인 것이다. 인제는 '수극금(水克金)'의 수(水)의 무기가 발명될 모양이니, 수뇌(水雷)같은 것이 아니면 수력전기(水力電氣)로 발명될 전화기(電火器)가 아닐 것인가? 이로써 해인(海印) 일설(一說)도 허무맹랑한 일로만 돌려버릴 것이 아니라 미래의 신무기(新武器) 발명을 상징하는 것이 아닐까?

　　一최수정(崔守正), 『정감록에 대한 사회학적 고찰』(해방서림, 1948)

위의 견해에서 드러나듯이 해인에 대한 이야기는 현대에 들어와서도 끊임없이 재해석되면서 다양한 믿음을 유발시키고 있다. 『정감록』의 말세와 관련된 내용을 1945년 8월 일본의 히로시마와 나가사키에 떨어진 원자폭탄의 참상과 결부시켜 해석한 다음, 해인사에 비장되었던 해인이 번갯불과 같은 방사능을 가진 물건이 아닐까라는 해석을 시도한 것이다. 나아가 최수정은 화학폭탄과 수소폭탄의 발명을 예견한 다음, 해인이 미래의 신무기와 연관된 것으로 추정한다.

증산이 주장한 말세의 병겁

증산교(甑山敎)에서는 말세에 발생할 병겁에 대비하는 신비로운 보물인 의통(醫統)과 해인(海印)에 대한 신앙이 있다. 1911년 고판례(高判禮, 1880~1935)에 의해 선도교(仙道敎)가 창립된 이래 지금까지 증산을 신앙대상으로 삼는 증산교단은 약 140여 개 교파가 있다. 이 글에서는 전체 증산교단을 총칭하여 증산교라는 용어를 사용했다.

먼저 증산교에서 이야기되는 병겁에 대해 알아본 다음, 의통과 해인에 대한 여러 주장들을 살펴보기로 하자. 이 글에서는 『대순전경(大巡典經)』 6판(1965)을 인용했다. 증산교의 경전성립사에 대해서는 김탁의 「증산교의 교리체계화 과정」(한국학대학원 석사학위논문, 1987)을 참고하면 된다.

증산(甑山) 강일순(姜一淳, 1871~1909)은 현재의 이 천지가 생겨난 이후로 인류가 겪게 될 전무후무한 대병(大病)을 예언하였다. 이 질병은 "온 세상을 엄습하여 인류를 전멸케 할 병겁"(5장 33절), "괴병(怪病)"(5장 34절), "급살병(急殺病)"(5장 35절), "괴이한 병"(4장 82절) 등으로 표현되었다.

이러한 질병이 발생하는 원인에 대해 증산은 "병은 제 몸에서 스스로 나온다. 병자기이발(病自己而發)"(4장 98절)이라고 했으며, "인류가 병독(病毒)에 걸렸다."(4장 95절)고 진단했다.

증산은 자신이 지은 『현무경(玄武經)』과 후대에 그의 행적을 기록한 종교적 경전인 『대순전경』 4장 129절의 「병세문(病勢文)」에서 병의 종류를 대병(大病)과 소병(小病)으로 구분하고 있다. 증산은 이러한 두 종류의 병이 모두 무도(無道)에서 나온다고 규정한다.

무도(無道)의 구체적인 내용은 "망기부자무도(忘其父者無道), 망기군

자무도(忘其君者無道), 망기사자무도(忘其師者無道). 세무충(世無忠), 세무효(世無孝), 세무열(世無烈), 시고(是故) 천하개병(天下皆病)."이다. 따라서 병겁의 원인은 인류가 참다운 도에서 벗어난 생활을 하고 있기 때문이다. 그리고 증산은 "대인대의(大仁大義), 무병(無病)."이라고 덧붙였다.

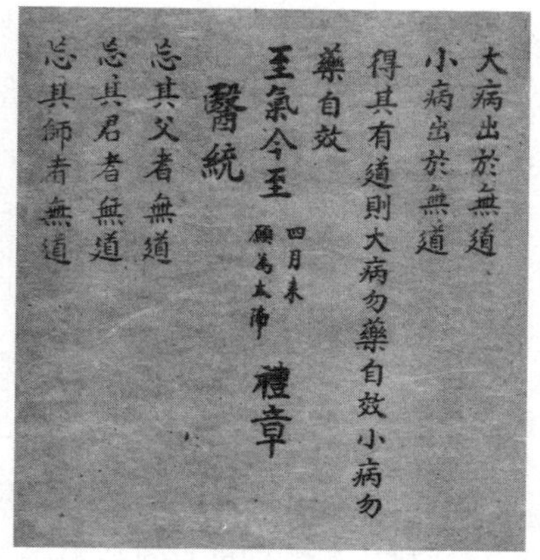
『현무경』의 「병세문」

증산이 예언한 병겁의 진행과정을 짐작해 볼 수 있는 『대순전경』의 기록을 살펴보자.

"창생이 큰 죄를 지은 자는 천벌(天罰)을 받고, 작은 죄를 지은 자는 신벌(神罰) 혹은 인벌(人罰)을 받느니라."(6장 59절)라는 증산의 말에 따르면, 병겁은 인류의 죄를 천(天) 또는 신(神)이 응징하는 형태로 이해된다.

이러한 견해는 증산의 "명부공사(冥府公事)의 심리(審理)를 따라서 이 세상의 모든 일이 결정되느니라."(4장 1절)라는 말과 "귀신(鬼神)은 천리(天理)의 지극함이니, 공사를 행할 때에는 반드시 귀신과 더불어 판단하노라."(4장 23절)라는 말에 의해 뒷받침된다.

나아가 증산은 "이제 신명으로 하여금 사람에게 임감(臨監)하여 마음에 먹줄을 잡혀 사정(邪正)을 감정하여 번갯불에 달리리니, 마음을 바르게 못하고 거짓을 행하는 자는 기운이 돌 때에 쓸개가 터지고 뼈마디가 튀어나오리라. 운수는 좋건마는 목 넘기기가 어려우리라."(5장 15절)라고 주장했다.

바로 이 구절의 "기운이 돌 때"가 병겁이 돌 때의 상황을 표현할 말이며, "신명들이 사람의 사정(邪正)을 감정한다."는 말이 신적인 존재들이 사람들의 죄를 판단하여 응징하는 일을 가리킨다.

또 "이렇게 허약한 무리들이 일을 재촉하느냐? 육정육갑(六丁六甲)을 쓸어들일 때에는 살아날 자가 적으리라."(4장 15절)라는 증산의 말은 병겁이 신장(神將)의 휘하 신병(神兵)들인 육정육갑신명들에 의해 일어나는 엄청난 사건이 될 것이라고 해석된다.

신장에 대해서는 "48장(將)을 늘여 세우고 옥추문(玉樞門)을 열 때에는 정신차리기 어려우리라."(3장 100절)라고 기록되어 있다. 여기에 근거하여 옥추문이라는 하늘의 문이 열리고 신장(神將)과 신병(神兵)들이 사람들이 행한 죄에 대한 응징을 하는 것이 병겁이라는 해석이 가능하다.

증산이 "천하창생이 진멸지경(殄滅之境)에 박도(迫到)하였는데"(5장 36절)라고 말할 정도로 병겁은 엄청난 대파국의 상황일 것이며, 우주의 주재자로 믿어지는 증산이 스스로 "전 인류가 진멸지경에 이르렀는데, 아무리 하여도 전부 다 건져 살리기는 어려우니 어찌 원통치 않으리오?"라고 말하고 슬피 울 정도였다. 이처럼 증산이 원통해 할 정도로, 병겁은 증산의 권능으로도 피할 수 없을 것이며 인간이 스스로 만든 업보 때문에 일어날 것이라고 설명된다.

또 증산은 "천하의 병을 가진 자는 천하의 약을 사용해야 나을 수 있는데〈유천하지병자(有天下之病者), 용천하지약(用天下之藥), 궐병내유(厥病乃愈).〉, 천지도술약국이 전주(全州) 동곡(銅谷)에 있고 그 곳에서 생사를 판단한다.〈원형리정(元亨利貞). 봉천지도술약국(奉天地道術藥局), 재전주동곡(在全州銅谷), 생사판단(生死判斷).〉"라고 주장했다.

그리고 증산은 "천하의 대세를 아는 자는 천하의 생기(生氣)가 있지만, 천하의 대세를 알지 못하는 자에게는 천하의 사기(死氣)가 있을 것이라.〈지천하지세자(知天下之勢者), 유천하지생기(有天下之生氣). 암천하지병자(暗天下之病者), 유천하지사기(有天下之死氣).〉"라고 경고했다.

의통과 해인

이러한 병겁의 발생에 대비하여 증산이 제시한 것이 바로 의통(醫統)이다. "…… 성인이 만드셨으니, 먼저 천하의 직(職)을 하고, 먼저 천하의 업(業)을 행하라. 직은 의(醫)요, 업은 통(統)이니라. (이것이 바로) 성인의 직이요, 성인이 행해야 할 업이니라. 〈성인내작(聖人乃作), 선천하지직(先天下之職), 선천하지업(先天下之業). 직자(職者), 의야(醫也). 업자(業者), 통야(統也). 성지직(聖之職), 성지업(聖之業).〉"(4장 129절), "모든 무술(武術)과 병법(兵法)을 멀리하고 비열(卑劣)한 것이라도 의통(醫統)을 알아두라. 사람을 많이 살리면 보은(報恩)줄이 찾아들어 영원한 복을 얻으리라."(5장 11절), "이 뒤에 괴병이 온 세상을 엄습하여 인류를 전멸케 하되 살아날 방법을 얻지 못하리니, 모든 기사묘법(奇事妙法)을 다 버리고 의통(醫統)을 알아두라."(5장 33절) 등이 관련 구절이다.

이와 연관하여 장차 발생할 병겁에 대해 다음과 같은 교리체계가 세워지기도 했다.

> 공우(公又)의 전언(傳言)에 의하면, 이 괴병(怪病)은 세계에서 아즉 경험하여 보지 못한 초급성질병(超急性疾病)으로서 전북(全北) 군산(群山)에서 몬저 발생하리라 하며 …… 이 괴병으로 인하야 세계가 진멸을 당하게 될 터인데, 오직 의통(醫統)으로서만 구치(救治)할 수 있을 뿐이라 하며, 인류가 이 병겁을 극복한 연후에, 비롯오 불평불합리(不平不合理) 등 일체(一切) 사회적 해악이 소멸되고 전일이상(全一理想)이 실현되며, 상선사회(上善社會)가 건설될 것이라 한다.
>
> —이정립(李正立), 『대순철학(大巡哲學)』〈대법사편집국(大法社編輯局), 1947〉

증산의 영정

이상사회를 지상에 건설하기 위한 마지막 고난이 바로 괴병(怪病)이며, 이 괴병을 극복할 수 있는 신물(神物)이 바로 의통이라는 주장이다. 전라도 군산에서 병겁이 발생할 것이라는 구체적인 설명도 덧붙여져서, 실제 발생가능성을 강조했다. 더욱이 구체적인 발생장소는 물론 우리나라에서는 49일간, 전 세계에는 3년에 걸쳐 병겁이 발생할 것이라고 기간을 정한 내용도 있다.

어느 날 공사를 보시며 가라사대 이후에 병겁(病劫)이 침입할 때, 군산(群山) 개복에서 시발(始發)하여 폭발처로부터 이레 동안을 뱅뱅 돌다가, 서북(西北)으로 펄쩍 튕기면 급하기 이를 바 없으리라. 이 나라를 사십구일 동안 싹 쓸고, 외국으로 건너가서 전 세계를 삼 년 동안 쓸어버릴 것이니라 하시었다 전하니라. 또 가라사대 …… 병겁이 들어설 때에는, 어디보다 먼저 약방(藥房)과 병의원(病醫院)을 찾아 들어서 병자(病者)가 찾을 바를 얻지 못하리니, 이제 전 인류가 가히 진멸지경(殄滅之境)에 빠지리라. …… 너희들은 의통(醫統)을 알아두라 하시었다 하니라.

　―정영규(丁永奎) 찬술, 강석환(姜石幻) 발행, 『천지개벽경(天地開闢經)』
(1987)

병겁과 관련하여 앞으로 군산 개복동에서 '신(神)불 심판'이 시작되면, 죄를 지은 자는 모두 '신(神)불'의 보이지 않는 창에 찔려서 죽게 되는데, 오직 증산(甑山)의 도(道)를 닦아 그의 의통(醫統)을 받은 자만이 이 불 심판을 면하고 모든 사람을 구제하여, 한국이 세계 인류를 구제하고 지

배할 수 있는 종주국(宗主國)이 된다는 신앙
도 있다.

용화미륵불교(龍華彌勒佛敎)의 교주 서
승영(徐承永)은 증산이 괴질을 면하는 약장
공사(藥欌公事)로 단주수명(丹朱受命)을 교
인들에게 전했는데, 훗날 이 단주수명의 용
사(用事)를 지장보살(地藏菩薩)인 고씨부인
(高氏夫人)에게 맡겼으며, 결국은 자신에게
전해졌다고 주장했다. 그는 1972년에는 새
세계에 새로운 교정(敎政)으로 한국이 세계
를 통치하게 된다고 강조했다.

증산이 그렸다는 태을도부(동
곡약방)

앞으로 괴질이 발생하여 사람들이 모두
죽게 될 때에 죽은 사람의 이마에 도장을 찍으면 소생하게 된다고 믿는 의
통인패(醫統印牌)는 환인(桓因)이 환웅(桓雄)에게 준 천부삼인(天符三印)
이라는 주장도 있다.

이 밖에도 증산교의 여러 교파에서는 의통에 대해 다양한 해석을 내리
고 나름대로 교리로 정립하고 있다. 의통에 대한 가장 초기의 공식적인 기
록은 다음과 같다.

기유(己酉, 1909년) 6월 23일 야(夜) 즉 선생(先生)이 화천(化天)하시든 전
야(前夜)에, 극비리에 의통(醫統)의 내용을 설명하여 주시고, 다시 무진(戊
辰) 동지(冬至)에 용화동(龍華洞)에서 기두(起頭)하는 자에게 전하라고 부탁
하였다는 전말을 말하며, 인패(印牌) 한 벌을 전수하였음으로 …… 이상호(李
祥昊)는 차(此)를 …… 을유해방(乙酉解放) 후(後) 10월 24일에 비롯오 공개
하게 된 것이다.

ㅡ이정립,『대순철학(大巡哲學)』(대법사편집국, 1947)

청음 이상호

중산이 박공우(朴公又, ?~1940)에게 전한 의통은 1928년 동짓날 동화교(東華敎)를 창립한 이상호(李祥昊, 1888~1966)에게 전해졌고, 이상호는 그 비밀을 간직하다가 1945년 10월에 비로소 일반신도들에게도 공개했다는 것이다.

의통에 대한 여러 주장들을 홍범초(洪凡草)는 「병겁(病劫)과 의통(醫統)」(1990)에서 유도(有道)로서의 의통과 주술(呪術)로서의 의통으로 대별하여, 각 교단의 주장들을 간략하게 정리하고 있다. 참다운 도(道)를 가지는 것이 의통이며, 증산의 성훈(聖訓)을 잘 실천하여 난법난도(亂法亂道)에서 벗어나는 일이 말세의 병겁에 대비한 비법인 의통이라는 것이, 유도(有道)로서의 의통을 주장하는 증산 교파의 입장이다.

여기에는 삼덕교(三德敎)에서 주장하는 도표(圖表)로서의 의통, 증산법종교(甑山法宗敎)에서 주장하는 "천사(天師)님의 고원(高遠)하신 이상과 광대하신 교의로써 궐병내유(厥病乃愈)의 명(命)을 붙이신 것"이 있다. 순천도(順天道)에서는 증산의 천지공사에 의해 새로운 천지를 창조한 원리를 간결하게 집약한 후천도(後天圖), 용담도(龍潭圖), 일인도(日印圖), 천지원리도(天地原理圖) 등으로 부르는 도형(圖形)이 의통이라는 믿음이 있다. 또한 보화교(普化敎)에서는 증산이 말한 천지원리를 그 교단의 창립주 김청강(金淸江)과 후계자 김백송(金栢松)이 연구하여 만들었다는 금구해도(金龜海圖)가 의통이라고 주장한다.

그리고 주술로서의 의통의 대표적인 사례는 태을주(太乙呪)라는 증산 교단 특유의 주문을 외우는 일이다. 이 밖에도 실물을 지닌 형태로서의 의통을 주장하기도 하는데, 보천교(普天敎)에서 사용했던 녹표(祿表), 안내성(安乃成)이 세운 선도(仙道)의 의통, 증산교본부(甑山敎本部)의 의통 등이 있다.

녹표는 벼락을 맞은 대추나무를 지폐(紙幣)만한 크기로 깎아 가운데는 태을주를 새기고, 사방에는 궁(弓)자를 이이서 새기고, 위쪽 양 귀퉁이에는 궁(弓)자를 새기고, 아래쪽 두 귀퉁이에는 태극(太極)을 새겨서 종이에 찍은 것이다. 이 녹표는 녹지(祿紙)라고도 한다. 녹표를 문 위에 붙이면 천지신명들이 도가(道家)라 하여 그 집안에 있는 사람들을 보호해 준다고 믿었다.

선도(仙道)의 의통은 지폐 크기의 한지(韓紙)에 경면주사로 태을주를 쓴 것이다. 이것은 쓴 지 3년이 지나면 효력이 없어지기 때문에 3년마다 다시 써야 한다고 한다.

증산교본부의 의통은 호신부(護身符)와 호부(戶符)로 대별된다. 호신부는 지폐 크기의 한지에 가운데는 태을주를 찍고, 왼편 위에는 태극 모양의 시헌인(時憲印)을 찍고, 오른편에는 태극 모양의 대성(大聖), 즉 증산의 이름인 일순(一淳)을 찍은 것이다. 호부는 호신부와 같은 크기의 한지에 가운데는 태을주를 찍었고, 왼편 위쪽에는 무사태평인(無事太平印)을 찍었고, 오른편 아래쪽에는 신장공우(神將公又)를 찍은 것이다. 이중성(李重盛, 1897~1958)이 편술(編述)한 『천지개벽경(天地開闢

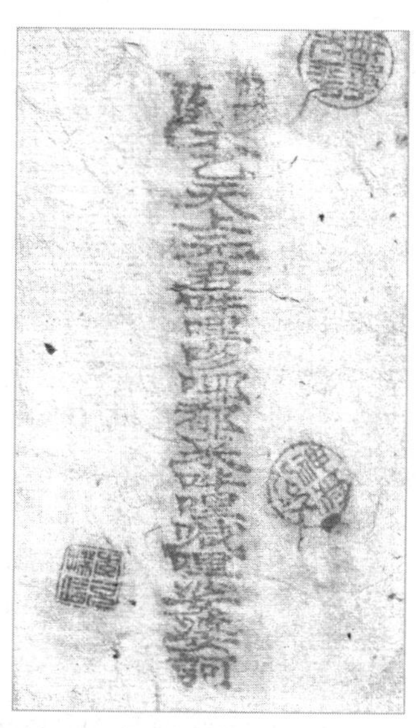

증산교본부에서 1951년에 만든 호신부

「현무경」 첫 장에 나오는 언청계용 신부

經)』(1992)에는 의통의 크기와 만드는 방법이 자세히 기록되어 있다.

중산교의 대표적 경전인 『대순전경』에는 해인이라는 용어가 한 번 나오는데, "잘 믿는 자에게 해인(海印)을 전해 주리라."(3장 42절)라는 구절이다. 여기서 의통(醫統)과 해인(海印)의 관계가 문제가 된다.

중산교단에는 의통과 해인을 같은 것으로 보는 교단도 있고, 그렇지 않은 교단도 있다. 어떤 교단에서는 해인을 『현무경』에 나오는 특정한 부(符)를 변산(邊山)에서 생산되는 동도지(東桃枝)에 새긴 것이라고 믿기도 한다. 병겁이 발생할 때 죽은 사람들을 살리는 데 해인을 사용한다고 주장한다.

의통인패를 가진 6명 1개조를 이룬 육임(六任)이 해인에 경면주사(鏡面朱砂)를 묻혀서 주검의 얼굴 한 가운데에 있는 인당혈(印堂穴)에 찍은 다음, 태을주를 외우고 사지를 주물러 소생케 한다는 내용이다. 이러한 교리는 중산교의 각 교파에서 매우 비밀리에 그리고 신비하게 이야기되는 부분이어서, 공식적으로 자파의 믿음과 주장을 구체적으로 밝혀놓은 기록은 없다. 필자가 조사한 바로는 대부분의 중산교단에서는 의통과 해인을 동일한 범주로 믿고 있으며, 해인이 의통에 포함되는 개념으로 이해하고 있었다.

장옥의 『용화도장 지킴이』(2004)에 따르면 실제로 이 의통인패와 해인이 중산교본부에서 1945년 8·15해방 직후, 한국전쟁이 한창 진행 중이던 1951년 음력 2월, 1964년부터 1968년 봄까지, 1984년 봄 등 모두 네 차례에 걸쳐 만들어졌다는 사실이 확인된다.

이상호가 무진년(1928) 동지(冬至)에 창립한 동화교(東華教)는 1936년 4월에 민족의식을 고취하는 준민족운동으로 규정되어 조선총독부의 명령에 의해 교단이 해체되었다. 이후 1945년 8월 해방이 되자마자 동화교의 주도세력이 모여 대법사(大法社)를 조직하였다. 1968년에는 동도교(東道教) 증산교회(甑山教會)로 이름이 바뀌었고, 이후 증산교(甑山教), 증산교본부(甑山教本部) 등으로 불렸다.

이 의통을 만드는 과정에는 아직 이성(異性)을 모르는 청순한 소년들만 참여할 수 있었다고 한다. 그리고 의통을 만들기 위해서 전북 부안군 변산(邊山)에서 캐온 도목(桃木)과 중국에서 구입한 경면주사(鏡面朱砂)가 사용되었다고 한다.

이러한 대다수 증산교단의 의통과 해인에 대한 믿음과 달리 태극도(太極道)의 창도주(創道主) 정산(鼎山) 조철제(趙哲濟, 1895~1958)는 해인을 다음과 같이 해석한다.

도주(道主, 정산 조철제, 필자 주)께서 갑오년(甲午年, 1954) 가을에 …… 박한경(朴漢慶) …… 등을 데리시고, 해인사 경내에 있는 관음전(觀音殿)이자 심검당(尋劍堂) 뒤편의 다로경권(茶爐經卷)에서 사흘 동안 공부를 하셨도다. …… 근처에 있는 백련암과 그 외 여러 암자를 돌아보시고, 길에 오르셨도다.

도주께서 해인사에서 돌아오신 다음 날에 여러 종도들을 모아 놓고, "상제(上帝, 증산을 가리킴, 필자 주)께서 해인(海印)을 인패(印牌)라고 말씀하셨다고 하여, 어떤 물체로 생각함은 그릇된 생각이니라. 해인은 먼데 있지 않고, 자기 장중(掌中)에 있느니라. 우주 삼라만상의 모든 이치의 근원이 바다에 있으므로 해인이요, 해도진인(海島眞人)이란 말이 있느니라. 바닷물을 보라. 전부 전기이니라. 물은 흘러 내려가나 오르는 성품을 갖고 있느니라. 삼라만상의 근원이 수기(水氣)를 흡수하여 생장하느니라. 하늘은 삼십육천(三十六天)

증산교본부의 통천궁

이 있어 상제께서 통솔하시며, 전기를 맡으셔서 천지만물을 지배 자양하시니,
뇌성보화천존상제(雷聲普化天尊上帝)이시니라. 천상의 전기가 바닷물에 있
었으니, 바닷물의 전기로써 만물을 포장하느니라.”고 말씀하셨도다.

―「교법(敎法)」 제2장 53~55절) 『전경(典經)』(1974)

해인사를 찾아가 해인의 의미에 대해 고민하던 정산은, 해인을 인패
(印牌)라고 믿는 대다수 증산교단의 주장을 부인하고 우주 만물의 이치라
고 해석하였다. 결국 그는 인(印)에 대해서는 특별한 의미가 없다고 풀이
했으며, 이러한 입장에서 만물의 근원은 바다에 있는 수기(水氣)이며 이
를 구체화한 것이 바로 전기(電氣)라는 독특한 주장을 했다.

그리고 이와 관련하여 태극도에서는 증산을 전기를 맡아 천지를 지배
하는 구천응원뇌성보화천존(九天應元雷聲普化天尊)으로 믿는다. 더욱이
이러한 해석에 의거해서 태극도의 분파인 대순진리회(大巡眞理會)는 생

명 기원의 원초적 힘이 바로 뇌전(雷電)이라고까지 주장한다. 즉 대순진리회는 『대순사상(大巡思想)의 현대적 이해』(1983)에서 "뇌전(雷電)은 시동발초(始動發初)의 원천(源泉)이고, 이로 말미암아 하늘과 땅이 나누어지고, 음기(陰氣)와 양기(陽氣)를 승강(昇降)하게 하여, 우주 만물을 생성하게 한다."는 교리를 정립하고 있다.

한편 증산교단의 가사로 추정되는 『채지가(採芝歌)』「남강철교(南江鐵橋)」에 "정(定)한 날이 어김없이, 해원문(解冤門)을 열어 놓고, 비장용장(飛將勇將) 상중하재(上中下才), 육부팔원(六腑八元) 장(壯)할시구. 비천상천(飛天上天) 하올 적에, 해인조화(海印造化) 손에 들고, 무수장삼(舞袖長衫) 떨쳐입고, 좌수(左手)에 높이 들고, 만국문명(萬國文明) 열어 놀제, 죽는 백성 살려주고, 천동(天動)같이 호령하니, 만좌춘풍(滿座春風) 화기(和氣)로다."라는 구절이 있다.

정해진 날이 오면 비장(飛將)과 용장(勇將)으로 표현되는 인물들이 나타나 하늘에 올라가 '해인조화'를 손에 들고 만국문명을 열어가며 죽어가는 사람들을 살린다는 내용이다. 여기서 해인은 하늘과 관련된 신성한 보물이며, "손에 든다."는 표현이 있는 것으로 볼 때 구체적 형태를 지닌 물건으로 상정된다는 사실을 알 수 있다.

해인신앙의 다양한 유형

일연(一然, 1206~1289)의 『삼국유사(三國遺事)』「고조선(古朝鮮)」조에

"옛날에 환인(桓因)의 서자 환웅(桓雄)이 있었는데, 항상 천하에 뜻을 두고 인간 세상을 탐내거늘, 아버지가 아들의 뜻을 알고 삼위태백(三危太白)을 내려다보니 널리 인간계를 이롭게 할 만한지라, 이에 천부인(天符印) 세 개를 주어 가서 (세상 사람들을) 다스리게 하였다."라 했다.

한편 영해(寧海) 박씨(朴氏) 문중(門中)에서 비전(秘傳)되어 왔다는 『부도지(符都誌)』에는 "여러 부족이 방장산(方丈山) 방호(方壺)의 굴에서 칠보(七寶)의 옥(玉)을 채굴하여 천부(天符)를 새기고, 그것을 방장해인(方丈海印)이라고 불렀는데, (방장해인으로) 칠난(七難)을 없애고 돌아갔다."는 기록이 보인다.

1) 도장으로 믿어진 해인

가. 동포교의 해인

「조선신문(朝鮮新聞)」 1931년 8월 15일자에 논산군 두마면 부남리에서 동포교(同胞敎)를 세운 주모자 정인용⟨(鄭寅熔 또는 鄭寅鎔), 69세⟩과 그의 아들 정갑영(鄭甲永, 20세), 이민각(李敏珏, 55세), 심성택(沈成澤, 68세), 이봉규(李鳳珪, 66세) 등이 체포되었다는 기사가 있다. 이들은 교주 정인용을 『정감록』에 나오는 '조선(朝鮮)' 이라는 인물이라고 주장했는데, 교도들에게 대신, 금위대장, 관찰사 등의 임명장을 발급하고 군자금을 모아 무기를 마련하여 음모를 꾸몄다.

정인용은 정씨진인출현설을 이용하여 조선독립을 위한 비밀결사를 조직한다고 주장하면서 비장했던 해인(海印)을 날인한 관직 임명서를 발행하여 새 왕조 출현을 꿈꿨다. 당시 서대문경찰서에서 그에게 관직 임명장을 받은 사람을 조사하니 50~60여 명에 달했고 모금액도 상당히 많았다.

원래 해인사에 비장된 목조(木彫)로 만든 해인(海印)을 고종 26년 (1889)과 23년(1890) 사이에 누군가가 훔쳐갔는데, 사람들은 『정감록』에 예언된 해인이 세상에 다시 나타날 때 정씨(鄭氏) 일문(一門)이 계룡산에서 천하의 운수를 열 것이라고 믿었다. 이와 관련하여 정맹인(鄭盲人)이라는 사람이 구름을 타고 해인을 가지고 가버렸다는 풍문이 있었다.

동포교 신자들은 교주 정인용이 바로 이 해인을 훔친 사람이라고 믿었다. 이 사건이 일어나기 30여 년 전인 대한제국 6년(1902) 무렵에 정인용이 경북 영천군 은해사(銀海寺)에 나타났었던 일이 있었다. 이때 정인용이 사람들에게 해인을 보여주고 내가 장차 민중의 왕이 될 정맹인(鄭盲人)이라고 주장하자, 고종이 직접 김상한(金商翰)에게 칙명을 내려 군사를 파견하여 그를 체포하게 했다고 한다.

이후 정인용은 2년 동안 감옥에 있다가 대한제국 8년(1904) 1월에 석방되었다. 오랫동안 소식이 끊어졌던 그가 1925년 가을에 계룡산에 다시 나타나 동포교를 세우고 교주로 추대되었던 것이다.

당시 민간에 전하는 이야기에 따르면 해인은 지금부터 수백 년 전에 어떤 왜관선(倭冠船)이 남조선(南朝鮮)의 바다에서 난파되었을 때 해안으로 밀려든 선재(船材)로 만든 것이라고 한다. 그리고 경성대학(京城大學)의 교수 등이 해인사에서 발견된 팔만대장경에도 이 해인이 날인되어 있다고 주장했는데, 해인은 방(方) 4촌(寸) 한 쪽에 기괴한 문자가 새겨진 신비한 도장이라고 한다. 실제로 경찰이 두 차례나 현지에 가서 수색한 끝에 해인을 압수하였다.

정인용이 해인사에서 해인을 훔쳐 은해사에 머물고 있을 때, 당시 영천군수(永川郡守)로서 그를 체포하러 갔던 집포관(執抱官) 김상한(金商翰)과 그의 지휘 아래 조사에 입회(立會)했던 이장용(李章鎔)도 서대문경찰서에서 증인심문을 받았다.

이때 이장용은 "벌써 30여 년 전의 일입니다. 정맹인(鄭盲人)이라는 사람이 출현해서 인심을 동요시킨 일이 실제로 있었습니다, 그가 해인을 가지고 있다고 주장했는데, 그를 따르지 않는 사람은 천변지이(天變地異)를 만나 죽는다는 황당무계한 말이 있어서 큰 난리가 났습니다. 당시 그 정맹인이라는 사람의 가슴에는 칠성(七星)이, 어깨에는 삼태성(三太星)의 무늬가 있고, 눈동자가 두 개이고, 손에는 왕자(王字)가 있다는 이야기가 퍼졌습니다. 정맹인은 해인을 가지고 비를 부르고 바람을 일으키는 일이 가능하다는 터무니없는 이야기를 퍼뜨린 괴이한 인물인데, 계룡산에 새로운 나라를 세울 것이라는 유언비어가 성행했습니다. 그를 체포해 보니 모두 허황한 일임을 알 수 있었는데, 집포관 김상한이 서울에 데리고 와서 조사했는데 의외로 석방되었습니다. 아마도 집포관이 인심이 소란스럽게 될 것을 염려하여 추방한 것으로 알고 있습니다. 문제의 해인이 현재 서대문경찰서에 있다는 말을 믿지 않을 수 없지만, 어떤 사람은 해인은 수백 년 전래의 보물로 해인사에 있었는데 약 40년 전에 정만인(鄭萬人) 또는 정맹인(鄭盲人)이라는 인물이 훔쳐갔기 때문에 조사해도 소재를 알 수 없을 것이라는 이야기도 전합니다. 만일 해인이 있다고 한다면 그것은 전부 기적입니다. 기괴한 사건임에는 틀림이 없습니다."라고 증언했다.

이 기사에 나오는 김상한은 황현(1855~1910)이 지은 『매천야록』 1903년 6월조에 나오는 '영남의 집포관 김상한'과 동일인물이다. 1909년 5월 충청북도 경찰부장이 내부(內部)경부국장에게 보낸 「폭도에 관한 보고」에 따르면 김상한은 "안동, 순흥, 단양, 청풍, 문경, 영춘의 각 군의 총대장으로서 청풍군 근남면 지곡(地谷)에서 태어났으며, 동아개진교육회장(東亞開進教育會長)을 역임한 양반 출신의 60세 가량의 인물"이라고 한다. 그리고 이장용은 『대한제국 직원록』에 따르면 1906년에는 전남 장흥군수를 지냈고, 1908년도에는 경상남도 함양군의 군수(郡守)를 지냈다.

정인용은 도장 형태의 나무로 만든 해인을 가지고 있었으며, 이를 관직 임명서에 찍어 교도들에게 발급하면서 새 왕조의 관리가 될 것이라고 주장했다. 그는 해인을 장차 왕으로 등극할 진인(眞人)이 가지는 특별한 도장이라고 믿었던 것이다.

나. 김창하의 해인

무라야마 치준(村山智順)이 지은 『조선(朝鮮)の유사종교(類似宗敎)』〈조선총독부(朝鮮總督府), 1935〉에 보면, 1934년 8월 김황제(金皇帝)라고 자칭하면서 민중을 속이고 재산을 편취한 일당이 평안북도 신의주 경찰서에 검거된 일이 있었다. 평안북도 귀성군 귀성면 서삼동에 사는 김창하(金昌河)라는 자가 금강산 비로봉에서 옥황상제에게 천일의 기도를 올려서, 옥황상제로부터 "그대가 황제로 등극하니, 나를 대신하여 제세(濟世)하라."는 명을 받았다고 주장했다.

그는 황제 등극에 사용할 옥새, 천병만마(千兵萬馬)를 격퇴할 수 있는 해인(海印), 만병통치의 석침(石針) 및 처방 등을 옥황상제에게 친히 전수받았다고 강조했다. 김창하는 옥새와 해인을 날인한 종이를 교도들에게 나누어 주어 치성금을 받거나, 질병치료의 신약이라고 하면서 알약을 사게 하는 등의 수법으로 금전을 편취했다고 전한다.

다. 포산스님과 해인

충청남도 논산군 계룡산 신도안 입구에 있는 개태사(開泰寺)에 있던 김광영 보살이 1945년 12월 당시 해인사 조실로 있던 윤포산(尹飽山, 1901~1958) 스님을 찾아와 자신의 딸을 부인으로 맞는 조건으로 해인을 맡겼다고 전한다. 그때 김 보살은 천왕(天王)으로부터 "윤포산 스님이 장차 세계 대통령이 되실 분이니, 그 분을 모시고 오라는 계시를 받고 찾아왔노라."

윤포산 스님

개태사 창운각의 현판

고 자신의 입장을 밝혔다고 한다. 이는 포산스님의 제자가 한 증언이다.

그런데 강경지방법원 보관함에 보관되어 있던 해인을 김광영 보살이 1946년 10월 16일에 찾았다는 전언이 있는 것으로 볼 때, 이 이야기에 착각이 있는 듯하다. 아마 1946년 이후의 일일 것이다. 윤포산의 또 다른 제자인 근하스님의 말에 의하면 포산이 개태사로 갔을 때는 단군을 모신 창운각(創運閣)의 입택일(入宅日) 직후였다고 한다. 창운각은 1947년 9월 9일에 상량(上梁)을 했고, 같은 해 12월 8일이 입택일이었다.

윤포산 스님은 윤보선 전 대통령의 사촌동생으로서, 19세에 금강산에 입산하여 당대에 선풍을 드날리던 만공(滿空)스님의 제자가 되었다. 그는 10여 년 동안 수도에 힘써 견성(見性)한 스님으로 알려졌었으며, 29세의 나이로 지리산 칠불선원의 조실에 부임하였고, 33세부터는 해인사의 조실로 있으면서 많은 스님들의 존경을 받아왔었다고 전한다.

당시에 '해인의 주인이 되면 황제가 된다.'라는 소문이 나돌았으며, 실제로 윤포산은 해인을 손에 넣은 다음 곤룡포를 입고 황제 행세를 했다고 한다. 윤포산이 황제가 되면 김광영 보살의 딸이 황후가 되는 것은 자명한 일이기 때문에, 김광영 보살이 윤포산 스님에게 해인을 주었던 것이다. 어쨌든 김광영 보살은 1947년 12월 단군을 모신 창운각(創運閣)을 세운 후 전각의 대들보 위에 해인을 안치하였으며, 그 이후 개태사에 해인이 소장되어 왔다고 전한다.

포산스님의 상좌였던 도일스님의 전언에 따르면, 해인은 부처님의 도장인데 옥새가 임금의 도장인 것과 마찬가지라고 한다. 그가 본 바에 의하면 해인은 가로와 세로가 각각 16센티미터 정도 크기의 정사각형의 밑 부분에 불경이 조각되어 있고, 도장의 위쪽은 십자가 모양으로 쥘 수 있는 구조라고 한다.

그런데 포산스님의 또 다른 제자였던 근하스님에 의하면, 개태사의 해인은 크기가 가로 8센티미터 세로 7.3센티미터라고 한다. 인장 뒤에는 둥근 모양의 손잡이가 있으며, 열 십자(十字) 모양이 새겨져 있었다고 한다. 글자는 전자(篆字)로 16자(字)가 새겨져 있었는데, 네 글자씩 상단 좌측부터 을자(乙字) 내지 만자(卍字) 형식으로 씌어져 있었다고 한다. 그의 주장에 따르면 도장의 뒷부분 손잡이면의 십자선(十字線)과 전자가 합하여 만자(卍字)를 그린 것이다. 그리고 해인의 가운데에 있는 그림은 가로 5.4센티미터 세로 5센티미터로 뜻은 알 수 없으나 '바다 해(海)자'의 모습으로 추측된다고 말했다.

김광영 보살이 해인을 찾게 된 경위는 다음과 같이 전한다.

개태사에서 조국의 해방과 세계평화를 위해 정성을 드리고 있던 김 보살은 어느 날 천왕(天王)으로부터 해인(海印)을 찾아오라는 지시를 받았다. 천왕께서 알려주는 대로 김 보살은 전북 익산군에 거주하는 어떤 할머니를 찾아가 대뜸 "해인을 내놓으라."고 요구했다. 나름대로 정성을 드리고 있던 그 할머니는 "해인이 뭐냐? 나는 모르는 일이다."라고 시치미를 뗐다. 그래서 김 보살이 천왕께 "해인이 없다는데요."라고 기도하자, 천왕은 "좀 기다려 보라."고 응답했다.

  그때 안방에서 마루로 나오려던 그 할머니는 그대로 주저앉은 채 갑자기 꼼짝도 못하게 되었다. 자기 힘으로는 도저히 어찌 해볼 수 없음을 깨달은 그 할머니가, 자기가 잘못했으니 살려달라고 김 보살에게 애원하며 "해인을 갖다 드리겠다."고 말했다. 김 보살이 천왕께 "어떻게 해야 할머니를 구할 수 있습니까?"라고 묻자, 천왕이 "할머니의 등을 십자로 두 번 두드리라."고 공수했고, 김 보살이 할머니의 등을 두 번 두드리자 즉시 일어났다고 한다. 이윽고 그 할머니가 다락방에 잘 모시고 있던 해인을 갖고 나왔는데, 당시 해인은 다섯 가지 색깔의 깨끗한 보자기에 정성스럽게 싸여 모셔졌다고 한다.

  그런데 김광영 보살이 해인을 갖게 된 일에 대해 1933년 완주군 운주면 완창리에 사는 김병수(金丙洙)의 앉은뱅이 병을 고쳐 주고 그 집에서 비전(秘傳)되던 공채(玒采)라는 도장을 얻었는데, 이것을 세계통일의 신통력을 가진 해인(海印)이라고 선전하였다는 이강오의 『한국신흥종교총람』(1992)의 보고가 있다. 당시 김 보살은 정감록 비결에서 말하는 계룡산 정씨왕도(鄭氏王都)의 개운(開運)도 절박하지만, 정씨창운(鄭氏創運)의 열쇠인 해인이 자신에게 공채(玒采)라는 실물로 주어져 있다고 주장했다.

  한편 김광영 보살에게 사형언도를 내렸던 김용무 판사는 해방된 후 미군정시대에 대법원장을 역임한 법조인이었다. 김용무 판사가 당시 미군정청 책임자였던 하지중장에게 해인의 행방을 알아달라고 부탁하였고, 하지중장이 일본에 있던 맥아더 사령관에게 문의했다고 한다. 맥아더 장군이 일본 황궁에 해인의 행방을 문의한 결과, 이미 그 당시에 대전지방법원에 환송했다는 보고를 들었다. 그리하여 김용무 판사는 대전지법의 서기가 개인적으로 보관하고 있던 해인을 찾아 재판 관련문서 등과 함께 김광영 보살을 찾아와 자신의 잘못을 빌었다고 전한다. 그 후 김용무 판사는 한국전쟁 때 납북되었다고 한다.

해인에 얽힌 이러한 사연과 재판기록 등을 모두 읽어 본 포산스님은 해인을 중심으로 일어난 기적과도 같은 사건에 무척 감동받았다고 전한다. 포산스님도 일찍이 수도를 통해 우리나라가 독립될 날짜까지 알고 있었을 정도로 미래를 내다보는 혜안이 있었다고 한다. 어쨌든 3일 동안 심사숙고한 포산스님은 마침내 결단을 내리고 십여 명의 스님과 함께 개태사로 갔다.

포산스님의 제자인 도일스님은 "육조(六祖) 혜능대사(慧能大師)의 동방만월세계(東方滿月世界)라는 예언에 따라, 미륵불이 한국에 오실 것"으로 믿고 있으며, 한국이 세계의 종주국이 되며 모든 종교가 통일된다는 신념을 갖고 있다. 아울러 도일스님은 주역(周易)에서 주장하는 지천태운시대(地天泰運時代)가 바로 지금이라고 믿는다.

어쨌든 당시 포산스님의 제자들은 그를 미륵불의 화신으로 믿었으며, 개태사를 거쳐 신도안으로 들어갈 것으로 믿었다고 한다. 김광영 보살이 천왕의 지시에 따라 포산스님과 십여 명의 스님을 개태사로 모시고 온 것은, 그곳을 거쳐 신도안에 입성하여 세계대통령이 되는 예정된 코스를 단계적으로 밟기 위한 길이라는 믿음 때문에 가능했다.

개태사로 옮긴 포산스님을 만났던 당시 계룡산에 있던 수많은 도주들이, 포산스님께 경배했으며 이 분이야말로 세계대통령이 될 것이라고 찬탄했다고 전한다. 그런데 김광영 보살을 통해 천왕으로부터 약속받은 십 년이 지나도 포산스님이 세계대통령이 되지 않자, 제자들은 모두 실의에 빠졌다. 이후 포산스님이 은진 미륵불로 유명한 관촉사로 거처를 옮겨 삼 년을 지내는 동안 제자들도 거의 모두 흩어졌고, 마침내 포산스님은 1958년 58세를 일기로 입적하였다.

김광영 보살은 그 후에도 계속 개태사에 남아 있었다. 한일 간 국교가 정상화된 지도 10년이 지난 1975년에서야 김 보살의 아들 유진하가 개태사로 어머니를 찾아왔다. 모자가 일주일 정도 같이 지내다가, 아들 유진하가 일본으로의 재입국 수속을 위해 서울에 다녀오겠다고 말했다.

이때 김광영 보살은 천왕께서 가지 말라고 하신다며 아들을 만류했다. 특히 김광영 보살은 "천왕의 말씀을 듣지 않고 이곳을 떠나면 죽는다."고 말하며, 아들의 서울행을 간곡히 만류했다. 그러나 아들은 노모에게 각별히 조심해서 다녀올 터이니 걱정하시지 말라고 말하며, 굳이 개태사를 떠났다. 결국 그는 개태사 근처의 버스정류장에서 차에 치어 즉사하는 비운을 맞게 되었다. 아들이 죽은 지 3년 만인 1978년에 김광영 보살도 92세의 나이로 세상을 떠났다.

그런데 김광영 보살이 살아 있을 때 "해인이 본래 용궁에서 나온 것이니 만큼 다시 돌려주어야 한다."며 한강에 던져 되돌려 주었다는 전언이 있다. 그리고 김광영 보살의 딸이 해인을 가지고 사사로이 사용하다가 1997년 무렵에 교통사고를 당해 죽었다는 이야기도 전한다. 만일 그렇다면 김광영 보살이 가지고 있던 해인은 아직도 개태사의 어딘가에 소장되어 있을 가능성도 있지 않을까?

라. 야산 이달의 해인

야산(也山) 이달(李達, 1889~1958)은 1907년 무렵 산속에서 주역 등을 공부하여 득도했다고 믿어지며, 1946년 봄부터 충남 대둔산(大屯山) 석정암(石井庵)에서 주역과 홍범구주 등 역학(易學)을 연구하고 후학을 양성했던 인물이다. 그는 1948년 10월에는 태극지하종교연합회(太極之下宗敎聯合會)를 조직하여 종교통합을 구상하기도 했다.

야산 이달

야산은 해인이 신라시대 의상조사께서 중국

에서 화엄공부를 하다가 귀국할 때 가져온 보물이라고 말하기도 했다.

이 밖에도 야산의 제자들 사이에 전해지는 해인에 대한 다음과 같은 구전(口傳)이 있다.

퇴계선생이 말년에 청량산에서 훈학하실 때, 근본을 알 수 없는 한 동자가 배움을 청하기에 3년간 가르쳐 주었다. 3년 뒤에 동자가 배움을 마치고 고하기를 "저는 동해 용왕의 아들로서 인간계에 나와 배우게 된 것이며, 이제 때가 되어 용궁으로 돌아가는 마당에 용왕께서 은혜에 보답코자 선생을 초대하고자 하오니 허락해 주시길 바라며, 용궁에서 필경 한 가지 소원을 들어주실 것이니 책상 위의 도장을 달라고 하면 거절을 못 할 것입니다."라고 말했다.

퇴계선생이 쾌히 허락하고 동자의 뒤를 따르니 어느 결에 용궁에 도착하게 되었고, 용왕이 선생을 맞이하며 연회를 성대히 베풀었다. 주연이 무르익자 과연 용왕이 아들을 가르쳐준 은혜에 보답하는 것이라고 하며, 선생에게 소원을 말하라고 했다.

이에 퇴계선생이 용왕의 아들에게 들은 대로 책상 위의 도장을 원하니, 용왕이 할 수 없이 도장을 내주었고, 선생은 그것을 갖고 나와 금강산 비로봉에 있는 인간의 손길이 닿지 않는 곳에 감춰 두었다.

후에 이 도장은 임진왜란 후에 사명당이 일본에 외교사절로 갈 때 사용했다고 전하며, 다녀와서는 해인사에 보관했다.

위의 이야기는 앞서 해인설화 가운데 하나에서 살펴본 내용과 거의 비슷하며, 여러 설화를 짜깁기한 형태로 보인다. 설화의 주인공이 율곡선생이 아니라 퇴계선생이라는 점과 금강산 비로봉에 해인을 숨겼다는 점이 다를 뿐이다.

그리고 야산의 제자들 사이에서는 대원군 시절에 정만인(鄭萬人)이라는 도인이 남연군의 묘소를 점지해 준 대가로 해인사에 무상으로 출입할

대산 김석진

수 있는 허가증을 얻어낸 뒤에 해인을 훔쳤다는 설과, 정만인이 해인사 주지를 자청하여 재직하면서 해인을 훔쳤다는 이야기가 전한다. 여하튼 정만인이 해인을 손에 넣고 어디론가 달아났는데, 해남 강진에서 배를 타고 두 물길 닿는 거리에 있는 인간이 갈 수 없는 무인도인 '남조선'에 들어가서 종적을 감췄다는 이야기가 전한다.

한편 야산의 제자인 대산(大山) 김석진(金碩鎭, 1928~현재)의 『미래를 여는 주역(周易)』(1995)에 의하면 해인은 불가(佛家)에서 연원하는 말로서 "만물을 화육(化育)하고 중생을 구제하는 역할을 내포하고 있으며, 물의 맑은 성질을 본받아 정신을 기르고 나아가 바다와 같이 뜻을 넓히는 자기 수양의 호신부(護身符)"라고 한다. 이러한 주장은 불교적인 해석에 기초하고 있으면서도 부(符)라는 표현에서 알 수 있듯이 일정한 형체를 지닌 물건임을 암시하고 있다.

대산의 또 다른 주장에 의하면 해인은 도장이며, 그 전달 경로는 다음과 같다.

본래 해인은 중국의 황원(黃元)도사가 가지고 온 것을, 해인사에서 팔만대장경과 더불어 보관했는데, 정만인(鄭萬人)이라는 중이 훔쳐가지고 나왔지요. 이것을 대원군이 공자(孔子)께서 꿈속에 현몽해 가르쳐 주신 대로 정만인으로부터 되찾아, 당시 능참봉으로 있던 간원(艮元) 김병소〈金炳韶, 김석진의 사종조(四從祖)되는 어른〉에게 잘 보관하라고 맡겼지요.

위의 주장에 따르면 대원군이 잘못해서 정만인이 해인을 가지고 사라진 것이 아니라, 오히려 대원군이 정만인에게서 해인을 되찾았다고 한다.

한일합방 후 일본군이 이 사실을 알고 해인을 빼앗으려 하자, 김 참봉은 해인을 가지고 도망쳐 완주군 운주면 산북리에 숨어 살았으며, 그곳에 사는 류제철(柳濟喆)을 만나 해인을 찍어 주고는 연산(連山) 개태사(開泰寺)에 감추어 두었다고 한다.

이와 관련하여 야산이 1946년 봄부터 대둔산에서 많은 제자를 양성할 때, 류제철이 해인을 찍은 부적(符籍)을 가져왔다는 이야기도 있다. 이 부적은 김병소가 전라도 운주에서 학동들을 가르치면서 여러 사람에게 찍어준 것이라고 한다. 따라서 김병소가 해인을 사용하여 부적을 찍은 일이 있음이 확인된다.

해인은 김 참봉이 왜경에게 체포되어 옥고를 치르는 동안 왜경이 개태사를 뒤져 일본으로 빼돌렸는데, 해방 후 김광영 보살이 다시 찾아 개태사에 보관했다고 한다. 어느 날 개태사를 관리하던 김광영 보살이 해인(海印)도장을 갖고 야산에게 와서 신명(神明)이라며 "선생의 출산(出山)이 이미 임박했건만, 다만 해결하지 못한 일이 아직 해인(海印)을 풀이하지 못한 것이라."고 말했다.

이에 야산이 "이 해인은 비금비옥(非金非玉)이라."고 말하며 도장에 새겨진 전자(篆字)를 풀이하니, "성몽화령(聖夢化領), 현인범광(賢禼梵光), 교도천사(敎道天師), 구묘역영(玖妙亦暎)."이라는 열여섯 글자였다. 이때 야산이 "글자 중에 '역(亦)' 자는 '혁

김광영 보살이 가지고 있었던 해인의 전면

(赫)' 자도 되는데, 아직 해결할 때가 아니다."라고 덧붙였다고 한다.

당시 야산은 이 글귀를 "성인의 꿈에 화령한 현인〈賢氤: 어진 기운의 쌓임 : 유(儒)〉과 범광〈梵光 : 불도의 창성함 : 불(佛)〉이, 하늘의 도(道)를 가르치는 스승〈仙〉과 같이 옥돌의 신묘함으로 다시 빛나도다."라고 해석해 주었다고 한다. 이는 유불선 3도를 합한 하늘의 바른 도법이 그동안 인욕(人慾)에 가려 감추어져 있다가 후천(後天)이 다가옴에 따라 그 빛을 발한다는 뜻으로, 선천(先天)에서 후천(後天)으로 바뀔 때의 위태로움에서 창생을 구제하기 위한 호신부가 바로 해인이라는 주장이다.

여기서도 해인에 대해 금도 아니고 옥도 아니다〈비금비옥(非金非玉)〉라는 언급을 덧붙이고 있어서, 신비한 재질로 만들어진 물건이라는 점을 강조하고 있다. 그리고 해인을 찍은 종이를 호신용 부적처럼 몸에 지니고 있었다는 류제철의 경우에서 알 수 있듯이, 해인은 도장이며 해인을 찍은 종이를 몸에 지니면 모든 재액에서 벗어날 수 있다는 믿음이 있었음을 짐작할 수 있다.

김 참봉으로 불리는 김병소가 개태사에 해인을 보관한 이유는 개태사에서 멀지 않은 곳에 살고 있었고, 평소에 개태사에 자주 들렸으며, 자신은 선비였지만 해인이 원래 불가(佛家)에서 나왔다는 것을 알았기 때문에 사찰에 다시 돌려주었던 것이라고 한다. 그러나 이 부분은 김광영 보살이 기도의 힘에 의해 해인을 얻었다는 주장과 그녀가 병자를 치료해 준 대가로 해인으로 믿어지는 공채를 받았다는 주장과 전혀 다르다.

어쨌든 해인은 선천과 후천이 바뀌는 복잡하고 어려운 때에, 하늘과 땅이 진동하거나 사람이 치료할 수 없는 질병에 걸리거나 무서운 폭탄이 떨어지거나 하는 등 인간의 힘으로는 어찌할 수 없을 때, 신비한 힘을 발휘할 수 있는 성스러운 물건으로 믿어져 왔다.

그런데 김광영 보살이 야산을 찾아온 일에 대해서 두 가지 이야기가 전한다. 하나는 김광영 보살이 뽕나무작대기를 들고 찾아온 일이며, 또 하나는 김광영 보살이 직접 해인을 들고 찾아왔다는 이야기다. 이 두 이야기는 거의 같은 시기에 일어났던 일로 짐작된다. 이때 야산이 해인을 잠시 주머니에 넣고 앉아 있자, 김 보살이 신통(神通)으로 좌우의 제자들에게 말하기를 "야산 선생이 점자 하나를 뗐다 붙였다 하는구려."라고 말했다고 전한다.

당시 개태사에서는 단군전(檀君殿)을 짓고 있었으므로 야산은 30만원 정도를 시주하였으며, 김 보살은 해인을 단군전 대들보 위에 봉안(奉安)하고 전북 옥구(沃溝)에서 가져온 백팔(百八)바가지를 불전(佛前)에 봉치(奉置)하였다.

전라도 옥구에 안씨(安氏)라는 과부가 살고 있었는데, 어느 날 집 앞마당에 심지도 않은 돌박이 싹트며 자랐다고 한다. 훗날 열매가 달리니 모두 54개였는데, 이를 쪼개니 백팔(百八)바가지가 되었다. 안씨 부인이 이를 범상치 않게 여겨 간직해 두었더니, 하루는 부처님이 현몽하여 "백팔바가지를 긴히 쓸 데가 있으니, 개태사에 전해 주어라."고 했다. 이에 안씨 부인이 아들을 시켜 개태사에 백팔바가지를 전해 준 일이 있었다.

야산은 김광영 보살에게 해인에 새겨진 글자에 대해 설명해 주고 난 뒤, 마침 누군가가 가져다 준 벽조목(霹棗木)으로 제자인 정재남(鄭在南)을 시켜 다섯 가지 종류의 해인(海印)을 새로 만들었다. 그 후 야산은 새로 만든 해인을 여러 행사를 통하여 사용했다.

어떤 사람이 야산에게 "세상이 환란을 당할 때 해인을 사용하려면 나무에 새긴 도장보다는 원래의 해인이 더 효력이 있지 않겠습니까?"라고 물었더니, 야산이 "그것은 모강(母薑)이다. 오히려 신강(新薑)이 나으니라. 비유하자면 생강을 심는데 원 뿌리는 쓸모가 없고, 그곳에서 뻗어 나온 뿌리가 효력이 있는 것과 같다."고 대답했다고 전한다. 결국 야산은 김광영 보살이 가지고 있던 해인보다 자기가 만든 새로운 해인이 더 좋다고 강조했다.

야산의 해인은 다섯 종류인데 개태사의 해인에 보이는 열여섯 자를 각각 네 글자씩 새겨 네 종류를 만들었고, 가운데의 그림을 따로 새겨 한 종류를 만들었다. 제자들의 증언에 의하면 야산은 여러 행사를 통하여 다섯 종류의 해인을 모두 사용했다고 하는데, 현재로서는 '구묘역영'이라는 네 글자로 된 해인과 그림 모양의 해인만 전한다. 글자 모양의 해인의 크기는 가로와 세로가 각각 5센티미터이며, 그림 모양의 해인은 가로 5.3센티미터 세로 5.4센티미터다.

한편 김지하의 『사상기행 1』(1999)에 의하면 1984년 12월에 송명초(宋明草)라는 스님이 김지하 시인에게 개태사에 예로부터 전수해 내려온 도장이 하나 있었는데, 야산(也山)이라는 아호를 썼던 한학자에 의해 비로소 해인(海印)임이 밝혀졌으며, 그 후 윤보선의 서사촌 윤포산이란 사람이 그 도장을 손에 넣고 천자(天子) 행세를 하다가 죽은 일이 있다는 이야기를 했다.

이때 송명초는 해인에 새겨졌다는 열여섯 글자를 "성몽화령(聖夢化領), 현인범광(賢絪梵光), 교도천사(敎導天使), 구묘역영(玖妙亦暎)."이라고 주장했으며, 이 글귀를 "성인의 꿈이 세상을 건지고자 명령을 내리니, 유교〈현(賢)〉는 제자리를 찾고 불교〈범(梵)〉도 제 빛을 되찾는다. 예수교〈천사(天使)〉는 부족하니 더 가르쳐서, 구슬을 갈아 묘한 빛을 내게 함과 같이 해야 한다."라고 풀이했다. 그의 이러한 주장은 야산의 해석을 거의 그대로 답습한 것이다. 인(氤)을 인(絪), 도(道)를 도(導)로 바꾸었을 뿐이다. 나아가 송명초는 그리스도교의 차원을 높이고 종교적인 모든 사상을 통일할 수 있는 인물이라야만 새 세상의 정신적인 영도자가 될 수 있다는 뜻이라고 해석했다.

이처럼 송명초는 야산과 달리 선(仙)이 아니라 그리스도교를 중심으로 글자를 해석하여 그리스도교가 한국사회를 주도하는 종교로 부각되는 1970년대 이후의 상황을 적극적으로 반영하고자 했다.

마. 단군천조광명도덕보본회(檀君天祖光明道德報本會)의 해인

이 교단은 한얼수도원으로 불리기도 하는데, 정효순(鄭驍橳, 1913~?)이 창교하였다. 그는 해인은 후천개벽(後天開闢)에 나타나 민생을 구제한다는 인장(印章)이며, 해(海)는 삼(三)+팔(八)+모(母)로 삼인모일인(三人母一印)을 합의한 문구라고 해석했다. 이는 세 사람의 어머니가 합하여 하나에 귀일한다는 뜻이다. 여기서 세 사람의 어머니는 공자, 예수, 석가의 도(道)이며, 이들은 모두 단군신앙의 삼위일체사상으로 귀일한다고 풀이했다. 결국 그는 단군의 홍익인간 이념에 귀의하여 이화세계인 후천세계 지상천국을 건설한다고 주장했다.

바. 단군대황전(檀君大皇殿)의 해인

단군대황전을 세운 박노철(朴魯哲, 1922~?)은 26세 때 꿈에 단군신명이 나타나 칼을 공중에 던지자 칼이 수만 조각이 되어 흩어졌는데, 그 파편이 땅에 떨어지자 다시 거두어 삼각(三角) 도장을 만들고 그의 손에 날인하면서 "이것이 해인이다. 나를 믿고 정성을 드리면 구제창생(救濟蒼生)의 힘을 주겠노라."는 계시를 받았다고 주장했다.

이 밖에도 해인은 앞으로 계룡산에 도읍하고 천하를 호령할 진주(眞主) 정씨왕(鄭氏王)인 정만인이 가지고 나올 비기(秘器)라고 믿는 비결파(秘訣派)들이 있다는 보고도 있다.

사. 지상천국건설원(地上天國建設院)의 해인

용화대도(龍華大道) 지상천국건설원은 증산교의 영향을 많이 받은 교단인데, 구원의 상징물로 해인을 가지고 있다고 주장한다. 교주 임청림(林青林)은 1918년 경북 상주군에서 태어났다. 본명은 건기(建基)이지만, 교단에서는 청림도사(青林道士)로 불린다. 충남 대전시 변동에 있는 이 교단에서는 김제 금산사의 미륵불을 축소하여 모시고 있다.

1973년 계룡산 제자봉 삼일전에서 최초로 단체를 창립할 때에는 지상천국건설연구원이었고, 1981년에는 지상천국건설원으로 바뀌었다가, 1984년부터 용화대도 지상천국건설원이라고 부른다.

임청림은 1970년대 초에 대전 근처의 식장산에서 50일 기도를 행한 끝에 인류구원을 뜻하는 물건인 해인(海印)을 받았다고 주장한다. 그는 말세의 인류구원을 위한 구체적 대안으로 '무선악(無善惡), 삼정신(三正信), 해인조(海印造), 양심평등(良心平等)' 이라는 원리를 제시한다. 이 원리는 주문으로 외우기도 하는데, 세상을 구원할 열세 자 주문으로 믿는다.

이 교단에서는 해인은 '살아계신 하나님의 인(印)' 을 뜻하며, 신분증과 같이 개인의 인격을 판단하는 기준이 된다고 주장한다.

임청림은 종교관, 사회관, 국가관이 각기 100점 만점으로 채점될 날이 올 것인데, 이때 합계 최저 210점은 되어야 '해인을 맞고 구원받을 수 있을 것' 이라고 강조했다. 그는 "청림도사가 인류평화를 실현하고자 해인을 들고 나왔다."고 주장한다.

이 교단을 상징하는 마크는 태극 모양의 형상에 해(海)자와 인(印)자를 써 넣은 것으로, 해인은 말세에 인류를 구원하는 상징적 물건으로서 이를 얻어야 살아남을 수 있다고 믿는다.

형태로서의 해인은 외해인(外海印)과 내해인(內海印)이 있다. 외해인은 뱃지 형태로 되어 있고, 내해인은 신분증 형태로 만든다. 특히 내해인은 외해인과 달리 절대로 변조가 불가능하다고 강조한다. 내해인은 증명서 양식으로 사진을 붙이고, 일련의 고유번호를 매기는 것은 물론 생년월일과 인적사항도 자세히 기록한 것이라고 한다.

임청림은 해인을 만들어 인류에게 보급할 발간기구가 장차 만들어질 것이며, 시범적으로 1984년에 해인을 만들어 보았다고 한다.

2) 주문으로 믿어진 해인

가. 갱정유도회의 「해인경」

갱정유도회(更定儒道會)는 원래 일심교(一心敎)라고 불렸으며, 강대성(姜大成, 1890~1954)이 세운 교단이다. 그는 1943년에 「해인경(海印經)」이라는 주문을 제시하고, 이 주문을 외우면 도통이 되어 조화를 임의로 할 수 있다고 주장했다. 당시 일심교 신도들은 재래의 도참설(圖讖說)에 정도령이 해인(海印)이라는 조화의 신기(神器)를 가지고 계룡산에 세계 통일정부를 세우게 된다는 설이 바로 일심교의 교주인 강대성의 「해인경」의 묘리(妙理)를 말한 것이라고 믿었다.

「해인경」은 책자가 아니라 "우성재야(牛性在野), 천지부모(天地父母), 궁을합덕(弓乙合德), 홈시감혜(吽時感惠), 일심동력(一心同力), 세계소립(世界所立), 오주소립(吾主所立)."이라는 스물여덟 자로 이루어진 일종의 주문이다. 『갱정유도개설』(1989)에 보면 「해인경」은 갱정유도회의 가장 기본이 되는 경전이며, 상제님이 억조창생을 살리려고 내려준 경이라고 믿는다. 해인의 해(海)는 일만 강물이 모이는 곳이요, 인(印)은 만인이 믿는 도장이니, 전 세계 모든 국가가 통일을 이루어 평화롭게 살 것을 인증

한다는 의미라고 풀이한다.

신도들은 새 운수의 개벽시(開闢時)에 한국 땅에서 세계를 통일할 천자(天子)가 나온다고 믿었는데, 이는 정감록비결신앙(鄭鑑錄秘訣信仰)에 근거를 둔 것이라는 해석이 있다. 그러나 필자가 앞에서 살펴보았듯이 『정감록』에는 해인이라는 용어가 나오지 않으므로 정확히 표현한다면 해인신앙이라고 해야 할 것이다.

어쨌든 갱정유도회의 신도들은 「해인경」을 하느님이 주신 신어(神語) 또는 천문(天文)이라고 주장하며, 여기에 온갖 조화와 진리가 들어 있다고 믿는다. 이는 정만인 혹은 정도령이 해인을 가지고 나와서, 계룡산에 왕도(王都)를 정한 뒤 36개국으로부터 조공을 받는 새 나라를 일으킨다는 도참설에 근거를 둔 것이며, 「해인경」에 보이는 "우성재야(牛性在野)"나 "궁을합덕(弓乙合德)"이라는 문구는 모두 참(讖)에서 인용한 것이다.

나. 야산의 「해인경」

「해인경」은 야산이 1945년 2월 대둔산에 있을 때 제자들과 더불어 읊었던 경문이다. 당시를 선천과 후천이 바뀌는 어려운 때라고 생각한 야산은, 중생을 제도하고 후천(後天)에 무사히 다다를 수 있도록 삼교(三敎) 성인(聖人)의 가피력을 절실히 염원했다고 전한다.

야산은 1947년 12월 대둔산 석정암(石井庵)을 폐문한 후, 108명의 제자를 데리고 연산에 있는 개태사에서 이 경문을 읊으면서 이른바 '해인행사'를 했다. 해인행사는 제자 108명에게 '경(庚)자'에 해인(海印)이 찍힌 호신부(護身符)를 나누어 주고, 뽕나무작대기에 오동나무 지게를 짊어지게 한 다음, 아홉 명씩 열두 단위인 12금부(金部)로 대오를 지어 차례로 개태사를 통과하여 단군전에 참배케 했던 행사다.

이때 김광영 보살은 야산의 해인행사를 미리 알고 불전에 모셔 두었던 백팔바가지에 밥을 담아 야산의 제자들에게 먹였다고 전한다. 그 후 야산은 국사(國師)로서 경세(經世)의 포부를 지니고 계룡산 국사봉(國師峯)에 거주한 뒤 신도안에 있는 불암사와 대전 지역에 머물면서 여러 행사를 주관했다.

1950년 한국전쟁이 발발했을 때 야산은 제자들을 안면도에 피신시킨 뒤, 해인을 부여에 있는 은산에 감추었다. 이때 어떤 사람이 해인을 찾으려 하자, 야산은 "(해인을) 찾지 마라. 때가 되면 임자가 나오는 법이다."라고 제지했다고 전한다.

야산이 제자들에게 외우게 했던 「해인경」은 모두 예순네 자로 이루어졌는데, 전문은 다음과 같다.

> 성몽화령(聖夢化領) 현인범광(賢氤梵光)
> 교도천사(敎道天師) 구묘역영(玖妙亦暎)
> 지심귀명례(至心歸命禮) — 절을 한 다음 —
> 시방삼세(十方三世) 제망찰해(帝網刹海)
> 무진해회(無盡海會) 상주일체(常住一切)
> 불타야중(佛陀耶衆) — 절을 한 다음 —
> 달마야중(達摩耶衆) — 절을 한 다음 —
> 승가야중(僧加耶衆) — 절을 한 다음 —
> 유원삼보대자대비(惟願三寶大慈大悲)
> 수아정례(受我頂禮) — 절을 한 다음 일어나서 —
> 명훈가피력(冥薰加被力)
> 원공법계제중생(願共法界諸衆生)
> 동입미타대원해(同入彌陀大願海)
> 성인의 꿈이 법으로 화하니, 어진 기운이요 하늘빛이로다.
> 교와 도로 천사되시니, 옥도장이 묘하면서 또한 빛나는구나!

지심으로 귀명례를 올리나이다.

시방삼세에 걸쳐 천제의 그물이 온 세상을 덮으시고, 한량없는 무리를 이루어 일체에 상주하시니, 부처 무리시여! 달마 무리시여! 승가 무리시여! 오직 삼보의 대자대비를 바라오며, 나의 정례를 받으시옵소서. (제가 부처·달마·승가의) 그윽한 가피력에 감화받아 법계의 여러 중생과 함께 미타께서 서원하신 정토에 들어갈 수 있기를 바라나이다.

다. 대한불교진각종의 해인

대한불교진각종(眞覺宗)의 불단(佛壇)에는 해인(海印)이 기재되어 있는데 "육자진언(六字眞言)에 의하여 성취되는 것을 기재한 것"이라고 한다. 이 외에도 『진각교전』(1960)에서 열반해인(涅槃海印)이라는 용어도 나오는데, 열반에 대한 진리라는 뜻으로 사용한 듯하다.

3) 도술조화로 믿어진 해인

가. 천지대안교의 도술조화(道術造化)

천지대안교(天地大安教)의 창시자 부경순(夫景順, 1900~1965)은 1949년부터 천령(天靈)께서 주신 해월선(海月仙)이라는 도호(道號)를 사용하였다. 해월선은 미륵불의 영체이자 용왕신(龍王神)이며 미륵불운(彌勒佛運) 5만 년을 주재하는데, 1954년부터 운이 개척된다고 주장했다. 특히 1969년부터 6년 동안 9월 달이 크게 들어 있어서, 당시 도참설을 믿는 사람들은 계룡산 신도안에 정씨가 해인(海印)이라는 신기(神器)를 가지고 나와서 새 정부를 세운다고 믿었다.

부경순은 계룡산 운수는 곧 해월선의 해운개벽(海運開闢)이라는 뜻이라고 풀이하여, 계룡산에 교단 본부를 이전했다. 그녀는 도참설에 정도령이 가지고 나온다는 해인이 다름 아닌 해월선의 '바다 해(海)자'의 도술조화(道術造化)라고 주장했다. 계룡산에 새 왕조를 세울 정(鄭)도령의 해인은 곧 부경순의 '바다 해자 물법조화로서의 정도령(正道令)'을 말한 것이라고 강조했다.

이 교단에서 외우는 "바다 햇자 해월선님 도술조화 지하지리 통일통령 물비소시 소원성취"라는 주문은 '해월선님의 바다 해(海)자 도술조화로 계룡산 해운이 개벽되기를 기원하는 것'이다. 그녀는 '바다 해(海)자'는 파자(破字)로 삼인(三人)의 어머니가 되는데, 이는 유불선(儒佛仙) 삼교가 한 어머니에게 합일된 대도(大道)로 나오는 일을 뜻한다고 풀이했다. 해(海)를 파자(破字)하면 삼인모(三人母)가 되는데, 이를 천지인(天地人)의 삼재(三才)와 유불선의 삼교가 해자운(海字運)에 의하여 합일된다."는 뜻이라고 해석했다.

나. 승리제단의 이슬성신

조희성(曺熙星, 1931~2004)의 승리제단(勝利祭壇)은 1981년 8월에 경기도 부천시 남구 역곡 2동에 세워진 그리스도교계 신종교인데, 박태선(1917~1990)의 전도관에서 분파되었다.

승리제단의 교리체계는 『격암유록』을 다룬 부분에서 살펴보았던 전도관의 교리와 유사한 점이 많다. 이들도 "『격암유록』에 보면 십승지인(十勝之

조희성

ㅅ) 정도령이 역곡에 승리제단을 세우게 될 것이라고 예언하고 있다.”고 주장한다. 십승지인이란 ‘이긴 자’, 즉 구세주라는 뜻이며, 정도령은 선도(仙道)의 구세진인(求世眞人)과 불교의 미륵불과 같은 뜻으로 명칭만 다를 뿐 동일인물이라고 주장한다.

그런데 승리제단에서는 예언서에 적혀 있는 진짜 정도령인지 아닌지를 식별하는 방법은 그 징표가 되는 이슬〈감로수(甘露水)〉의 은혜가 내리느냐 안 내리느냐에 달려있다고 주장한다.

이 이슬은 다름 아닌 하나님의 신의 생명력인데, 이것이 광선으로 정도령의 몸에서 방출되어야 한다는 것이다. 또한 이 이슬은 놀랍게도 그리스도교 『성경』의 「창세기」에 나오는 에덴동산의 생명과(生命果)의 정체요, 동방에서 태고 때부터 찾고 있던 삼신산의 불로초와 불사약이라는 사실이 밝혀지게 되었다고 주장한다.

그러므로 에덴동산의 생명과나 삼신산의 불로초를 구하려면 이슬의 징표가 내리고 있는 장소와 그 주인공만 찾으면 된다. 이 놀라운 역사가 지금 한국 땅에서 이루어지고 있는데, 바로 부천시 역곡에 있는 승리제단이라고 강조한다. 승리제단의 교주인 조희성이 영생학회를 창설하여 수많은 사람들의 질병을 치료하고, 사람들에게 영원히 죽지 않는 비법을 가르쳐 주며, 예배를 드릴 때 신도들에게 이슬성신을 내려 주고 있는 ‘이긴 자’이며 ‘정도령’이라는 주장이다.

따라서 하나님의 은총을 입어 영원히 살 수 있는 유일한 방법은 바로 정도령의 ‘이슬성신’을 받는 일이다. 그들은 정도령은 감로해인(甘露海印)이 있어야 한다고 강조한다. 아무리 그럴싸한 말을 늘어놓아도 감로해인이 없으면 가짜 정도령이라는 주장이다. 이런 예언은 이미 『성경』, 『법화경』, 『도덕경』, 『중화경(中和經)』에서 모두 예언해 놓았던 일이라고 설명한다.

승리제단의 교주 조희성이 행하는 수많은 설교에서 감로해인인 이슬성신이 내린다고 믿는다. 그렇기 때문에 조희성이야말로 진짜 정도령이라는 것이다. 승리제단에서는 정도령인 조희성이 수많은 사람을 치료하여 젊어지게 하고 죽지 않게

조희성과 이슬성신

하는 기적과도 같은 일들이 현재적 사건으로 일어나고 있다고 선전한다.

조희성이 신도들에게 가끔 이슬같은 은혜를 내려주는데, 그의 설교를 듣고 있는 동안 신도들의 온몸이 이슬에 젖은 것처럼 축축해진다는 것이다. 뿐만 아니라 승리제단의 교단들은 조희성이 내려주는 생수는 신성한 생명수라고 믿는다.

해인신앙의 의의

세상을 구원할 보물인 해인에 대한 신앙은 오랜 역사를 거쳐 한국인의 종교적 심성을 토양으로 삼아 전개되어 왔으며, 한국적 이상사회 건설의 한 방법으로 제시되었다. 애초에 『화엄경』에서 연유한 해인신앙은 우리나라 외에는 불교가 전래된 여타의 어느 지역에서도 구체적인 형태를 지닌 물건이나 신비한 조화력을 지닌 보물이라고 믿어진 역사가 없다. 따라서 한국의 해인신앙은 본원지인 불교의 교리체계와는 일정하게 구분되는 보물

신앙이며, 한국인의 독특한 신앙으로 형성되었다.

해인이 『화엄경』에서 부처님의 깨달음의 경지를 표현하는 추상적 표현을 나타내는 용어가 아니라 세상을 구원할 신이한 힘을 지닌 실체인 '용왕의 도장'이라는 보물로서 존재한다는 믿음은, 현재 한국종교들의 신앙형태가 대부분 현세적 이익을 강조하거나 물질적 축복에 관심이 있다는 점과 무관하지 않다.

바로 이러한 맥락에서 해인신앙은 한국인들이 현세기복적인 구원관을 가지고 있다는 주장에 대해 일정한 답변을 제공한다. 한국인들은 내세지향적이고 초월적인 구원을 원하기보다는 살아있는 현실에서 행복을 누리고 지상천국을 꿈꾸는 현세적 해결을 지향하는 경향이 있다는 지적에 대해 가장 근접한 사례를 해인신앙을 통해 살펴볼 수 있다.

해인이라는 보물을 가진 초월적 존재가 이 땅에서 그리 멀지 않은 어딘가에 숨어있다는 믿음은, 세상살이가 아무리 험난하게 전개되더라도 구원의 가능성은 언제나 열려 있다는 희망으로 우리를 초대하며 나아가 구원이라는 종교적 주장 자체가 현재 진행형임을 알려준다.

해인의 주인인 '참사람〈진인(眞人)〉'이 출현하여 혼란과 모순으로 가득 찬 이 세상을 지극한 복락이 넘치는 사회로 만들어 줄 것이라는 믿음은, 어쩌면 우리들 스스로가 과거의 구태를 벗어버리고 새로운 참 사람이 되어야 비로소 구원받아 새 세상에 살 수 있을 것이라는 당위의 종교적 표현일지도 모른다.

그리고 해인은 한국의 대표적인 보물로 믿어져 온 한민족주의의 상징이기도 하다. 해인신앙은 해인을 가진 진인(眞人)이 출현하면 우리나라는 세계에서 상등국이 될 것이며, 여러 나라의 조공을 받는 도덕국가가 될 것이라는 믿음이다. 그러므로 해인신앙은 우리나라 사람들 모두가 잘 살게 될 것이라는 미래국토에 대한 낙관적 전망을 제시한다.

미래에 대한 희망이 마음속에 자리를 잡으면 현재의 어려움은 더 이상 고통스럽지 않을 수 있다. 현재의 절망은 미래의 성공이라는 희망에 의해 어느 정도 누그러지기 마련이다. 우리가 깊이 불행을 느끼고 절망하면 할수록 더욱 더 우리는 낙관적인 환상을 품을 필요가 있다. 총체적인 파멸에 대한 공포와 싸우기 위해 때로는 환상적인 희망과 상상력도 요구된다. 이를 통해 현실을 견딜 수 있는 진정한 용기가 생길 수 있다.

그리고 상상적인 만족을 통해 거칠고 힘든 현실의 한계와 충격에도 대항할 수 있다. 깊은 절망에서의 회복을 위해 위안이 되는 일은 행복한 결말이 약속되는 것이다. 현실의 무능과 해결능력의 부족이라는 무기력감을 보상받기 위해서는 어느 정도 낙관주의적 전망이 요청된다. 없다고 단정짓는 것보다는 있다고 믿는 편이 낫다.

물론 해인신앙을 형성하고 믿어왔던 사람들이 우리 사회의 비주류인 아웃사이더이자 상대적으로 소수라는 점은 분명하다. 그러나 지난 시기의 우리 사회와 역사를 온전하게 복원하기 위해서는 주류에 속하지 않은 비주류와 중심적 위치에 있지 않았던 아웃사이더의 목소리에도 귀를 기울여야 할 것이다. 큰 외침이 아니라 작은 목소리로 이어져왔으며 때로는 은밀하게 전해져야만 했던 그들의 주장에 담긴 메시지는 과연 어떠한 내용을 담고 있으며 무엇을 지향하는가를 밝혀내는 일은, 지금 현재의 우리 사회와 역사에 대한 이해와 전망에도 일정한 의의가 있다.

따라서 일정한 구성요소와 공통적인 줄거리를 지닌 해인 이야기가 지니는 사회적 의미를 복원하여 해인 이야기를 하는 사람과 듣는 사람들이 과연 어떻게 세계를 해석하고 의미를 부여했는가를 문화적 맥락에서 살펴보는 일은 당시 사람들의 세계관 해석을 위한 한 방법이 된다. 친숙한 형태로 전승되던 이야기의 상징과 해석을 통해 그들의 무의식적 욕망과 공포를 살펴보고, 그들이 세계를 보았던 방식과 신화적 사고의 표출과정을 재구성하는 일은 지난 시대 우리 선조들의 의식의 한 단면을 볼 수 있다는 의의가 있다. 우리 문화의 지층 또는 무의식층에 해인이라는 보물에 대한 신앙이 자리잡고 있었다는 점이 확인된다.

이른바 예언이나 비결은 아직 오지 않은 앞날에 대한 기대를 제시하는 것이지만, 어떤 의미에서는 이미 지나간 사건에 대해 나름대로의 의미를 부여하는 작업으로도 이해할 수 있다. 예언이나 비결이 정확할 것이라는 신빙성을 보장받기 위해서 지난 일에 대해 정확히 맞추었다는 사례를 함께 제시하고 있는 것이다.

이러한 의미에서 우리나라에 해인사가 창건되었고 그곳에 해인이라는 보물이 숨겨져 있었으며 진인이 해인을 가지고 숨어 있다가 곧 출세할 것이라는 믿음은, 이 세상을 단순히 속된 공간이라고 이해하는 차원을 넘어서 성스러운 공간으로 인식하고자 하는 시도이다. 또한 해인신앙을 통해 천주교도 박해사건이 일어나게 된 궁극적인 원인이 홍선대원군이 비결을 잘못 해석했기 때문이라는 설명을 시도함으로써, 억울한 민중의 고통과 원한마저도 새로운 세상이 전개되기 위해 넘어서야 할 과정으로 받아들인다.

그리고 해인이 지닌 신비한 힘은 원자탄 등의 현대식 무기도 거뜬히 물리칠 수 있다는 설명을 덧붙임으로써, 해인이 현실사회에서도 여전히 성스러운 보물이라고 인식한다. 여기서 해인의 조화력에 의해 우리나라가 상등국이 될 것이라는 믿음은 서양의 과학기술을 동양의 신비력으로 대응하고자 했던 민중의 염원이 빚어낸 것으로 보인다. 즉, 이러한 해인 이야기를 통해 현실적으로는 해결할 수 없는 자체적인 모순을 적어도 관념의 세계나 체계 안에서는 나름대로 해결책을 제시해 보려 했던 것이다. 해인 이야기는 상상력 속에서 우리나라가 세계의 중심국이 되려는 바람을 실현시키려고 했던 믿음이지만, 그 배후에 작용하고 있는 것은 하나의 일관된 논리적 과정을 갖추고 있음을 알 수 있다.

한편 이러한 해인신앙의 전개와 확산과정에서 해인이라는 보물을 지닌 성스러운 존재의 등장 자체가 인류의 모든 폐해와 고난을 일시에 해결해 줄 것이라는 기대는, 시한부적인 종말론이나 온갖 난제의 일시적 해결을 기대하는 섣부른 모험주의로 연결될 위험성도 내포한다. '일시에' 그리고 '한꺼번에' 모든 모순과 문제를 해결하려는 시도는 자칫하면 한탕주의라는 도박의 위험을 내포한다.

그리고 해인신앙만 맹신한다면 위기상황의 극복방법이 일회적이고 지극히 개인 인물 중심이 되기 쉽다는 점에서 보다 합리적이고 점진적인 구원관의 정립이 미루어질 수도 있다. 해인이라는 보물이나 해인의 소유자인 진인에 대한 신비성에 지나치게 의존함으로써, 현실사회를 인식하고 대처해나갈 수 있는 분별력과 능력을 기르는 일을 소홀할 수 있기 때문이다.

또한 현세의 부정적인 양상들에 대해 공포감을 확산시키거나 한꺼번에 모든 문제가 해결될 수 있다고 믿는 일은, 다가올 시대의 변화를 전망하고 준비하는 데 아무런 도움을 주지 못한다. 갑자기 모든 상황이 바뀌는 마법적인 사건이 생길 것이라는 현실도피적인 백일몽에 빠질 가능성도 있다.

하나의 신앙이 성립되기까지는 여러 요소가 복합적으로 작용하기 마련이다. 필자는 본래적인 사상적 요인이 중심이 되어 의도했던지 하지 않았던지 관계없이 다양한 여러 신앙 요소들이 자연스럽게 얽혀져서 하나의 독창적인 신앙을 이루어간다고 생각한다.

처음에는 사람들의 입에서 입으로 전해지던 이야기에 등장하던 해인이 차츰 독자적인 생명력을 가지게 되어 구체적인 문자로 기록되기 시작했다. 이제 해인에 관심을 가지고 있던 사람들은 자신만의 상상력으로 더욱 풍부한 해인 이야기를 만들어나갈 수 있게 되었다.

이렇게 오랜 세월 동안 이름도 전하지 않는 이야기꾼들에 의해 다듬어진 해인설화가 세인의 관심을 집중시키게 되었고, 해인의 행방을 찾는 사람들이 하나둘씩 늘어감에 따라 비로소 해인신앙으로 형성되기 시작했다. 적어도 근대 초에는 해인 이야기가 우리 민중문화의 중요한 요소로서 실재했음을 확인했다. 해인 이야기는 조금씩 유연하게 모습과 내용을 바꾸어가면서 상당한 기간 동안 전해져 오면서 우리의 삶과 사회에 대해 의미있는 해석을 담아내는 기능을 해왔다.

이러한 내용들이 무미건조하고 갑작스런 주장으로서가 아니라 재미있고 즐거운 이야기의 형태로 전승된다는 점이 중요하다. 우리의 생각과 느낌을 담아서 표현되는 이야기들이 풍요할수록 더욱 더 우리의 삶도 그만큼 풍요로워지는 것이다. 우리의 꿈과 생각들을 단단히 얽매고 있는 현실의 질곡에서 벗어나 잠시나마 몽환적인 마음속 세계로 여행하거나 꿈결과도 같은 신비한 신화의 세계로 가보는 것도 정신적 행복을 추구하기 위해 어느 정도는 필요하다.

나아가 설화에서는 용궁의 보물로만 이야기되던 해인은 스님·도사·이인 등 어떤 신비하고 초월적인 인물을 상정하여 그가 바로 해인의 주인이라는 믿음으로 전개되었다. 또한 일반인이 해득하기는 무척 어려운 비결을 이용하여 해인의 신비성을 더욱 고조시키려는 시도들이 계속적으로 이루어졌고, 마침내 진인이나 천자를 자칭하는 사람들이 나타나 나름대로 해인에 대한 설명과 주장을 통해 새로운 믿음을 유발시키고 확산시켜 왔다.

이에 따라 해인은 개인의 축재와 기복을 위한 사사로운 보물이 아니라 한 나라의 운명을 좌지우지할 정도의 엄청난 보물로 믿어졌다. 결국 해인신앙은 장차 해인을 가지고 나올 신성한 존재를 기다린다는 진인출현설

과 연결되었고, 비결·예언·사건 등을 자양분 삼아 더욱 다양한 형태의
해인신앙으로 전개되었다.

　해인을 가진 사람은 '구원의 절대자'이며, 해인을 보유한 나라는 세계
상등국으로 발전하게 되어 진정한 의미의 지상천국을 이 땅에 세울 것이
라는 믿음이다. 서구문화의 급속한 유입이라는 역사적 사건에 충격을 받
은 이 땅의 민중들이 선택한 해결책 가운데 하나가 바로 해인이라는 성스
러운 보물의 소유자 또는 소유국이 우리나라 사람이며 우리나라라는 믿
음으로 전개된 것이다. 해인의 주인공인 진인의 출현을 기대하는 심리는
자연스럽게 종교적 교리체계로까지 이어진다.

　여기서 해인이 과연 실제로 존재하는지의 여부는 중요한 것이 아니다.
해인이라는 성스러운 보물을 통해 현실적으로 온갖 고난을 겪고 있는 우
리나라가 곧 다가올 미래의 어느 시점에는 세계에서 가장 잘 사는 나라가
될 수 있으리라는 기대가 충족될 수 있을 것이라는 의미와 상징을 나타낸
다는 점이다. 현실세계에서는 해결할 수 없는 모순과 문제가 해인이라는
성스러운 구원의 상징이자 보물을 통해서 환상적으로 해결해 보려는 시
도가 해인 이야기의 핵심이다. 가진 자 - 못 가진 자, 가난한 나라 - 잘 사
는 나라, 높은 자 - 낮은 자, 힘센 자 - 약한 자, 구원받지 못한 개인이나 국
가 - 구원받은 개인이나 국가 등 현실세계를 이루고 있는 다양한 불균형
한 것들 사이에 잠시나마 해인을 통해 조정과 균형이 이루어지는 상태를
만들어 보려는 데 해인 이야기의 요점이 있다.

　요컨대 해인신앙은 현재 한국종교의 중요한 신앙으로 자리매김할 수
있으며, 특히 한국 신종교의 각 교단에서는 해인을 가지고 있다고 주장하
거나 찾는 작업을 계속 하고 있다. 그리고 해인이라는 보물을 둘러싼 끊임
없는 재해석은 오늘 이 순간에도 이루어지고 있다. 한 마디로 말해 해인신
앙은 현재에도 활발히 살아 있는 종교현상의 하나이다.

해인신앙에 대한 전망

해인신앙은 한국인의 종교적 심성을 잘 반영하고 있다. 해인신앙은 현세적 이상향을 추구하는 신앙이며, 해인이라는 구체적인 실물로서 존재하는 신비한 능력을 지닌 보물에 대한 신앙이다.

그리고 해인신앙은 신앙의 첫 실마리가 된 의상스님의 법계도로부터 계산한다면 무려 1,300여 년이라는 오랜 기간 동안 한국인의 마음속에 간직되어 싹터왔고 한국인의 종교적 심성이라는 토양에서 성장해 왔다.

또한 해인신앙은 해인이라는 보물을 지닌 성스러운 존재인 진인이 곧 이 땅에 나타날 것이라는 민중의 믿음이 결집되어 여러 형태로 전개되기도 했다. 새로운 이상세계가 우리나라를 중심으로 구현될 것이며, 그 실증이 바로 우리나라에 해인이라는 보물이 있고 멀지 않은 장래에 해인을 소유한 구세주가 출현한다는 내용이다.

해인은 서양의 물질주의와 합리주의에 대항할 수 있는 동양의 정신주의와 신비주의의 결정체로 이해할 수도 있다. 현실적으로 뛰어난 무기와 우세한 군대를 소유한 서양세력에 대항하기 위한 방안으로 우리나라 사람들은 해인이라는 조화력을 지닌 보물을 제시하는 것이다.

그러면서도 해인이 단순히 정신적 차원의 관념적이거나 추상적인 것으로 그쳐서는 소용이 없고, 눈으로 보고 손으로 만질 수 있는 구체적인 물건의 형태로 이 세상에 나와야 한다고 믿었던 것이 한국인의 독특한 상상력이자 현세적 사고방식이다. 이처럼 한국인은 정신적인 영역의 행복을 갈망하는데 그치지 않고, 언제나 현실 사회에서 누릴 수 있는 수명 · 건강 · 자식 · 재물 등 실제적인 복락을 기대하고 추구한다.

한편 국가의 안위가 위태롭고 권위가 무너지는 시대에 민중들은 해인신앙을 통해 해인이라는 보물을 꿈꾸며 새로운 힘을 지닌 존재가 하루 속히 나타나기를 갈구했다. 그리고 해인신앙을 기존체제에 비판적이거나 실망한 사람들의 원력과 염원이 모인 종교적 대안으로 이해할 수도 있다. 따라서 해인신앙은 자칫하면 미신과 집단이기주의에 빠져 말세론으로 흐를 위험성도 간직하고 있다.

사람들이 무지하고 자연의 거대한 힘 앞에 전혀 무력했을 때는 모든 것을 운명에 맡길 수밖에 없었다. 그러나 인류는 수많은 시행착오와 과학적이고 합리적인 사고를 통해, 개인과 집단의 미래는 이미 결정되어 있는 것이 아니라 스스로 창조해 나가는 것이라는 사실을 점차 깨달아갔다.

따라서 개인과 집단에게 주어진 운명을 미리 알고자 노력하는 대신 스스로의 힘으로 운명을 개척해 나가야 한다는 사실을 발견했고, 그러한 인식은 인류의 문화 발전을 더욱 촉진시켰다. 아직도 하늘이나 신에 의해 주어진다는 운명을 굳게 믿는 사람들이 더러 있지만, 그들은 대부분 그렇지 않은 사람들보다 미약한 존재로 전락되거나 후진되어 있으며 바로 그러한 믿음 때문에 그 미약성과 후진성은 더욱 강화된다.

만일 정해진 운명이라는 것이 설령 있다고 하더라도 미리 알아보려고 애쓰는 행위는 부질없는 짓이다. 이미 결정되어 있다면 미리 알아도 고칠 수 없기 때문이다. 자신이나 자기가 속한 사회의 다가올 미래에 대해서 미리 알고 싶은 것은 인지상정이라고 하겠으나, 그 호기심은 일정한 한도 안에 머물러야 한다.

지나치게 운명에 관심을 기울이거나 호기심을 충족시키기 위해 애쓰는 것은 시간낭비이며 현실에 대한 대처능력의 결여를 초래한다. 결국 그러한 사람들은 동일한 시간과 공간을 살아가는 사람들의 삶과 그들과의 경쟁에 뒤처지는 결정적인 패착이 될 것이다.

보다 훌륭한 미래를 맞이하기 위해서는 차라리 오늘 이 순간 이 자리에서 내일을 준비하는 일에 투자해야 할 것이다. 미래에 대한 부질없는 호기심을 가지기보다는 현실적인 노력에 힘써야 한다. 지금 우리에게 필요한 것은 건강한 상식과 현대적인 합리성이다. 인류가 수만 년 동안의 시행착오를 거쳐 얻은 지혜와 과학적 연구의 결과를 무시하지 말아야 하겠다.

인간의 꿈꾸기가 중단되지 않는 한, 지금은 예측도 못하는 새로운 형태의 해인신앙이 앞으로도 계속 전개될 것이며, 나름대로 설득력이 있는 근거와 주장을 제시하면서 끊임없이 시도될 것이다. 고정불변한 형태로 있는 것은 이 세상에 아무것도 없다. 해인신앙도 마찬가지다.

이 글에서 필자는 해인신앙의 유래에 대해 고찰하고자 했으며, 해인에 대한 신앙이 어떤 경로로 전개되어 왔으며 그 의미는 무엇인가를 살펴보았다.

"해인은 과연 존재하는가?"라는 질문은 필자가 답할 수 있는 영역을 넘어서 있다. 다만 필자가 이 글을 통해 강조하는 것은 '해인이 있다고 믿는 사람들이 있으며, 그들의 신앙이 실재한다.'는 엄연한 사실이다.

| 부록 |

해인설화

해인설화

① 해인사의 유래

서울특별시 도봉구 수유3동 26통 1반 강성도 씨 댁에서 1979년 6월 2일에
조희웅, 이영성, 양혜정 등이 조사한 설화이다. 구술자는 강성도(姜聲道)
이며, 남자로 당시 69세였다.

　*제보자는 앞서 아주 긴 설화를 얘기해 주었는데, 잠시 쉬고 난 뒤 종이에 몇
개의 설화 제목을 적더니, 그 중에서 한 제목을 골라서 얘기를 해 주었다. 제보
자는 본 설화는 많은 사람들이 알고 있는 얘기이긴 하지만, 자신의 얘기가 가
장 정확하고 재미있을 것이라고 강조하기도 했다.

　협천(합천) 해인사 그 중이 참 도사—중이 하나 있었는데, 지금 해인사
절자리가 이전에 못(池)이라예. 못에 물이 짚은(깊은) 참 큰 못이라. 못을
메아가지고 해인사라쿠는 큰 절을 질라꼬 그땐 해인사라쿠는 이름도 없었

어. 절을 그만 무조건 하나 질라꼬, 인자 그 못을 메울라꼬, 절자리가 터가 좋으니께 메우는데, 그저 낮에 인부를 델와서 흙을 져다 메다 놓으믄 저녁 이믄 고만 용이 구부랭이쳐버려서[1] 고만 다 딱아 내버리고 메울 수가 없는 기야. 뭐 여러 십 년을 도사 그 도사가 애를 써도 도저히 도술을 써도 할 수가…… 어, 왜 그러냐. 거기는 용이 인자 있어가 구부랭이를 쳐서 하 이기 득천(得天)을 해 올라가삐리야만 이거 조화가 안 되는 기야. 득천조화를 몬 부리지. 그래서 이걸 우찌 할 수가 없는 기야.

그래 걱정을 하고 있는디 저 탄성이라쿠는디 묵실 이 진사라쿠는 진사 가 있었어. 이 진사가 있었는데 그래 한 분(한 번) 이 진사가, 이 진사 인자 아들 집이 사랑이 있는디 고앵이가 한 마리 들어왔어. 쥐 잡는 고앵이 말이 지. 고앵이가 한 마리 들어 왔는디 뻬(뼈)하고 까죽하고 딱 그만 딸깍딸깍 해. 아 얼마나 예빗던지(여위었던지). 고앵이가 한 마리 사랑에 들어 왔어. 살림이 그 집도 부재집이여. 그래선 그 고앵이를 …… 아 이놈이 오더니 안 으로 안 들어가고 그 주인 영감이 있는 방엘 들어갔어. 들어웅게이 이거 학 자다 하다봉게 이기 짐승이고 사람이고 그리 예빈게 안씨러워(안스러워) 보인단 말이지. 불쌍해서,

"네가 이놈아 짐승으로 생겨서 오직(오죽) 몬 씰 집에가 매어 있었건데 이렇게 예비왔느냐?" 말야.

그렇게 와서 물팍(무릎) 밑에 고앵이라는 게 꼭 사람 물빵 밑에나 물팡 우에 그런데 앉는다고. 와서 물팡 밑에 와서, 추운께 따신 데 들어와 앉아놓 께 너 이놈 씨다듬으니께(쓰다듬으니까) 보드라운 게 좋거든 인자 이놈을 뇌두골랑은 밥상이 들어오믄 이놈 고앵이 이놈 자기 한 번 떠먹고도 주고 뻬뻬싸서 불쌍해서 먼저도 주고 이래 키운다. 키우는데 이놈 마 한 달포 키 우니께 고앵이가 살이 올리서 통통하니 말이지 매끈하니 마 이뻐졌다 말이

---

1) 꿈뜰거려버려

지. 아 이거 정이 들었다. 고앵이하고. 그런데 사철인자 거처를 하는디 삼 년을 한 방에서 거처를 했어. 고앵이가. 그러니 살이 올라도 이놈이 똥 누러만 밖에 나가지, 쥐 한 마리 잡을 생각을 안 해. 이리 키우는지 삼 년 만인디 그래 삼 년 채 인자 하리는 고앵이가 그만 없어져 비렸어. 없어져 비리. 그리 삼 년이나 한 방에 있다가 아 그 고앵이가 없어져버리니까 영 이기 서운한기라.

"무적한[2] 놈이 잡아먹었나. 약 할라꼬. 잡아먹었나."

이 고앵이가 그만 안 들어오니, 살이 찌고 항께 누가 잡아갔는 모양이라고 걱정을 하고 고만 잊어 비렸는데 그래 한 그러고로 한 달포나 지냈어. 달포나 지냈는디 하리는 새파란 초립동이가 옷을 잘 입고 초립을 씨고 한산 모시 청도포(青道袍) 그놈 말이지. 도복을 입고 찾아와서,

"어르신 인사 받으이소."

"그래 내가 자네를, (모르니께 말이지) 알 수가 없는데 그 자네 어디 사는가?"

"예, 내가 진사님 댁에 와서 있던 고앵입니더."

"아이 고앵이라니, 그기 무신 소리 그런 말씸 하느냐?"고

"그렁게 아니라 내가 용왕국에서 말이지 용자(龍子)로 있는 사람인디, 그 시상에 비를 맡아서 비를 주다가 비를 잘못 준 죄로 고앵이로 맨들어 부왕께서 민간에 내보냈다가, 참 그 몬 얻어먹어서 그렇게 예빗는 걸로 고상을 안 하고 진사님 댁에서 내가 삼 년을 얻어먹고 살다가 인자 그 만기가 차서, 기한이 차서 내가 갔는데 가서 인자 가서 부왕님한테 그 사실을 삼고 하니께 부왕이 으르신을 모시고 오락해요. 그래서 아 내하고 갑시다. 우리 집에 댕겨가이소." 이래.

"좋다."

<hr>

2) 우악스럽고 무지한

　　그래 인제 이 청년을 따라서 인자 나섰어. 집에는 간다 소리도 안 하고 말이지 나가는데, 대문 앞에 나가 그 묵실 앞에 그 뭐꼬? 낙동강 내려가는 물이 그 질다란 물이 그 앞을 흘러갑니다. 큰 쏘(沼)가에 그 쏘가에 떡 들어가더니 뭐라고 뭐라고 하니께 말이지 물이 탁 갈라져버리고 맨바닥이여. 그래 앞에 가면서,

　　"날 따라오이소."

　　그 물도 그 뭐 옷 입고 나가야 물 한 방울 안 젖고 말야. 물속으로 들어가 비렀어. 그래 들어갔는데 그래 이 집에서는 인자 고마 영갬이 고만 없어졌단 말이야. 집이서는 영감이 없어져노니, 사방을 찾아야 없고 아 그만 영갬을 잊어버리고 걱정을 하고 있는데 그래 인자 따라서 그 사람 따라서 그만 영갬이 참 물나라에 들어갔어. 용왕국에 들어갔어. 들어갔는디 게 한 군데 가니께 고루거객(高樓巨閣)이 있는데, 고루거객에다가 영감을 갖다 안치놓고,

　　"여기가 내 집입니더."

　　그래 그 뭐 시녀들이 와서 대적하는 게 아주 뭐 인간 음석하고 틀리. 아주 좋은 술이니 해서 대적을 받으니,

　　"내일 아침에 부왕께서 모시고 들어오라쿵께 저게 용왕한테 가자"는 기야. 그래 저 즈그 아버지지, 말하자면 청년. 그래 인자 그 날 가서 용왕을 보고 인사를 하고 아 가니께 뭐 치사가 만만해.

　　"뭐 내 자식을 말이지 삼 년 동안이나 말이지, 그걸 잘 거처해 내보냈으니 그 은혜 마 한정없이 좋다"고.

　　그래 인사를 하고 메칠을 거기서 노는데 그 마 메칠을 놀다가 그래 가만히 생각해 봉께 그래 집안 생각이 또 나는기라.

　　"아들이 기다려쌀긴데 아 내가 집을 나가야 되겠다"고 항께,

　　"아 쫌 더 놀다 가시지 뭐 한다고"

"집안에서 기다려쌓긴디 내가 나가야 되겠다고."

그러니 시상이 용궁인가 어딘가 알도 모르는기지. 그래,

"내일쯤 그럼 내일 나가라고. 오늘 하루 더 쉬어가라고."

이러더니 그 이튿날이 됐는디 아침에 인자 용왕을 보구 인자 참 이 청년이 델버다 줘서 집을 나올 챔인디,

"어르신 저 들어가믄 부왕께서 아 공으로 무얼 선사해야 되겠는디 아이 뭘 주면 좋겠느냐고." 자꾸 그래싸걸랑은,

"다른 건 다 필요가 없고 그 문에 들어가는디 그 빨그란 주머니 달린 거 볼록한 거달린 거 하나 달려 있을끼요. 주머니 그걸 저를 주면 좋겠심니더. 그 소리만 하이소. 그만"

그래 그날 아침 인자 가서 인사를 여쭙고,

"내가 오는 길 떠난다." 그랑께,

"아 정말이지 이 여 꺼정 불러다가 그냥 보낼 수 없으니 뭐이 소원인고?" 소원 한 가지만 말하라는 기라.

"응 뭐이든지, 정승을 하고 저브믄 정승도 맨들끼고 뭐이든지 소원대로 내 들어줄꺼니께 한 가지만 말하라"고.

"아무것도 필요 없고 밥도 먹고 살 만침 있고 말이지 다른 거 필요 없고 문 우에 달린 빨강 주머니 저기나 주믄 그냥 가가겠다"는 기야,

"아 그거 참 맹랑한데……."

입맛을 쭉쭉 다서 쌌는기라. 그라니께 청년이 앉았다가 말이지 아들이 앉았다가,

"아이 아버지, 그런 은혜를 큰 은혜를 갚으면서 망서릴 게 뭐 있습니꺼. 주이소. 이 어른은 참 점잖은 어른인디 줘도 후폐가 없을낍니더."

그러니께, 아들 그러니께 그만 싱락해비렸다. 그게 해인(海印)이야. 응 그게 해인인디. 주머니에 이만한 독에다 패철 붙여서 해농기야. 그래 이건

어디 씨는 기냐? 이건 듣는 대로 다 되는기야. 종이에다 글을 써놓고 말이지 마. 이건 김일성이도 죽으락 하믄 그건 당장 죽는기야. 그건 이름을 들믹이기만 하믄 되는기야. [조사자 : 들민대요?]

들믹이는 대로 말하는 대로 돼. [조사자 : 아, 들먹이는 대로] 응 들먹이는 대로 말이지 종이에다 써놓고 탁 찍으믄 그만 해석이 다 나는기야. 이런 조화거든.

그래서 그걸 인자 얻어가지고 그 청년이 델버다줘서 물가에 나와서 돌아가 나왔든지 어쨌든지 그 겥에를 나와서 거서 청년을 하직을 했는데, 그래 이건 집에 가 가서 내보니께 이걸 몬 보는기야. 응 이걸 나중에 도장겉이 생겼는데 패철겉이 생겼는디 두리펑펑하니 이만하단 말야. [제보자는 주먹을 쥐어 보이며] 이걸 그래 보니께 참말로 뵈기는 좋고 이거 어디 쓰는긴지 인자 모리지(모르지).

그런데 그래 그 아침 나올 쩍에 그 청년이 하는 말이,

"요건 들믹이는 대로 드릴깁니더." 이렇게 했단 말이라.

"그러면 시험을 한 번 해보자." 말이여.

그래 백(白) 종이 우에다가 말이지 돈을 한 잎엽전 한 잎을 딱 썼어. 엽전 한 잎 딱 써놓고 나서 딱 찍으니께 엽전 한 잎이 똑 튀어나오는기야.

"아 이거 참말 아까운기로구나" 말이지.

고거 하구나서는 집에 살림이 있으니께네 그런 점잖은 사람이 돈에 애착심이 없그등. 응 부잣집이고 그러니께. 그래 그만 금고에 옇어 놓고 있는데 이 도사가 협천서 천기를 보니께네 그 보화가 하나 진주 달성 땅에 떨어졌단 말이야. 응 떨어졌으니 그 천기를 보골랑은 찾아 왔어. 찾아 와서, 그래 초면이지. 그래 진사를 보고,

"내가 절을 하나 질라고 왔는데 아무리 해도 터를 메울 수가 없는디 으르신네한티 보화가 있으믄 그걸 빌리 주이소. 절 짓고 갖다 드리겠십니더."

보니 말이지 그 지혜가 있는 사람이라서 뭐 알고 온 사람이고 보통 중이 아니거든. 그래,

"아 그래라."고 "갖다 지으라."고.

그래 이걸 가가서는 그마 안부를 댈 것도 없는기라. 응 '이놈 득천해비리라'고 서 갖다 부치니게 득천해 올라가면서 그만 꼬랙이(꼬리)로 휘휘 져버리니께 그만 터가 다 딱였어. 물은 그만 없어져삐렸고 그래서 이 해인인데, 그래서 절 이름을 해인사로 지었어. 지어놓고 인자 이놈의 물견을 간수하는 것이 문제야. 그래서 이 절을 이 인(印)을 필인을 갖다 간수하는 것이 문제라서, 그 천장에 대들보가 있어. 대들보에다 구녕을 뚫고, 와 그거 붕대 안 있나 말이야. 응 용마루 용마루 그 나무 쪽에 다가 구녁을 뚫골랑은 나무로 가 박았어. 거따가 여났는디 그래 그 지붕에 깐치나 날짐승이 날아대니믄 고 우로 날아가는 놈은 다 떨어져 죽었어. 떨어져 죽었는데 지금은 글 안해. 그래서 말로 해기로 그 해인을 정만영이가 가 갖다. [조사자 : 정만영이는 누굽니까?]

아까 하는 얘기야. 응 중국 상해에 있는 그 사람이 가갔단 말이야 이거는 세상에 천지 같이 안 나오는 거 없지. 요건 듣는 대로 되는기니 요새 뭐 원자탄 그거 다 필요없는 기야. 그거 말대로 하믄 말이지. 그래서 지금은 그 우로 까막 짐승이 날라가도 까딱없어.

② 해인의 유래

강릉시 임당동 노인 회관에서 1980년 2월 24일에 김선풍, 김기설 등이 조사한 설화이다. 구술자는 최돈구로 남자이며, 당시 66세였다.

경주 최가의 시조인데 하룻밤에 꿈을 꾸니까 말이야. 허연 노인이 나와서 말이야.

"내래(내일에) 손이 온다."

손이 오니 아침에 자고나서 오늘에 웬 손이 오나 기다렸단 말이야. 시간이 가도 사람이 안 온단 말이야. 저녁 때가 되어 뭔 개가 떡 온다 말이야.

"저것도 손님이 아닌가."

하고 손짓을 하니까, 개가 오거든 와서 마루에 떡 앉는단 말이야.

그래 그 개를 데리고 얘기를 해 봤자 얘기가 안 되니까, 저녁을 두 상을 시켰거든 하인을 불러서 하인이 저녁상을 두 상을 해와 보니, 사람은 지 샌님 하나뿐인데 두 상을 시켰단 말이야.

낸중에 보니 개를 한 상 주고 자기가 한 상을 먹고, 그래 그 날 밤에 개는 마루에서 잤겠지.

그 이튿날 아침에 말이야, 별당에 개집을 지어주고 그 꿈에 말이야, 갈 때까지는 괄시를 하지 말아라 했으니까, 있는 대로 대접해 주었단 말이야. 하다가 보니 3년이야.

그 개를 이젠 대접해준 게 3년이란 말이야.

3년 만에 사랑에 앉았더니 뭐이 배께(바깥)와서 끙끙 하며 개소리를 하거든, 그래 문을 여니 개가 들어와 이게 둔갑을 해, 둔갑을 하더니 하도 이쁜 처녀가 되거든 미인이 된단 말이야.

처녀가 되더니까 이야기를 하거든,

"내가 용궁의 용왕의 딸인데 득주(득죄)를 해 가지고 인간에 한이 맺혀 가지고 어찌할 바를 모르고 있다가 당신 집에 와서 우대를 받고 이렇게 오래 다가 내 탈이 벗어지니까 가겠다 가는데 주인 양반도 같이 갑시다." 하거든.

그래 할 수 없이 따라가게 되는데 따라 가다보니 벌건 동해가 나온단 말이야. 그 처녀가 업자고 그랬단 말이야. 그래 떡 업히니까 바다에 큰 길이 갈라지거든 그래 떡 업고 들어가는데 얼마만큼 들어갔던 간에 큰 집 용궁이 고래 집 같은 기와집으로 떡 들어간단 말이야.

그 집으로 들어가니 처녀가,

"용왕한테 가서 인사를 하라." 한단 말이야.

따라가서 용왕에게 인사를 하구 나니까 용왕이 칭찬을 많이 하거든.

"내 딸이 말이야 갈 바를 모르다가 자네 집에 가서 3년을 신세졌다고 하니 참 고맙다."

그래 말이야. 그가 거기에 머무른 지가 3년이야.

하루는 그 처녀가 나와서 말이야 이제는 고향으로 가라구 말이야 그래 떡 나올라고 하는데, 그 처녀가 말해 준단 말이야.

"용왕한테 가서 간다고 하면 무슨 물건을 둘을 내놓을 끼니까, 푸른 것 하고 붉은 것하고 내놓을 끼니 '붉은 것을 주시요.' 하고, 붉은 것을 가지고 가라."고 시킨단 말이야.

그래 나와서 용왕한테 뵙고,

"간다."고 하니 그러니 보물 둘을 내놓으면서,

"마음대로 가지고 가라." 고 그래 그 딸이 얘기하는 대로,

"붉은 것을 가지고 가겠다." 하니까 가지고 가는 데는,

"이것을 가지고 갔다가 심심장재 해놓았다가 어떤 뭐이가 와서 보물을 내주시오 할 때 내 주라."고 했다 말이야.

"이것은 성도 밑도 끝도 없이 달라고 하거든 주어라." 한단 말이야.

그래 가지고 나오니까 용왕의 딸이 업고 바닷가에까지 데려다 주거든.

집에 와 보니까 3년이야, 그래 떡 궤짝에 넣어놓고 보니까, 그 이웃에 구대(九代) 외독자가 하나가 금방 죽는다고 와서 좀 봐 달라고 하거든.

이 사람은 의원이 아닌데 어떻게 될라고 하니 그런지, 가만히 생각해 보니 용왕국에서 가지고 온 것을 한 번 시험을 해 봐야겠거든.

이게 뭔 것인지 알아야지. 그래서 이걸 보에 싸 가지고 세째 방에 가 보니 그만 그 아들이 죽었단 말이야. 그래서 마크 잡인을 금하고 그것을 죽은 시체 가슴에 올려놓게 덮어놔

그러니 금방 살아나잖나.

"아, 요기 이런 보물이구나."

다른 사람이 보기 전에 보에 싸 가지고 집에 왔거든. 그러니 그 아는 살아났거든. 그래 심심장재해 놨다가 어느 하루는 배께(바깥)서,

"뵙니다."

그러거든, 문을 열어보니까 중이 왔거든 중이 와서 밑도 끝도 없이,

"그 보물을 저를 주십시요." 하거든.

"아하, 정말 왔구나 임자인 게로구나."

하고 그래 떡 내 주었거든, 내 주고 보니까 나중에 알고 보니까 그게 해인이란 말이야.

해인인데, 합천 해인사에 대들보에 갖다가 보관을 해 뒀단 말이야.

그 해인의 출처가 그렇다는 것을 이야기하는 거야. 그 해인이 어떻게 생긴 것은 모르고 있다는 얘기만 들었지. 경주 최씨의 시조가 꿈을 꾸어 가지고 그리 되었단 말이야.

③ 해인의 신통력 (해인사 연기설화)

강원도 영월군 영월읍 영흥 10리에서 1983년 8월 20일에 김선풍, 전광호, 신용현 등이 조사한 설화이다. 구술자는 유성칠로 남자이며, 당시 78세였다.

*제보자가, "거짓말 같은 이야기인데 괜찮냐?"고 하기에 조사자가 "괜찮다."고 하자 구연을 시작하였다.

그전에 한 선비가요. 십 년 공부를 할 챔인데, 절로 가야 편안이 공부를 하겠단 말이야.

그래 절로 인제 집에서 가족한테 얘길 하고,

"십 년을 내가 있다 오겠으니까, 공부를 십 년하고 올 테니까 그런 줄 아라."고, 집에서 이렇게 하고 떠났단 말이에요. 떠났는데, 가는 도중에 질가 (길가) 가다 보이께 뒤에 말이에요. 누런 황구가 한 마리 따라와요. [조사자 : 황구요?] 황구(黃狗). 누런 개가 누런 개를 황구예요. 누런 황구가 한 마리 따라 오는데.

이 개는 가다 보이 뒤에 따라 오니 이거르 어데 우떤갠지 아질(알지) 못하겠단 말이여.

그래, 절에 공부, 절에는 그 개를 싫어하는데 거든요.

그러나, 뒤에 돌멩일 쥐가주(주어서) 때래도 안 가거든. 가질 안하고 요래고 따라 온단 말이여. 된통 휘달구면 저리 좀 물러섰다가는 또 따라오고 또 따라오고 한단 말이야.

그러이 우째 띠내버릴 수도 없고 절을 가는데 절까지 따라온단 말이여 이 개가 그리 불편하기 그지없어요, 절에 공부를 하러 가는데 절에는 개를

싫어하는데. 그래니까, 나는 중을 불러가지고,

"너 절에 나는 공부를 하러 왔는데 어데 정결한 방을 하나 매련해 달라."고 이래니까,

"예, 그러십니까? 그래믄, 저 후면 아주 정결한 방이 있으니까 그리 드시라."고 말이야. 그리 천거를 하니까 그리 갔단 말이야.

"샌님, 저 개는 우쩬 갭니까?" 그래이게, 그래가주,

"모르겠다." 말이여.

"우쩬 갠지 내가 오다 쫓아도 가질 안하고 말하여 결국 뒤에 자꾸 따라오니 그 뭐 절에는 개가 시원찮지만서도 그 산 기 뭐 관계있나." 말이야.

"놔 둬라. 저 집을, 질을 잃고 그래지 물론 저만치 큰 개가 질을 잃어서 집을 못 찾고 사람을 따라오는기니까 밤이라도 가겠지 놔 둬라." 이랬거든.

그래이까, 인제 그 방에 새출, 저 정결한 방에 뒤에 갔단 말이야. 가니까, 그 개가 연에 따라 와서 그 선비의 정결한 방에 드가는데 툇마루가 있는데, 그 밑으로 드가요.

그 밑으로 드가니. 그래고 그 선비는 거 고만 방으로 드가 있는데, 이 개가 삼일을 되도 말이여 한산할 때만, 그날 저녁에 갈 줄 알았는데 삼일이 되도 안 가요, 개가.

개가 가질 않으니 그 짐승이라도 나를 따라와가주 저래 굶어서 사흘까지 있으니 거서 죽어도 안 되겠으니까, 그래이까 밥을 먹다가는 한 술씩 냉게가 주고 줬어요, 그 개를.

한 사나흘, 그래고 주고 봐도 이 기 인제 저 집을 찾아갈 모양인데 안가니 이상하다고 말이야.

그러나, 하루이틀 하루이틀 주다 보니까 계속해 안 가고 그 밥만 얻고 있단 말이여, 거기서. 그래, 중이 가만 생각해 보이 그 개하고 밥을 노내 먹

으니까 그대로 떠가준 지내질 못할 거 같단 말이여.

그래게 밥을 좀 낫게 떠 주거든, 개하고 둘 갈라 먹으라고. 낫게 떠 주니까 그 선비 말이,

"밥을 더 뜨지 말란 말이야. 내 요서 그대로 뜨면 내가 한 술 덜 먹고, 그 개를 멕여 살려 살래야 되겠으니까, 그걸 더 더뜨지 마라."

이래도, 그 사람의 정리 간에 그래도 그럴 수가 없단 말이여. 그래, 십년씩이나 있는 걸 한 집 식구처럼 있는데 그 배가 고파 가준 못 있거든. 그래서, 인제 조금씩 더 떠가주 이랬는데. 십 년을 같이 있었단 말이여 거기를. [조사자 : 그 개하고요?] 개하고.

개는 마루 밑에 있고, 어데 가는 것도 못 보고 만날 먹고는 거게 엎드리고 자고 거 저 엎드리고 이거 뿐이다 말이여.

어데 가는 것도 못 보고, 나가지도 않고, 그 마루 밑에서 거저 주는 밥 고거만 얻어먹고는 만날 거 있단 말이여. 그래, 십 년이 낼 겉이(내일 같이) 됐는데 말이여.

아침에 아침 밥을 먹을라고, 이제 작전은 데려 올라고 작정을 하고 아침에 상을 가주 왔는데 먹구서 그 또 아침에 한 술 들여다 보니께 개가 없단 말이야.

"대체 이 희얀하다. 이 개가 어디를 갔나." 말이여.

그래, 십 년이라면 그기 참 오래 세월이거든. 그 짐승이, 사람은 의존 못해도 짐승은 의존 하란다는데 이거 너무 짐승이라도 냉정하다 말이여.

"십 년씩이나 같이 동냥식을 했는데 갈 때는 오고 가는 자취도 없으니 이건 너무 참 허무하구나." 이래구선, 그래 할 수 없이 십 년 공부를 하고는 집을 돌아왔단 말이여.

집을 돌아오니 그 부인한테 그래 얘길 하니까,

"아이, 그 데려 오지 왜 그랬냐고. 십 년을 같이 키워가주구."

“개도 아주 좋더라.”고 말이야.

“말 같은 갠데 좋드라.”고 이래니,

“그러나, 저러나 없으니 데려 올 수 없어서 못 데려 왔다.”고, 이래고서 고만 참 공부를 해가주 와서 집에 인제 있는데. 있는데, 세월이 흘러서 나이 많았어요. 나이 많애졌거든. 많애지자, 그래서 있다니까 한 날은 나이 많지.

그래니까, 열 해 있었는데 나이 많은데, 한 날은 이래가주, 대청 마루에 앉았다니까 저 골거리에 들어오는데 나귀를 나귀에다가서 나귈타고 들어오는데, 아주 패패한 깔금 밤같은 소년이 나귈타고 들어오거든, 저 어떤 소년이 뉘 집을 오는지 저 골거리에 들어오는가 하고 건네 보니까 그 집 마당으로 들어온단 말이여.

들어오더니마는 마당에다 갖다 나귀를 매고서는 들어오거든. 그 집으로 들어오는데 봐야 어데 어떤 사람인지 모르겠단 말이여. 모르는 사람이 그래 들어와가주고는 아, 와서 방에 들어오더이만 인사를 하는데 절을 하는데,

뭐라고 하는가니,

“아버지, 그 지간 안녕하십니까?” 이래거든.

“아이, 난 아버지라 그래도 기억이 안 난다.”고 말이여.

“내가 뭐, 아들이 나 외동아들인데 아들이 하나 뿐이구 둘도 없다.”고 말이여.

“아들이 하난데 여 집에 있고 내가 뭐, 어데 오입한 일도 없고 이랜데, 아들이라 아들이 아버지라 부르니 난 기억이 안 난다.” 이래니,

“아버지, 모르실깁니다.”

그래, 그 얘기를 하거든. 그 뭔 얘기를 하는가 한즉은,

“아무 해 연분에, 그러게 여러 해 됐으니까. 아무 해 연분에 아무 절에

가서 아버지가 공부를 십 년 하잖았습니까?" 이래거든.

"그래, 한 일이 있다."고

"그때에 개가 한 마리 따라, 절에 갈 때 따라 오잖습니까?" 이랬거든.

"그래, 따라 온 일은 있다."고 있는데,

"그때 개가 접니다." 이래거든.

"그때 개가 저라니, 사람이 우째, 개가 우째 사람이 돼 왔느냐?" 말이여.

"그거 뭐, 그런 말이 어디 있느냐?"고 말이여.

"난 신임 안 한다."고 이래니까,

"그래, 제가 얘기하거든 들어 보시게. 제가 용왕국 왕자인데 왕자로서 득죄를 하고서는 그 부친께서 개 금사망을 입혀 가지구서, 개로다가 사람을 금사망을 입혀 가지구서 세상으로 내 보냈다." 말이여.

[조사자 : 금사막이죠?] 금사망이여.

[조사자 : 사람을 탈을 쓰고 보냈단 얘기죠.] 그렇지. 저 개 탈을 씌워 보냈지, 사람을. 용왕의 아들을,

"그래, 지를 득죄를 했는데, 개 금사망을 씨게서(씌켜서) 이래 내 보냈단 말이여. 내보내니 십 년이 돼야 용왕국으로 돌아 갈 챔(참)인데. 십년을 어데 가서 도저히 지낼 수가 없다." 말이여.

어데 동네 골거리에 동네 가면 말이여 벅(부엌) 개가 달겨 들어서 낯선 개가 오니까 마구 뭐, 막 내달리가준(내다라서 가지고) 물고 차고 이 야단하니 도저히 어데 가서 지낼 수가 없거든. 어데가 얻어먹을 도리도 없고 인가(人家) 가야 얻어먹는데 인가촌에,

촌에 가니까 개가 '멍' 개가 그리 덤비니, 독불장군이라고 개야 크지만 여러 마리가 덤비니 혼자는 도저히 당할 수가 없거든.

"에이, 안 되겠다." 고.

"그, 그 양반이 절에 공부하는데 내가 걸(거기를) 따라 가야 십 년을 지

내겠다.”고.

그래, 그 십 년이란 세월을 같이 밥을 얻어먹고 지냈단 말이여.

그래고, 십 년이 되는 날 아침에 개도 십 년을 만기를 채웠으니까 용왕 아들이 용궁으로 갔단 말이여. 갔는데 그래서,

“내가 용왕의 아들로서 저 금사망을 입혀서 세상을 내 보내서 내가 절에 가서 아버지와 같이 십 년을 지내고 이랬으니까 내가 난 부모보다도 더 중하지 않습니까? 십 년을 내가 같이 살면서 아버지 때문에 살았으니까 그런 은혜가 없어서 아버지라 합니다.” 이래니, “아, 그러냐.” 고.

“그래도, 귀신이, 왜 개가 말이여. 사람이 돼야 한다는 건 이해가 안 간 단 말이여.”

그러나, 자꾸 그렇다고 그래니 우뜨게 해(어떻게 해). 그래서 용왕님이, 저 부친이 말이여.

“그 세상에 나가서 그 양반 덕으로 살았으니까 그 양반을 한 번 모시고 오라 그래서 내가 모시러 왔습니다.” 이래거든.

그러나 저러나 가만 생각을 해보이,

‘이젠 나는(나이는) 많은데 물귀신이 날 잡으러 온가 보다.’ 이러게(이 렇게) 생각했거든. 그럴 수밖에 없어.

나(나이)는 많은데 용왕국이란 거 어데 얘기만 들었지. 용왕국이 어데 가 있는지 아지도 못하고 말이여. 이런데, 아 용왕국에서 아, 데릴러 왔다니 까 아, 이젠 물에 빠져 죽을 거 밖에 생각이 안나거든.

“안 간다고 난 그거는 도저히 뭐 이치에 당하잖으니 난 못 간다.”고 딱 거절하니까,

“십 년이고 이십 년이고 아버지가 안가마 안가시믄 난 여서 못 갑니다.”

자꾸 눌러 하루 묵어 이틀 묵어 사뭇 자꾸 묵어 봐도 연에 연일 치택이 란 말이야. 그래니, 내가 인제 한명이구나. [조사자 : 네?] 한명(限命).

"이제 죽을 명이 인제 다됐으니까 인제는 말하자면 물귀신이라도 날 잡으러 한명이니까 와서 저래는 걸 내가 불가불 안 따라갈 수가 없으니께 인젠 갈 수밖에 없다."

나서거든. 나서니까 나귀를 태운단 말이여.

"아버지 타시게 지가 정말 들겠습니다."

정말 들고 거다 나귀에다 태워가지고 이래고 가는데, 동해 바다로 간단 말이야. 그거 정신없지 뭐, 물로 끌고 드가믄 물귀신한테 홀래 죽은 줄 알았단 말이야.

동해 바다에 가니까, 질이 환하게 물이 짝 갈라지는데 말이여. 신작로가 환하단 말이여. 바다가. 근데, 그리 뭐 채찍질을 하고 정말 들고 가는데 물로 가는지 뭐, 그냥 물로 속으로 드가는 게 아니라 바다가 질이 환하니까. 그리 자꾸 가니까 얼마끔 갔다니까,

"이젠 다 왔습니다." 이래거든.

그래, 거 드가니까 뭐, 별천지거든. 별천지래서 그나저나 뭐, 우뜨케 올 수도 없고 갈 수도 없고 그래 새초를 떡 정해 주민서(주면서),

"여기 계시요. 이전(이젠) 용왕님한테 가서 저 부친한테 가서 모셰(모셔) 왔다." 고.

"지금, 직접 못 드갑니다. 거 드가서 얘길 하믄 이제 어느 날 들어오라고 할 때에 들어 오시게오."

이래구서, 새초를 정해 준단 말이여. 그래, 거기 인젠 간 다음에는 도필할래도 할 수도 없고 그냥 바래고 앉았지. 그래, 앉아다니 미칠(며칠) 지낸 뒤에,

"너 그 양반 좀 모셔 오너라."

그래, 그 모셔 오라고 그래니까. 따라 드니까 아주 참 세상 없는 음식을 해서 차담상을 채래 준단 말이야. 세상에 먹지 못하던 차담상을 채래 주니

까. 그래, 그거를 잘 먹지 못하던 차담상을 차래 주니까 그래, 그거를 잘 먹고는 이래 있는데. 야, 집 밖에 생각이 없는데 나올라니 나올 수가 있어. 나올 수도 없고 뭐이 이래니, 운제(언제)든지 딜다(데려다) 줄 때를 바래고 이랜데. 근나 전나(그러나 저러나),

"날 좀 집에 딜다(데려다) 달라."고 하니까,

"에이, 못 갑니다. 언제든지 좀 묵어서 마이(많이) 묵어서 가셔야 되지 못 갑니다." 이래니. 그래, "편이 가서 새초 가서 기시라고(계시라고). 언제라도 오래 인제 여 지체를 하시면 자석, 자석(자식)을 살린 은혜가 적지 안하니까 그 은고(은공)를 가래야(갚아야) 될 테니까 여 오래 계시라."고 그래.

그래, 아매(아마) 몇 달 묵었던 모양이야. 거서(거기서) 묵은 뒤에는 한 날은,

"이전(이젠) 집에도 궁굼하시니까 나가 보셔야 되지 않겠소?" 이래이께. 글땐(그때는) 반갑거든.

"아이, 가 봐야 된다." 이래니까.

그래, 거 용자 그 개가 사람 돼서 온 용왕 아들이 하는 말이,

"아버지가 은혜로다가 뭐를 뭔 물건이든지 요구를, 좋은 물건을 요구하믄 요구는 들어 줄겁니다." 이래니까,

"물을 때는 물을 때는, '돈도 싫고 뭐, 아무 것도 다 싫고, 그 용왕국 정치하는 해인을 하나만 달라' 고 그러세요."

[조사자 : 해인요?] 해인(海印).

그래, 거 그 해인이 뭔지 모르는데, 그 아들이 씨기거든 그렇게.

"그 해인이 세 갠데 해인을 달라 그러면 아매 질(제일) 시개에(세 개에) 질 작은 거를 줄겁니다. 근나 전나, 작은 걸 주머는 이왕이면 질 큰 거를 아주 얘기해도 안 줄 게고 그래니께, 둘째는 사정 사정하믄 둘째는 적으나마

줄게니까, '세상 것 다 싫고 말이야. 돈도 싫고 아무것도 다 보화도 싫고 그 것만 하나 달라', 그리시오." 그래 씨기거든.

그래니마 참, 그날 올라가는, 드가니까. 아 그래이까,

"내 자식을 살린 은혜로 내가 뭘 공로가 있어야 되니까 그 뭘 말씀 하시 믄 내가 말씀대로 무신 걸, 뭐를 원을 하셨는지 원대로 한 가지 들어주겠습 니다."

이래거든. 그런 거 씨긴대로,

"내, 난 뭐, 뭐 아무것도 모릅니다."

모르니까 그 용왕이, 용자 씨긴대로, 인제 그,

"해인을 달라."고, 이랬단 말이야. 그래이,

"뭐, 그기 어려운 일인데, 자석을 살린 은혜가 그기 뭐 여간 아니니까 그 럼 하나 드린다." 고, 질 적은 걸 하나 내 주거든. 내 주니까,

"이왕 봐 주실라믄 생각해 주실라믄 그 저 중간치를 주시게오." 이렇게 인제 얘기를 했거든.

하니까 잘 승낙을 안하고 입맛을 쭉쭉 다시거든. 그기 용왕국의 정치하 는 물건인데 그 선뜻 주겠어. 그래고, 생각을 하더이만 간청을 하니까,

"이왕 주실라믄 까짓, 질(제일) 적은 거 말고 둘째 층을 그걸 주시게오."

이래니까, 그래, 입맛을 쭉쭉 다시고 앉았더이 할 수 없다고 말이야.

"자석 살린, 살린 은혜가 적지 안하니까 내가 드리겠다." 고.

그래, 둘째 층을 준단 말이여.

"이걸 가주 가오, 가주 가데(가되) 내 써 먹는 방식을 갈케(가르쳐) 줄 테니까. 질(잘) 가주 가서 운제든지 아주 최고 급할 때가 있을 테니, 이 아주 세상에 급한 일이 여거(이보다) 더는 급한 일이 없다 이럴 때 한번만 써 먹 고는, 내중에 임자가 오글랑(오거든) 내 주시요." 말이여.

"집에서 장차 한 번만 써 먹으믄 뒤에 임자가 있으니 임자가 오글랑 주

시오." 말이여.

"그기 뭐, 자꾸 놔둬 봐야 한 번 밖에 못 써 먹는다. 질 아주 급할 때 한 번만 써 먹고 내 주시우."

그래, 인제 해인을 얻어 가주곤 가지고 나왔단 말이야.

나와 가주고도 식구도 안식구도 모르고 자석도 모르고 꼭 내만 보관해 가주 있다가, 어데 아주 짚이(깊이) 감찼다가(감췄다가) 말이여.

"급한 일이 있걸랑 그때 한 번만 써먹으시오." 이래거든.

그렇게 하라고 가주 왔단 말이야. 가주 와서 밋 해(몇 해) 됐는데, 그 선비의 아들이 삼대독자 외아들이야. 그래, 병이 들리 가주고(들어서), 사병(死病)이 참, 저 약을 암만 써도 안 되고 뭐, 인전 죽기가 떡 됐거든.

죽기가 떡 됐는데, 가만 생각해 보니 기가 맥히지. 내가 못할 일 안했는데 삼대독자 외아들이 인젠 죽으니까 '내가 이 무슨 죄가 있는가.' 하구선. 종년이 나오더이만,

"아구 되련님 죽었습니다." 이래거든.

죽었으니 어떻게 하나 말이야. 거 쪼끔 있다가는 생각을 해 보고,

"아, 저 이제는 되련님 죽었으니 갖다 어디 처치해야 되지 않습니까?"

종년들이, 종놈들이.

"가마이(가만히) 있거라 보자. 혹 까무쳤다(까무러쳤다) 사는 수도 있으니까."

그래, 인제 글때(그때) 그 생각이 나거든. 가만이 생각해 보니 삼대독자 외아들이 죽었다는데 더 급한 일은 없을 거 같단 말이야.

그래, 그때 해인 가져온 생각이 나설랑(나서는) 조으를(종이를) 내 놓고 날 생(生)자 써 놓고 말이야. 날 생자 써 놓고 거다 도장을, 그 해인을 꽉 찍었단 말이야. 꽉 찍고 앉았다, 앉았다니까.

종년이 또 나오더이만, "아, 되련님이 안주(아직) 숨이 붙어 있네요." 이

래거든.

아주 아주 죽었더이마는 인제 좀 몸도 뜨시고(따뜻하고) 말이여.

"후유, 하면서 숨을 쉬내요." 그래거든.

"그래, 쪼끔 있어 봐라."

그래, 한참 있드이만 또 종년이 나와 가주고는,

"아이, 인저는 인나(일어나) 앉았네요." 이래거든.

거, '야 참 신기한 물건이다.' 그래곤, 또 짚이(깊이) 갖다 가무찼지.

신기한 물건이다. 이래고는, 그래 거 살렸단 말이여.

고만에. 살리구 이제 밥 잘 먹고 고만 살렸는데.

"야, 그기 참 좋은 물건이구나."

그래서, 인제 그걸 또 짚이 가무차 놓고 그대로 사는데. 그러자, 인제 그
래자 몇 해 됐어요. 몇 해, 여러 해가 됐는데, 한 날은 아주 백발된 중이 하
나 오거든.

"샌님 댁에 하루 저녁 쉬 가자고 왔습니다."

그래이, "아, 들어오라."고 말이야.

그래, 떡 들어 가설랑. 저녁에 인제 자는데, 얘길 그 이튿날 아침에,

"내가 노독이 나니까 하루, 하루 더 쉬 갑니다." 이래거든.

"아이, 며칠이라도 쉬가주 가라."고.

아주 백발된 도승인데 쉬가주 가라고 이래니까. 그래, 하루 쉬 가주구.
쉬든 날,

그 이튿날은 하는 말이,

"샌님 댁에 보물이 있으니까, 그 보물을 가질러 왔습니다." 이거여.

"아, 우리집에 보물이 뭐 있느냐?"고.

"아무것도 보물이 없다."고 말이야.

"보물이 있는 기 없다." 고.

"아이, 그래지 마시고 보물이 있습니다. 있으니까 보물 주시게요. 샌님은 한 번 써 먹고는 더 이상으로는 더 이상은 못 써 먹는 물견(물건)을 왜 놔두고 안내 놉니까?" 이래. 게,

"샌님은 한 번 써 먹었습니다."고. 그 도승이 그러게 알거든.

"샌님은 한 번 써 먹었는데, 나도 그걸 가주 가 봐도 한 번만 딱 써 먹고는 또, 가주 갈 사람이 또 있습니다. 이거 뭐, 자꾸 내가 가주 가서 내가 뭐, 뭐시기 하는 기 아니고 한 번만 써 먹고는 나도 또 두 번을 못 써먹는 물견인데 내 주시게오." 이래. 게,

"아이, 뭐 그런 거 없다."고 말이야.

"아유, 알고 왔는데 왜 그래십니까?"

그래, 뭐 옛날 대떨이나 보물이나 옛날 대떨이도 가주 오고 뭐, 옛날 물견을 내 놓으이,

"이기냐."고 이러니 이것도 아애라(아니라) 그래, 저것도 아니라 그래. 맬끈다(모두) 꺼내다 갖다 놔도 아이라 그래거든. 그래, 여러 날 묵어도 언제라도 이걸 찾아 가주 간다고 안 가고 자꾸 늘 백이니 딱하단 말이여.

"저 하매 자꾸 보물이 있다."

그래면서, 그래니까 생각은 그 물견인데 그 물견을 우뜨게 알고 찾아 왔느냐 이그여.

그래, 생각을 해보이,

"여러 날 있어도 보물 찾아야 가지 그리진 못 가십니다."

"못가겠습니다." 이래, 하두 내중엔 답답해서 그놈을 내가 주왔단 말이야.

"이기냐?"

그래이(이러니),

"그깁니다." 이래거든.

"그 해인이 깁니다. 이 긴데 나두 가주구 가 봐서, 내가 어데 있는고 한즉 합천 해인사 주지올시다." 이래거든.

"합천 해인사 주진데 댁에 보물이 있다고 그래서 내가 찾아 왔습니다. 왜 그래냐 하면, 합천 해인사 화술을 당해가주고, 불이 나가주고 말이야. 싹 주춧돌도 없어 큰 절이 다 타고 없으니 도저히 이 물견 안 가지구는 도저히 이룩할 수가 없어요. 그래가주고 여, 참 여 보물이 있다. 그래서 그 절을 이룩할라고 왔습니다." 이래.

그래, 거를 가지구서 고만 거서 고맙다고 하구서는 이래고 가주 갔단 말이야.

가가주고 합천 해인사. 해인사, 해인사라는 기 해인으로 짓다고(지었다고) 해인사래요.

다른 기 아니여. 해인으로 짓다고 절 이름이 해인사여. 바다 해자에, 인이란 인자. 해인사란 말이여. 그래서 해인사라고 이름을 짓단 말이여, 해인 가주 짓다고. 그래 진 뒤에는, 그 주지는 그 하루아침에 짓다는 기여. [조사자 : 하루아침에.] 하루아침에,

그 뭐 뭐 이룩하라고 이래가 써 놓고는 그 도장만 찍으믄 그 금방 그저 그만 건물이 팍 들어서니까 뭐, 그 뭐 푼절을 다 물견…….

[조사자 : 그때 무슨 자 쓰셨는지 아십니까?] 해인사 질 때?

[조사자 : 예 예. 주지가 어떤 자를 써갖고 해인을 찍었는지.] 아, 그거 그건 모르지.

그건 모르나 그 건물을 완공해 달라고 쓰고 찍었겠지 뭐, 물론. 그래 인제, 그랜 뒤에는 주지가 나이 많으니까, 그때도 나이 많으니께 죽었단 말이여. 죽은 뒤 죽을 때도 아주 그 주역 팔궤 속에다 짚이 간수를 했거든. 다른 중이…….

[조사자 : 어디다가요?] 주역 팔궤 속에. 그래, 인제 그것도 중질이(중들

이) 그래케 많애도 다른 사람은 모르지. 그 혼자만, 그 주지 혼자만 딱 알고 거 인제 갖다 묻어 놨는데.

그래자, 여러 해 됐는데 다 알지만 정만인이라고 있었잖애요? 정만인이. 정만인이라고 있었는데 정만인이가 그걸 알았단 말이야. 거게 해인사. [조사자 : 그 사람 뭐 하는 사람인가요?]

정만인이가 난 사람이래요. 난 사람인데, 정만인이가 거 있는 줄 알고서 하니 도저히 가져올 방법이 없어요. 방법이 없어서 그때에 말이 그래더구만.

"나를 나라가서(에서) 날 육군 도원수를 주면은 내가 잘 치민(治民) 치도를 잘 하겠다."고 이래서, 그래가주 가서 중을 가서 그래가주 그 직책을 맡아가주고 절에 가서,

"중놈들, 너 절에 말이야 내가 뭔 조사할 일이 있으이까." [테이프 뒤집음]

한 방에다 갖다 큰 방에 갖다 한트로(한 곳으로) 몰았단 말이여.

모고(모으고) 쉿대(자물쇠)를 가고(갖고),

"너 꼼짝 마라. 나오면 죽인다 말이야. 꼼짝 마라."고 이래이.

중놈들이 벌벌 떨고 꼼짝 말라고 한 군데 갖다 가둬 노니까, 그래 그 저 뭐시기 책장 그런데는, 주역 팔궤 같은 거는 절 어데 한 방 외딴 방에다 하나 저장해 놓는단 말이야.

지 드가서 메칠을 메칠을 거길 들쳐거래가주고(들썩거려서) 찾아가주고 찾아가주 갔쟁아요. 그, 그래, 고만 정만인이가 가주 갔는데. 지금 말하자면 정만인이가 계룡산 도읍에 나와, 계룡산 도읍할 사람이라 이래지. 말이, 계룡산 도읍이라고 이래요, 정만인이가 그래 그, 그짓만 알곤 몰래요.

④ 해인(海印)의 유래

충청남도 보령군 대창리 경로당에서 1981년 2월 23일에 박계홍, 황인덕 등
이 조사한 설화이다. 구술자는 황용연으로 남자이며, 당시 78세였다.

그런디이, 아깨 얘기가, 우리 듣는 얘기루, 그으 해인 말여. 그게 어디서
생겨났느냐이…….

무주구천동이라는 데가 있잖아 전라도? 그래 사람이 무척 귀한 때지 그
때가. 내외분이 워트게 살다 보닝깨, 아들두 업구 딸두 업구 앙(아무)것 두
엄어.

"에에 이거 산중이 가서 산 열매나 따 먹구 이렇게 살으야지 별 수
엄다."구.

인제 산이 가서 워터게 바윗독 밑에 가서 집을 으지하구 그러구서는
사는디.

마나님은 나이가 60이 넘은 마나님이 그 위, 집 뒤에다 가서 당을 무아
(쌓아) 놓구서는 나알마다 찬물 떠놓구 고사를 하능 거여. '아들 딸 좀 하나
점지해 주십사' 구.

영감님은 뭘 하느냐아 그러먼은, 저어 말뚝얼 요마안씩 (손으로 시늉을
하며) 헌 눔으루 다가서 산내키 꽈서 발을 엮어서 냇강물이다가 요렇게 (막
는 시늉) 막어서 치먼언 상수리 도토리가 떠 네러오다 그눔이 걸린단 말여.
그 눔 줏어다가서 양식얼 하능 거여.

그런디 밋 해를 그렇게 했덩가 하루는 그 영감이 가마안히 앉어 보닝깨
밭마당이 가서 안개가 자우루우 – 욱하게 쩌가지구서는 다른 디는 뵈는디
캉캄, 안 뵌단 말여. 그런디 보닝깨, 워쩌다 '끙끙' 소리 나는디 보닝깨 강

아지 하나가 게서 헤매는디 안개를 싹 걷었어. 그래서 이게 웬 일이냐구, 생전 보두 듣두 못했는디 이것얼 냅데 안어 가지구서, 둘이 들어 가지구서, "세상에 이럴 도리가 있느냐구. 이게 뭐잉가를 모른다."구.

그래 키우능 거여. 키우는디, 보닝깨 가이가 인제 무러억 무럭 커가지구서 인제 큰 개가 됐단 말여요.

큰 개가 돼서 있넌디, 한 번은 또 역시 그렇게 안개가 찌면서 마당이서 안개가 쪄가지구서 다른 디는 뵈야두 거기는 안 뵈게 안개럴 까악 쪄놨는디. 그 눔이 가이가 그 눔이 느닷읍이 '꽹꽹' 짓으면서 뛰 네러가서 재주럴 시 번 넘더니 보닝깨 지집애 하나가 나오넌디, 한 열 육 칠 세 된 지집애 하나가 떡 나온단 말여. [청중 : 개는 읍어지구?] 응, 개는 읍어지구. 아 이눔이 들어스더니만서두,

"어머니 아버지 저 키워주시느라구 대단히 참 수고 많았습니다." 하구서 절얼 너어푼 허거던.

"그래 대관절 니가 워트게 돼서 이러냐?"구. 그러닝깨,

"내가 에, 용왕에 딸이었었는디 득죄를 하구서 세상으로 내째겨가지구서 이 산중으루 왔는디, 어머니 아버지를 몹 만났더라면 제가 이렇게 속죄럴 할 도리가 읍었는디, 이제는 인제 속죄가 됐으니까 내일 모리 새루 우리 아버지가 나럴 데릴러 올 텡깨 거기를 따러가서 어, 그 용왕에 딸이 도루 되야겠는디. 이 그날 사자 싯이 와서 문 앞이 와 불를테닝까, 불르면 저는 따라갈 텐디, 저어 간 뒤 며칠 있다가서 그 사자가 또 와서 아부지럴 불루걸랑은 그때에 따러서 같이 오시먼언, 용왕이 들어오시먼언, 용왕이 들어 오셔서 저를 만나구 가실 겝니다. 가는디, 그때 용왕이 불루걸랑 오셔 가지구, 무슨 보화를 주랴구 여어러 가지 보화럴 구경을 시킬 텐디 아아무 것두 싫다구 그러시구서 머리맡이에 걸어 논 요 똥고만한(동그스름한) 쇠, 그걸 달라구 하십시사아." 이렇게 조약을 하구서는 갔단 말여.

그래 참 사흘인가 나흘인가 있다가서 문앞이서 에에, 패랭이 쓴 눔 싯이 와서 떠억 찾거던?

그래 나가더니만서두 그저 불과 댓 발짝 데리구 나갔는디 보닝깨 읍어져 버렸어.

'참 기이한 일이다아'. 그러구서 며칠 있너라닝깨 또 역시 세 사람이 와서 찾는단 말여. 그래 자기를 찾능거여.

"용왕께서 잠깐 들어오시라구 하니 가십시다."

"그러라."구.

그래 문 밖에 나가먼서 서너 발자꾸부터는 눈을 감으시라구 그러거든? 눈을 감었다가서 한참 있다 떠 보라는디 보닝깨 용왕여. 보니까 그으 용상이 다가서 차암 좌지하구서 앉었는디, 그은사하게 하구 앉었구 그 보화가 뭐 참 별게 다 있구.

수중에. 그래 인제 며칠을 구경한 뒤에,

"그대가 인제 나가야 할 텐디, 내 딸을 갖다 그렇게 키워 주느라구 욕을 봤응깨 그 인공으루 뭐잉가를 폐백을 좀 하나 주야겠어. 그러니 뭐 이건 필요항 거 하나를 달라구 해라아." 아암 소리두 않구 앉었다가서 하는 소리가,

"그 머리맡이 걸려 있는 저 쇠나 저 주세요오."

아 용왕이 아무 소리두 못 혀, 그 소리를 듣구는 못 준다구두 못허구 준다구두 못허구. "너 나가라."구.

그래 인제 바깥이 와 있느라닝깨 사흘인가 있다가서 들어오라구 하더니 할 수 읍이 이렇게 떠 주더랴. 그눔.

그래 가지구 오넌디, 인제 즈히가 데려다 줘서 또 보닝깨 참 마나님을 그렇게 지두르구(기다리고) 앉었더라너먼 그래요.

"그래 용왕이 가서 뭣 얻어 가지구 왔냐."구 하닝깨,

"이거 하나 가지구 왔다."구.

그런디 보닝까, 거기다가서 참, 쌀 나오구 돈 나오넌 그런 뭣이가 있더래요. 그래서 '쌀 나와라 돈 나오라' 하구 보닝깨. [청중 : 해인이로구먼] 응. 부자가 되넌디이.

가만히 생각해 보닝깨 자기가 이걸 가지구 있으먼 안 되겄어. 나라에 바쳐야 쓰겄어.

그래서 나라에 가서,

"제가 이러구 이러구 그래서 이걸 구헌 것인디 이거 이렇습니다." 하닝깨 나라에서,

"아 그러냐구. 그 눔 인수하구서 그 사람 불러다가서 내우 크은 고대광실 집 잘 짓구 새앵전 먹구 살게 맨들어 주고 그거넌 어, 해인사에 가서 보관을 시키라."구 했다는 그런 얘기를 한 분이 하는 얘기가 있었더먼…….

⑤ 용궁왕자 자라의 보은

전라북도 완주군 운주면 장선리 중촌 한약방에서 1980년 1월 31일에 최내옥, 강현모가 조사한 설화이다. 구술자는 이순근 씨로 남자이며, 당시 79세였다.

    * 이순근 할아버지는 이야기를 끝내려고 했다가 다시 이 이야기가 생각나신 듯 좀 쑥스러워하셨다. 조사자는 누가 얘기하든 많이 제공해 주는 것이 조사자에게는 더 없이 고마운 일이라고 말씀드렸다. 이 이야기는 한 30년 전쯤 장선리에서 들으신 얘기라고 한다.

전에 이조 등극한 후에 삼 대(三代)만에 학자가 하나 있는데,

[조사자 : 삼 대만에요?] 응 삼 대만에, [청중 : 이조 삼대므로 태종 때구먼.]

낚시질을 가서, 바닷가루 낚시질을 갔는데 낚시가, 낚시질을 허닝게 고기가 전부 물어서 낚시질을 하구 앉았는데, 한참 저녁 때 판에 가닝게, 자래(자라) 한 마리가 물려 나와. 그래 자래가 물려 나오는데, 그 자래 배대기(배)에다가 임금 왕자(王字)를 쓰구 나왔어. 그래서 그 자래를 낚시에다가,

"뭘 니가(네가) 못 먹어서 그 적은 것을 먹느냐?" 구.

낚시를 따서 도로 그 물 속으로 들여 보냈어. 들여 보낸 후에 한 서너 시간 후에 사람이, 거기서 동자가 나와 그 물 가운데서, 그래 동자가 나오는데,

"제가 아까 선생님께서 낚시 밥에 걸려 나온 자랩(자라)입니다. 제가 죽게 생겼는데 선생님 따놔줘 가지구, 다시 용궁에 들어가서 아버지한테 그 선생님께서 육지에 죽을 것인디 따놔줘서 도루 들어왔다는 얘기를 허닝게, 선생님을 아버지가 다시 모셔오라구 그래서 다시 나왔습니다."

"그러냐." 구.

"그리믄 내가 이 육지 사람이 어떻게 물 길을 갈 수가 있냐?" 구 그러닝게 그 동자 말이,

"저만 따라오시믄 물길이 육지 같습니다. 그러닝게 염려 마시구 갑시다."

그래 그 동자를 따라가닝게, 참 무신 주문을 외구, 완전 물이 갈라지구 해서 육지가 되서 무슨 무연천지마냥 따라갔어. 따러가니 인젠 그 용왕이라는데 용왕이 그 동자가 가서 뭐라고 하닝게,

"아, 그러냐" 구 그 버선발로 쫓아나와서 손을 잡구 들어가믄서,

"그 자식이, 연소한 자식이 바깥에 가 놀다가 선생님에게 그 낚싯밥이 걸려서 육지에 나가서 죽을 뻔 했다가, 다시 그 후 양반을 만나서 다시 참 살아온 것이 대단히 감사하다." 구.

“며칠을 참 선생님을 두구, 하두(하도) 어진 생각이 있어서 선생님을 모시고 오라구 해서 지금 기다리는 중입니다.”

“며칠 간 좀 쉬어가구 놀으시다가 가시라구 그래서 제 자식을 보내서 불렀다”구.

그래서 거기서 며칠을 쉬었던지 쉬어가지구 있웅게 동자가 얘기하기를,

“즈(저희) 아버지에게 여러 가지 보화가 있는데 한 가지 보화가 있는데 중요합니다. 중요한 것은 지금 제가 말하기는 ‘해인’ 이라고 그럽니다. ‘해인’ 이라고 그러는데, 그것을 아마 요구하믄 의심을 해서 안 줄 것 같이 생각을 하나, 댈구 요구를 허므는 줄 상도 싶습니다.”

그런데 이제 며칠을 놀다가 인제 간다구 허닝게 그 용왕이,

“아, 육지에 가믄 무슨 기념품이든지 선생님을 하나 디리야(드려야) 허겄는디(하겠는데) 어떤 것이 이 맘에 가합(可合)하냐?”구 그렇게 그 용자가 말하는 거와 같이,

“저기 저것이 나는 모르는디, 나는 뭔가 모르는데, 내 맘에 그것이 합의하다구.”

“아하, 지금 아적(아직) 그 육지에 나갈 시대가 좀 못됐는데 그걸 요구허는 것은, 참 대단히, 아적 때가 못 됐음이라.”구 그러믄서 그걸,

“그러나, 아무리 때가 못 됐을지라도 그 선생님의 은혜를 생각허믄 내가 못 준다고 할 수가 없습니다.”

그러니 그 해인을 가지구서 그 동자하구 따라 나와서 그 육지에 나왔어. 그래 그 동자 보구선, 동자헌데,

“이것을 어떻게 부리는 것이냐?”구.

“이것은 그 원을 하기를, 내 맘으루 원하는 것을 거기에가 정성을 들이는 거와 같이 원을 하믄, 그 원하는 대로, 양식이 나오라구 하믄 양식이 나오고, 돈이 나오라구 하므는 돈이 나오고 원 대로만 됩니다.”

그러닝게 그걸 갖다놓구선 다른 걸 할것 없구, 그 학자같은 이가 그저 양석(양식) 없으믄 양석 나오라구 하믄 양석이 나오구, 돈 나오라구 하믄 돈이 나오구, 쬐끄매씩(조금씩) 해서 그걸 가지구 생활을 허구서 지니야(지내야), 지내는데, 절에 있는 도싱〈道僧〉이 천기를 보닝게, 그 해인이 육지에 나와서는 그 학자의 아무거시니 집에 있는데, 그 해인을 갖다가 합천 해인사를 지으므로, 쉬(쉽게) 편할상 싶어서, 그 해인을 학자네 집에 가질러 갔어, 얻으러. 얻으러 가서,

"선생님 댁에 그 좋은 물견(물건)이 있으닝가, 그 물견을 지가 갖다가 사용한 뒤에, 일 년 후에는 제가 도루 반송해 드릴테니까, 그걸 좀 제 빌려다가 쓰구서 가져오겠습니다. 좀 빌려 주시오." 허닝게,

그 학자 말이, "내게 그런 기묘한 물견이 없다. 물견이 없응게, 나는 그런 것두 알두(알지도) 못하구, 물견이 없다." 구 허닝게

그 도인 말이, "어허, 지가 이리 알구 와서 선생님께 얘기하는데 없다구 하믄 됩니까? 아 거기에서 원대루 하시구 있는 것을 지가 아는데 없다구 하믄 됩니까?"

그래서 말을 어떻게 변통할 말이 없어서 그 해인을 도사를 줬다는 거여.

그 중을, 그 중을 해인을 갖다가 합천 해인사 지을 적에 가(거기다) 바닷가댔는데(였는데) 바다가 됐는디, 산을 때려서 그 육지를 만들어 놓구 거기다가 절을 지었다는 기여. 거기다가 거기다가 절을 짓구서는 도사가 그 학자한테 해인을 갖다 줘야 할터인데, 그 해인을 갖다 주지 않허구 그 삼충경의 닷집이라던가, 큰 그 집 속에다가 그 해인을 넣었다는기여. 해인을 넣었다구 그런 말이 있는디, 절 지은 다른 사람은 다 모르구, 그 정만영 이라는 사람이 그 신하루 있는데 그 언젠가, 정만영이 신하루 있는 그 왕땐데(때인데) 그때 그렇게, 선조 대왕 그 후에 숙종대왕 때,

"그 합천 해인사 절이 퇴락을 많이 했응게 그 절 중창을 허겄습니다."

정만영이, 신하가 그래서 그 절이 중창을 하므는 얼마나·가지믄 중창을 허겄느냐구, 그래 중을 불러가지구서는, 그 정만영이는 해인을 찾으라는 목적으로 그 절의 중창을 시작했어, 그 돈을 나라에 요구해 가지구. 그래 인제 기둥을 갈구 기둥 속을 보구, 전부 그 속탐을 해 보닝게, 닷집 속에가 있었던가, 닷집을 고치는데 그 해인을 경 내에 내놓구서 새루 중창을……

정만영이가 그때, 사십 이상인데 그 해인을 가지구 다시 갱신(便身, 變身)해서 살었다구 그런 말이 있웅게, 그때 그렇게, 숙종 때에 한 신하가 그걸 알구서는,

"만인을 잡아 죽이시오. 만인을 잡아 죽여야 나라가 편하지, 그냥 있으면 나라가 위태합니다." 라구 그렇게 신하가 상감에게 참 말씀을 드렸단 말이여.

말씀을 드렸는데, 그렇게 그때 그 천주교인가, 우리 한국서 심했었는데, 만인을 잡아 죽이라닝게, 만인을 참말 죽일라구 그냥 무대보(무조건)허구, 살해를 했어. 상감이 그렇게 인제 살해를 허구 그러닝게, 그 신하가 있다가,

"아니오, 만인이 세상 사람 만인이 아니라, 정만영이를 잡아 죽이시오."

그래 인제 정만영이는 벌써 그걸 알구서 그 해인을 가지구서는 갱신을 해서 그냥 나갔다는기여.

그런디 그런 옛말에 그런 얘기가 있어. 그래서 지금두 그 해인이 있다. 확실히 있다, 저쪽에선 소용없는 얘기다. 이런 말이 많은데 그 해인 같은 그 물건이라는 것은 그렇구, 그때 그 정만영이는 전설로는 갱신해서 지금두 어디 바다섬에 가서 산다는 얘기가 있어.

⑥ 용궁에서 가져온 해인

전라북도 옥구군 임피면 월하리 서황에서 1982년 8월 11일에 박순호, 이홍이 조사한 설화이다. 구술자는 문삼종으로 남자이며, 당시 73세였다.

*내가 하나 더 해야겠다며 시작했다.

이가가 하나 있는디 말허자먼 뱉뙈기(밭뙈기)나 허는 사람인디 난디 읍는 개가 하나 들왔어. 난디 읍는 개가 한 마리 들왔는디 우연히 그 개가 이름 말도 잘 듯고 밥도 잘 주어서 신통허게 무던히 있는디 아, 한 맷 달 된게 어디로 온 디 간 디 읍이 자초(자취)가 읍이 읍어져버렸네, 개가. 근디 얼매큼 몇달 후여, 동자가 하나 와. 조그만헌 꼬마동이가 하나 오더니,

"내가, 연전이 대감댁네 집이 그 개 한 마리 우연히 들온 일 읍냐고?"

"아, 있지야고. 그런디 그 개가 우연히 읍어졌다?"

"예, 지가 갭니다. 근본에, 우리 아버지가 수중(水中)의 왕인디 내가 그때 참 우리 아부지한티 혼을 나고서는 댁 집이 와서 개 노릇을 헌 사람이라고. 그서 그 양반이 고마운 양반인게 좌오간 한 번 데려오너라 그리서 지가 모시러 왔습니다." 근게,

"수중허고 육지허고는 달븐(다른) 것이 아니냐? 어떻게 육지 사람이 수중을 들으가야?"

근게 저만 때라오믄 문제없이 간다는 것이지.

그래 어떻게 문제없이 가냐?" 헌게,

"예, 주문만 외먼은 바다가 물이 딱 갈라서 가지고는 신작로가 훤헙니다. 그런게 갈 수 있습니다." 허드래여. 근디 가는디 아주 일러주드라느만.

"즈 아부지가 인제 세상으 육지 나온다고 허믄 정표를 하나 줄거요. 그런게 아무 것도 다 그만 두라고 허고 우리 아버지 화상으 그 오각짜리처럼 생긴 그 돈이 있습니다. 근디 고것을 달라고 허믄 우리 아버지가 인제 입맛을 딱딱 다심서 싱낙(승락)을 안 헐거요. 그른게 고놈을 나중으 필경으는 줄틴게 고놈을 받어갖고 오시요. 그게 좋은 보물인게."

아. 그리서는 그놈 말대로 말여, 참 가닌게, 바닷가상으 가닌게 뭣을 왼게, 이놈이 왼게 물이 딱허니 벌어져 신작로가, 그냥 요샛말로는 참 아시발토(아스팔트) 깔어서 이렇게 허덧기(하듯이) 딱 벌어진게 참 물쌀읍이 들으갔어. 얼매를 가닌게 그냥 지와집이 먹지와집이 질비(즐비)허게 지었는디 긍장히(굉장히) 부자드락만 그게 수중 왕여. 아 근디,

"여그 모셔왔습니다."

즈 아부지보고 그러닌게,

"이리 모셔 디리라."

아, 근디 풍신도 좋고 말여 참 몸집도 깍지동만 허고 눈이 대접만 허고 짐짝만헌 얼굴인디, 용왕인디 말여, 참 무섭게 생깃드리야.

"어서 들오시라."고.

벽장문을 열으닌게 그때 시한이 들어갔는디, 여그서 시한이 들어갔는디 나무가 새파란 나무가 있는디 여그 깨버러지 읍어? 똥글똥글헌거. 그것이 그냥 꽉 열려 있어. 근디 그 저분으다가 따서, 벽장문 열고서 그 저분으다 따서 그 깨버러지를 댓개 놓았드락만.

"이게 친절한 친구가 오야 이게 대접허는 것입니다." 허드리야.

이게 뭔나무냥게 계수나무 벌거지(벌레)라고. 달 가운데 있는 계수나무. 그리서 그놈을 먹고서 한 보름이나 되았어.

보름이나 된 뒤여는 간다고 허닌게 곡간이 수두룩허드락만 앞뒤로. 근디 곡간 하나를 열었는디 산호지팽이만 가득차 있고, 또 한 곡간을 열은게

은금보화만 잔뜩 있드리야.

"무얼 가지고 가시든지 한 가지걸 가지고 가셔야 합니다."

그런게,

"나 저런 것 필요치 않으닌게 안 가져 간다."고. 그 사랑으 들와서나,

"그믄 무엇 한 가지라도 갖고가야 육지를 나가게 돼 있다는 것이라."고.

가만히 즈 아버지 책상 우에 오각짜리처럼 생긴 것이 하나 있드리야. 먼지도 찌고 힛드리야. 근디 고것이 있어서,

"나 저겄이나 주믄 가지가야 겄다."고.

입맛을 딱딱 다시고 싱낙(승락)을 않드리야. 아, 그리가지고서는,

"별 수 있냐?"고.

명주 헝겊으다 또 싸고 또 싸고 히서 그놈을 주었어. 준게 이 사람이 받어서 게비(주머니)에다 딱 놓고서는 나오게 되는디, 칙사대접 허덧기 참 먼저와 같이 그렇게 그 벽장문을 열더니 계수나무 벌거지를 또 따서, 복상(복숭아)도 있드리야 복상, 근디 그것은 천도복상이라고 허드리야. 고것 허고 웬만허게 웃어(얻어) 먹고서는 나오는디 즈 집이다 갖다놓고 보닌게 암것도 아녀. 무용지물여.

차라리 금이나 갖고 왔으믄 팔으믄 돈이나 많이 사고 술도 받어먹고 괴기도 사먹고 그럴틴디 작것 이것 치어놓기만 귀찮시럽거든. 한 번은 보닌게 계약서, 참 차용증서도 즈 집이가 있고 허는디 말여, 참 얼매가 되았든지 그 기록대로, 근디 이렇게 그것을 들고서 이렇게 비실린게(비치니까) 아, 고만헌 액수가 뭉탱이로 묶어 있어 돈이. '아 요것이 보물이구나!' 근디 자기가 그때 정승을 힛어. 정승이라고 보면은 무슨 국무총리라고 보까? [조사자 : 그러지요.] 응, 그 정도 되는디 역적이 되야. 인자 즈 아들이 죽고 그 담으는(다음에는), 고것을 보물인게 그와 같이 아까 말대로 돈이 뭉탱이로 와서 있은게 역적이 되야.

조선돈 다 가지믄 역적 아녀? '이것 못씨것다' 허고서는 그 후번(나중)에 조회라고 있어. 사모관대허고 그 수혜자(水鞋子) 신고 조회를, 그 일 년이 한 두 번인가 가는 그 조회가 있어. 가는디 인자 조회를 디리고서는 참 그 이 뭣이란 사람이 그 오각자를 내놈서 말여,

"정표로 임금께 바칩니다." 허고 주닌게, 아 이것을 임금도 불안히 생각 힛어. 방 쓸 때마다 그 치어놓고 귀찮시런게 불안히 생각허고서는 그 후번 조회차로 가닌게,

"경이 준 정표 가져가라. 나는 필요치 않은게 가져가라."

아, 이러니 안 가지간다고 허믄 쥑여. 근게 안 가져 갈수도 없고 가지고 나왔단 말여. 나왔는디 요것을 엇다 둘 참 가망이 읍어? 그래 가지고서는 합천 하인사(해인사)를 중창을 혀. 그 분이 합천 하인사를 중창(重創)을 혀 놓고서는 팔만대장경 바닥으다가 그것을 싸서 놓어. 놓는디 그것 싸서는 뒤여는 즘승(짐승)이 거그 합천 하인사를 너머를 못 댕깃어. 새로 거그 범도 못허고.

정만용이란 사람이 말허자믄은 시방은 한국이고 그전이는 조선이라고 안 힛어? 근디 한국으가 참 보물이 하나 비치는디 말여. 합천 해인사가 들었어. 그런디 그때에 정만용이가 징(중)인디 그때에 뭔 왕인가 왕인디. 그이도 임금 아들은 아들여. 근디 그 사람이, 왕이 못되는 것은 군으로 봉해서 내보내잖여 옛날이. 그런디 군으로 있는디 그 사람이 그 정만용이가 지리를 잘 아는 줄 알어. 그리 가지고서는 왕 날 자리 써줬어. 그서 왕이 되었네.

"네 포원이 뭐냐? 내 밑이 벼실이라는 것은 너 허고 짚은 대로 혀라. 뭔 취택(取擇)을 허냐?"

"중놈이 뭐 그런 것 상관없습니다. 나는 아무 취미도 읍고 합천 해인사 팔만대장경 한 번 벗겨 보면 그것은 소원입니다."

"그러냐, 그러믄 가서 열람히 봐라."

아, 그리가지고서는 중놈이 말여, 그것을 빼가지고 도망을 히버렸어. 그 해인을, 도망을 힛는디 지금 살으믄 백 몇 살이라든가 이백 몇 살이라든가 근디 안죽었다는 거여. 고것이 뭔 보물이냐 허믄 군인이 대포를 안쏴. 이렇게 비실리믄 물이 차 화학제거를 다 헌다는 거여, 그 해인이. 원자탄도 쓸디 없고, 원자탄도 요렇게 허므는 다 …… [일동 : 웃음] 물먹어 버리고서는 사용되들 않는디야 그 거시기 고만헌 보물여. 그런디 말허자면 부안 변산가 (에) 청학동이 있다고 안혀? 홍수가 지먼은 치마가 떠내려오고 어쩌고 헌다고 안 혀? 신선 사는 디가 금방 바돌(바둑) 한 판 두고 내리오머는 그 뭐냐 돌치자루가 썩었다고 안 혀? 몇 년 되야, 하루가 십 년이 되는지 이십 년이 되는지 몰라.

그런디 그 무릉도원이라고 허는 디가 있어. 그리 들어갔다는 것여. 그 사람이 가지고 그 해인. 근게 고것이 나오머는 세계통일을 헌다 이거여. 그러고 군대가 몇 십만 명이 오던지 허면 요렇게 비실리믄 발자꾸가 떨어지들 않는다는 거여. 눈이로 쑤셔서 그 군대를 다 죽일 수가 있다는 거여. 아, 그렇겄어 원자탄 던져야 튀지 않지 물 먹어서 이러니 그것이 보물은 보물이겄데, 이얘기대로 허믄. 그렇게 혀서 천하통일을 헌다는 거여. 우리나라가 근디 고것이 있냐 읍냐 그것이 의문이지.

⑦ 용궁에서 가져온 해인

전라북도 옥구군 성산면 고봉리 성일 성산경로원에서 1982년 8월 22일에 박순호, 이홍이 조사한 설화이다. 구술자는 원대일이며 남자이고, 당시 66세였다.

* 제보자가 다시 하나 하겠다고 하면서 들려준 이야기이다.

옛적으 한 양반이 있는디, 어떻게 점잖허고 정직허고 말이 없고. 근게 자연 손들이 와서 이렇다저렇다 이얘기를 허덜(하질) 못혀. 그냥 어떻게 엄허게 허는가. 아, 그러고 있는디 그저 밥상이나 갖다 주고서 그저 말지. 밥 먹고 그냥 말고 그냥 앉아서 책상 밑이 앉어서 공부만 허고 늙었어도 그것만 들이다 보고, 책만 들이다 보고 앉었는디 아, 느닷없이 한번은 개 한 마리가 와서나, 마루에 와서 떡하니 앉었는디 가덜(가지를) 안혀. 하루가 지내도 안 가고 그냥 문압(문앞)으가, 마룽(마루)으가 앉았어. 아, 그 작것이 먹어야 살 턴디 짐승이라도 굶고서는 살 수가 없을텐디 곤란헌게 밥을 똑 한 숟갈씩을 떠놔서나 주었어. 고놈만 먹고서는 걍(그냥) 을매고(얼마고) 있어 그냥.

아, 그리서 인자 그런디 즈그 메누리던지 누구던지 아들들이 와서, '이 개가 어떤 개가 왜 있소.' 소리를 묻덜 못허고, 이 영감도 "이 어떤 개냐?" 허도 않고 그냥 놔뒀어. 을매를 맺달간 있다가 그냥 없어져 버릿어. 아, 그런게 얼매 지난 뒤에 떡허니 어떤 선동(仙童)이 하나 오더니,

"선생님, 뵙자."고 인사를 허거든.

"내가 소신(所信)으로 가르침이 없는디, 어찌 선생이라고 허느냐?" 허닌게,

"다름이 아니라 저는 용궁으 용자(龍子)옵더니 부왕(父王)께 죄를 지고서, 부왕께서 '선생님한티 가서 몇 달간 배워 갖고 오니라', 그리서 와서 배워갖곤 일이 있습니다."

"그 멋을 배웠느냐?" 헌게,

"다름이 아니라 천상으서나 용궁으로 비를 주는디, 멧 폭 멧 자 그렇게

정해서 주먼은 고대로 줘야 허는디, 그리서 그 책임을 가지고 있는 바아, 그것을 잘못 전히줘갖고 비를 너무 많이 줘서 인명이 많이 살해되고 참, 그런 일이 있어, 그런디 그 왕께서 '너는 그 일을 경솔히 해가지고 인명을 살해되고 혔으니, 무엇을 무겁게 허고 그렇게 헤야 헌다 해서 그 선생님으 무거운 태도 또 그 행실을 본받아서 오라.' 고 헤서나 그리갖고 배워갖고 간 일이 있습니다. 그런디 선생님께서 [말을 바꾸어서] 그참, 부왕께서 선생님 은혜를 보답코자 헤서 용궁으로 모셔오라고 헤서 지가 왔으니 저를 따라서 용궁 귀경(구경) 한 번 허는 게 어뗘시요?" 그러거던.

그런게서나 하 이것, 인간 사람으로서 용궁을 귀경허라고 허니 그 한번 가볼만헌 일 아녀? "가자!" 고 따라갔단 말여. 그서 인자 강변으 가서 배를 이렇게 허고는 떡허니 대놓고는 타라고 허더니, 눈을 감으라면 감고 뜨라면 뜨라고 허드리야. 아, 그 배를 타고서는 냅대(냅다) 그냥 얼매를 가는지 뱅뱅뱅 도는디 한없이 가더만 얼매 있다가 눈을 뜨라고 허드라느만, 눈을 떠보닌게서나 이런 세상같덜 안혀. 하, 그서 얼매를 가닌게 용궁으서 시녀들이 나오고 누가 나오고 히서 영접히서 데리가. 가보닌게 참말로 용궁이 분명헌디 하, 그냥 겁나드라네.

그 인자 용왕이 친히 나와서 영접을 히서 들어가서 인자 좌(座)를 헤서 앉아서 노는디, 거그서 시녀들이 그냥 놀고 허는디 좋은 술이며 참 헤가지고 거고서 먹고 귀경을 허고 노는디, 아 이것 참 당초 뭐 말헐 수가 없어. [청중 : 별유천지(別有天地)구만?] 웅, 별유천지라더니, 말헐 것 없어. 얼매를 있다가서는 그 용자가 허는 말이 뭐라고 허는고 하니,

"얼매 아니머는 선생님을 다시 세상으로 내보낼틴게 나가실 적에 용궁 보화를 진열을 해놓고서, 이 제자(저자)[3]처럼 벌려놓고 말여, 그 가져가먼

---

3) 시장(市場)을 예스럽게 이르는 말

세상으 다 보물이 되지마는 개중으 말허자면 시방으로 말허자면 도장, 이
것이 있은게 고거를 이것저것 집는 체허다 고것을 집어갖고, 하나를 가져
야지 둘도 소용 없은게, 그걸 가지고 가시먼 세상으 아주 제일 보화입니
다." 그렇게 일러줬단 말여.

그 얼매 있다가 메칠 후에 용왕이 인자, 나가실 때가 된게,

"세상으로 나가십시요."

"그리야지야."고.

나오는디 인자 용왕이 친히 나와서 전송을 허는디 아, 그 물품 있는디
와서는,

"여그서 두 개도 소용없고 하나, 맘드는대로 집으라고."

그러자 인자 용자가 일러준 대로 요놈 저놈 집는 체허다 고놈을 딱허니
집었단 말여. 그런게 용왕이 헌단 말이,

"머녀(미리) 승낙혔으니 헐 수 있나. 가지고 가라."고.

그서 시상(세상)으 나왔어. 나와서 요것을 갖다가 딱허니 엇다, (어디다
가) 간수히서 책 뒤에다 넣던지 엇다 넣어놓고서는 인자 있는디, 아 느닷없
이 비가 오기 시작허더니 하 서냐 달 계속 퍼붓네. 근게 그 생객(생각)이 나
네. 아, 이것 어떻게 잘못되아서 이렇게 비가 와서 이렇게 인간이 다리 밟아
갖고 죽고 물로 떠내리가고 그냥 사램이 살 수가 없네. 아, 그 생객이 났어.
근디 내가 보화라고 갖다만 놨지 이놈으 것을 사용을 안 히봤으니 씰(쓸)
수가 있는가! 요걸 찾아본 게 있어. 본게 시방처럼 도장이 있고 찍으먼 주
(인주, 印朱)가 묻어서 딱딱 찍혀.

얼매도 찍어도 찍혀. 여그 저그 인자 수지[4]를 내서 찍어본게 아, 느닷없
는 돈 맷냥이 툭 떨어져, 아, 그 밑이를 본게 '맷 냥 내(內)'라고 써놨네. 그

___

[4] 휴지(休紙)에서 나온 말

때는 인자 '맷십 냥 내'라고 쓰고서는 그 위에 찍은게 돈이 떨어져. 뭔 물품을 내라고만 찍으면 나와 이녀러(이놈의) 것이. "하아, 이것, 이게 자식게다 전허먼 자식이 망헐 것이고 나라에다 바치면 나라가 망헐 것이고 이건 못쓸 것이다. 이거, 근게 자식들도 줄 수 없고 나라에다 바칠 수도 없고, 요걸 내가 달리 예산을 히야겄다." 허고서는 그걸로 찍어 가지고서 합천 해인사를 지었어. [청중 : 음 합천 해인사를?] 음, 합천 해인사를 짓고서는 팔만대장경 속으다 그걸 넣어 버렸어. 해인(海印)을.

넣어놨는디 정, 정만인이라는 사램이 있는디 그 사램이 인자 고걸 알어, 거그가 있는디, 책귀(책궤)를 열어줘야 찾아갈턴디 책귀를 나라이서 허고 허닌게 못열어. 그리가지고서는 나라 가서 인자 뭣을 아는 체 히가지고 허닌게 시기(시켜)본게 걍 영합부절(迎合符節)도 딱딱 들어맞어. 그 사람 말과 같이 틀림없어. 걍. 그런게 나라여서 인자, 그 사람이 공을 여러가지 많이 세우고 헌게서나,

"그 소원이 뭣이냐? 대임(大任)을 원허느냐 부귀(富貴)를 원하느냐?" 헌게,

"부귀도 소용없고 대임 베실도 소용없고, 단 합천 해인사가 팔만대장경이 좋사오니 팔만대장경 등서(謄書)를 어떻게 좀······."

"아, 그러라고. 인자 그 합천 해인사로 팔만대장경을, 책귀를 열어 줘라." 명령을 힛어.

근게 가서나, 그 팔만대장경이 종우(종이)로 된 것이 아니고 전부 나무로 [청중 : 나무여 나무. 요만헌[5] 팻말여.] 음, 근디 그 속으다 넣는디. 그것을 떠들고서는, 박는다고 시설만 히놓고서는 그것만 떠들어. 그것만 찾어. 찾다가 인자 나온게 고놈을 봉창(주머니)에다 딱 때리잠궈 넣어. 넣고서는 임금한티 와서는,

---

5) 팔을 벌리며

“인자 갈란다고.” 허닌게,

“아, 그 새 책을 다 박았냐?” 근게,

“다 박았다.”고.

“하, 고런 재주가 있은게 워너니(워낙) 그렇다고. 그러면 우리나라에 어떻게 허먼은 오래 장구(長久)헐 수 있느냐?” 헌게,

“살만인(殺萬人) 허옵소서.”

그릿어. 근게 쥑이기를 사람을 만인을 쥑이라 그릿단 말여. 아, 그런게서나 인자 그렇게 알고서는 인자 전송차로 나오닌게 한강을 그냥 건네가더라네. 물속으로 장간장간 [청중 : 한강을?] 웅 “하이, 저런 재주가 있거던!” 그러고서는 사람을 쥑이는디 무단힌 사람을 쥑일 수 없은게 죄인을 쥑였어. 숫자가 만 명이라먼 엄청난 숫자 아녀? 이놈으 것을 암만 죽여도 그 만 명을 못채운게 낭중으(나중에) 도부꾼까지 다 잡아딜였다라네.

그릿는디 고것이 즉 말허자먼 정만인이 그, 고것이 해인인디 말여. 해인을 갖고서나 정만인이 [청중 : 해인.] [또박또박하게] 해인. 해인을 가지고서나 저 남해로 가서 시방 사그라졌다는디 언제 갖고 올란가 몰라. [일동 : 웃음]

⑧ 해인사 연기설화

전라남도 화순군 동면 구암리에서 1984년 7월 26일에 최래옥, 김균태, 강현모 등이 조사한 설화이다. 구술자는 김용백이며 남자이고, 당시 82세였다.

＊윤중이 할아버지와 함께 제보자 댁에 들러서 채록한 것으로 조사자의 유도
에 의해서 채록되었다. 이 이야기는 젊어서 고향인 이양면 쌍복리에서 동네 어
른들이 하는 이야기를 들은 것이라고 했다.

어찌 허거든 해인사의 절을 지어냐 허면은 그 절이 세계에서 읍는 절여,
해인사 절이. 그런게 인자 어떻게 해인이 그렇게 생겼냐 허면, 어떤 사람이
헐 수가 없어서 선생질을 했어. 그런게 돈을 재주 있어서 돈, 많이 배운 사
람들은 큰 돈을 받고 선생질을 허고, 돈을 작게 가진 사람은 나락 한 섬개비
나 한 섬을 주면은 그놈이 먹고 그리고 살았어. 살았는디 한 집이서 인자 9
년을 선생질을 했어, 그 사람이. 그러니께 주인네 말이,
"우리 집에서 9년을 살았는디 선생님 뭔 선생님 뭔 대접할 것 없으니께,
우리 개나 그놈 갖고 가서 해 잡시소."
"아 그러냐."고.
그런디 그 둘, (없애 버릴 생각을) 평소를 하고 앉었건만 개가 그 앞에
앉어서 눈물 뚝뚝 빼고 앉어거든. [조사자 : 개가요?] 웅 개가 '저 잡자고 헌
개 저 눈물 뺀가 보다' 그런 생각을 갖고는 선생 보고,
"개를 나를 해 준다고 헌개 눈을 빼고 그런디 어찌허야 쓰것냐고. 우리
는 통 안 먹은게 선생님이 갖고 가서 해 자시오." 그러거든.
"그럼 그러자." 고 그놈을 갖고 즈그 집으로 와서 슬(설)을 세고, 다른
디가 맡쳐가지고 그 집으로 가면시롱.
"개야. 너의 집에서 부잣집이라 음식도 잘 먹고, 그랬는디 우리 집이는
아무것도 죽이라 이렇게 쪼개식(조금씩)서 먹은게 살으다와(살아다오)."
그러고 선생질은 허러 가갈고. 또 인자 그 해 채 왔어. 슬(설)을 세고는
인자 또,
"선생질을 간다. 그러니께 지 집이다 있으다와."

그러니께 개가 선생질을 못가게 물어 당겨. 그 총각을 따러 갔어. 따러 간게 배사장에서 배를 타고 인자 어딘지는 몰라도 인자 따라 간거야. 개가 업고 인자 물로 들어 갔어. 그래갖고 인자 간게 거기 가선 좋게 있는디, 집이 참 훌륭허고 그래. 그런디 인자 개는 그 부자집 대문에 그 부자집을 사랑 대문이 있고 안 있다고? 몸채 대문으로 저는 들어 가고, 저는 들어 가고 사랑채 고리 들어가란 말을 못해도 그리 고개만 끄덕여. 된단 말이여.

[조사자 : 개가요?] 응. 쥔네를 불러도 쥔인네가 읍어. 응 가만 섰은게 그 총각이 어떤 사람이 나오더라.

"들어오시오."

그래 인자 들어가서 앉었지.

"아 여기로 선생님이 오셨은게, 용왕이 거기가 용, 용 임금님이니께 용왕이 나오실 것이오. 내가 손수 승락을 했소."

인자 용왕이 나옴시로,

"아, 이 누지에 손님이 오셨느냐고. 참 왕림 많이 하셨다."고 치하를 했싸고 용왕의 음석을 잘 차려 주고 그러거든.

그 사람이 먹고 가게 되었어. 인자 그런게 그 총객이, 총객이 거기서 인자 뭣이나, 그 뭣냐 선생 가르키는 주인에 아들이여. 그것이 인자 개가 돼서 신령이 돼어, 말하자면. 심령이 되면 인자 가나 봐. 그렇게 됐는가보데. 그래서 인자 작별을 허게 된게,

"아버님! 뭣이나 선생님이 집은 우리 집을 보고 이렇게 오셨으니께 나땀으네 여기를 오셨으니께, 아 저 뻘헌 시프런 놈, 힌놈, 뻘헌 놈 하나 있고 그랬어. 그 뻘헌 놈을 주십시요."

그러니까 뭣이라고 좋다고 헌다 말이여. 그 소리만 헌게는,

"아이 그놈 못 혀것다."

인자 즈그 아들보고. 그런니께,

"헐 수가 있죠. 그러니께 뭣이냐 내가 이렇게 안 했으면 아버님과 여기를 별 총각을 볼 수도 웁고 그러니께 잘 생각해서 뻘헌 놈을 주십시오." 그러니께,

"그러면 그러자." 그러고 인자 주었어.

집이를, 혹은 인자 받어갖고 인자 즈의 집을 나와 갖고, 인자 뱃머리 가서 배를 타고 인자 왔어. 인자 가게 되야. 인자 가려 임시로,

"고거서 뭣인고 허니 뻘헌 것이 해인이다. 그놈을 갖다 놓고 '돈을 얼마가 나오라.' 고 이것 밑에서 헌다든지, '옷이 나오라.' 고 헌다든지 다 그 나온대로 소리를 헌 말을 헌 것인께 그렇게 알고 그렇게 허자."고.

그러고 아마 '돈 나온다.' 말 듣고는 그날 종장 걸음을 쳐서 즈그 집이를 와갖고 즈그 집이선 굶거든 늘 뭐. 하 마당이다가 인자 멍석 화문석을 갖다 피고 책을 놓고 이럼시로 헌게, 어따 이놈의 돈이 그냥 여기가 뭉청이가 돼어버렸어. 마당이가 쟁여 놓았어. '쌀이 나와야 쓰것단' 게 쌀이 여러 가마니가 나오고, 인자 그렇게 해서 부자가 되고 그런게는 논도 사고 지와집도 짓고 별것을 다 했어. 그러고 사는 판인디 한 번은 중이 와서 인자,

"동냥 돌라."고.

그런게 인자 쌀이 많이 있다거나, 큰 양푼으로 하날 퍼다 줬어. 퍼다 준게, 하나 그이가 참 얌전해요. 근디 아,

"우리 절이 퇴락해갖고 헌디 중창을 못허요. 그러니께 중창을 헐란게 이 집이 있는 보물을 동냥 좀 주시오." 중이 그런다 말이여.

"아 그런 못헌다고. 헐 수가 웁는 것이라."고

"아니야. 한 시간만 주신다 치면은 중이, 완전 절이 되야 부처님 모시고 그러니께 한 시간만 빌려 주자." 했싼게

중이 없, 말 못헌 중이 웁어. 거 대개 어드께나 그놈을 갖고 와서나 그냥 인자 [테이프 교환] [조사자 : 그때 한 시간만 돌려 달라고 해가지고요?]

그래고 인자 절은 쓸 판정리 다 해버렸어. 그러는디 갖다 준다는 사람이 안 갖다 줘. 그런게 주인이 세월을 내서 거기로 찾아 갔어.

"아, 이 사람아 일구이언을 해서 쓸 것인가? 한 시간만 쓴다더니 안갖 갖다 준고?"

"아니다. 이것은 개인 갖고 있는 보물이 아니여. '해인사 짓시라.' 고 이렇게 나온 것이니께 그것만 아시요."

그러고는 안 주어버렸어.

아 그렇지만 그 뭣이나, 절에 가서 인자 책쟁여 놓은디가 뭐시냐 거기 쟁여 놓은 기. [조사자 : 팔만대장경요?] 응. 팔만대장경 쏙에다 넘어버렸어 보데 중들이. 그런게 딱 놓고선 나올 것인가, 그것이. 못 나오고 말았지. 아, 그랬더니만 절을 인자 뭣이나, 인자 큰 절에서 어따 짓는다고 해서는 그 해인을 갖고 갈려고, 인자 했는디 못갖고 간게 그 팔만대장경 속에가 인자 묻혀갖고 있었어. 아 그랬더니만 정만영인게 나라에서 인자 주물주물 혀, 허고 있는 사람이 하나가 있었어. 정만영이가 그런게 그 뭣이냐 팔만대장경 절을 큰 창고를 짓고, 인자 간게, 쇠로 채우고 그랬는디, 정만영이가 인자 나라에서 인자 그놈을 가져 갈란다 말은 않고 팔만대장경 구경 좀 헐란다 허고 나라에 사정을 헌게 응락을 했어. 정만영이가 팔만대장경을 갖고 어디를 가버렸어.

[조사자 : 팔만, 해인을 가져간 게 아니요?] 응 해인을 가져가 버렸지. 그래서 인자 해인이 없어졌어.

⑨ 용자(龍子)를 구해주고 해인 얻은 노재상

경상북도 상주군 청리면 원장 2리 모산에서 1981년 10월 18일에 천혜숙, 강애희 등이 조사한 설화이다. 구술자는 이기환으로 남자이며, 당시 62세였다.

> *이계(異界)와 관련된 설화를 부탁했더니, 이 이야기를 들려주었다. 이야기 말미의 '정도'와 관련된 부분에서는 상당한 의미를 지닌 이야기라며 자세한 구연을 거절했다.

어느 노재상이 집에 와 있었대여. 있었는데 한 번은 초동들이 듣도 보도 못한 짐승을 한 마리 동물을 잡아왔어요. 낮에 잡아 와가지고 하는 말이

"잡아 약하자." "먹이자." "잡아먹자." 마 뭐 구구했어요, 말이.

근데 그 노재상이 가보니 그 짐승이 눈물을 흘거여. 짐승이.

아주 보이 순하고 짐승도 자기도 첨보는 짐승인데 듣도 보도 못한 짐승인데 눈물을 흘리고 있어요. 그래서 참 보기가 딱해여. 안됐어여. 그래서 초동더러 그랬어여.

"너 그 짐승을 날 도가." 이래 됐어요.

그래 안 줄 수 있어여? 참 줬어요. 줬으니께 갖다 놨어요. 갖다 놨는데 참 별 걸 다 줘놨어요. 조보니께 멀 한 가지 먹더라는데 잊었습니다. 그래 먹더래요. 그래서 인제 방에 들다 놨어요. 아주 순해요. 짐승이. 그래 그래 있다가 서너 달 같이 있었어요.

그래 인제 소대변은 밖에 가서 보고 나거더라 이거여. 그래 들어오고, 이랬더래여, 이랬는데 한 분은 뭐간데 온데 없이 사라져 버렸어여. 싹 그만 있다가 안 와여. 소식이 딱 끊겼어여. 그 참 서운해여.

한 방에 그 참 사랑쓰리 이래하다가, 뭐 주고 이래하다가 있잖아요 즉 뭐. [정확하게 청취가 안됨] 퍽 섭섭해요. 그런가 보다 그래 여겼지요. 있다 그래 몇 달 지내니까 아주 젊은 총각이 하나 왔어요. 그래 들어오지만 총각이 인사를 드려요.

"그래 우짠 아이가 왔느냐?" 칸께,

"글세 올시다. 지가 요전에 대감께 와서 피를(폐를) 끼친 짐승이지요." 이래요.

"짐승이라니?"

"저 대감님 집에 같이 자고 있었지 않습니까."

"아 그러면 니가 아무 날 그때에 그 짐승이야?" 그러니까,

"그래 그 때는 어에 그래 되고 지금 어에 이리 돼나?"

"그래, 얘기를 지가 드리지요. 저는 용왕국 아들입니다. 아들인데 대감님 덕택으로 제가 살았습니다. 살았는데, 지가 배를 한 번 잘못 지은 죄로 죄를 받고 대감님 덕택으로 지 생명을 보존했지요. 그래서 잘 살아서 지금까지 생명을 보존해서 있는 겁니다."

"그래 고마운 일이다. 다 니 운이고 니 복이겠지, 내가 무슨 너한테 혜택이 있겠는가?"

"그건 아니올시다. 그러니 대감님 저를, 지가 한 번 모셔 가야 되겠습니다."

"한 번 모셔가다니 내가 듣도 보도 말은 들었다만 용왕이 어딘지 물속인지 하늘인지 모르는데 내가 어델 가겠는가?"

"그게 아니올시다. 얼마든지 갈 수 있습니다. 저하고 가면, 가시면."

그래 이제 또 솔깃했지요. '용왕 구경[6]이나 한 분 하겠다.' 그래 인제

---

6) 용왕국 구경

하룻밤 자고 같이 가자 이래 됐어요.

그래 갔지. 가미하는 얘기가,

"대감님 오늘 가시거든요, 틀림없이 제 말을 들어야 합니다."

"어떻게 듣느냐?"

"내중에 대감님 오실 때 원(願)을 말하라 할 겁니다. 평생 원을 하시거든 당장 알아두셔요. 다 두시고 책상 우에 하얀 병 하나를 요구하세요. 하시면 아버님이 안 줄라 카실 겁니다. 그러면 지가 권할 터이니 틀림없이 그걸 요구하셔요. 우쨌던지 지가 권하겠습니다."

모르지 뭐, 병인지 금인지 은인지 뭐 아무 것도 모르고, 그래 인제 그래 디만 강가, 바닷가 같이 갔어요. 같이 가디만은,

"물에 들어가세요." 이래,

"아, 야야, 내가 어찌 이런델 들어가나 가면 죽는 게 아니냐?"

[웃으며] "안 죽습니다. 그런 거는 걱정마시고 지 등에 업히세요."

"그래, 업어라."

"업히가 눈을 감으시요." 이래거덩.

그래 자기 귀에 완전히 듣기여. 파도 이는 소리가 나요. 아무리[7] 듣겨요.

눈을 감았는데 물속엔지 한참 있더이 눈을 떠라 이래요. 딱 들어 보니까 뭐 이래 산에 갔더랍니다. 그런데 자기가 인제 인사를 하는데 큰 기와집을, 문을 열고 들어가더래요.

들어가디만은, 자기가 인제 청하더래요.

"아버님, 대감님 모셔 왔습니다."

"그래 오셨는데, 오셨느냐."

그래 자기가 모시고 인사를 극진히 해여.

---

7) 아무리 해도

“내 자식이 죄를 져서 참 인간 사회에 보냈더니 대감께서 구해 줘서 그 은혜를 어찌 갚아야 될지 모르겠습니다.”

“그 무슨 말씀을 그 하십니까? 쯧, 지가 뭐 한 것도 없고 그 뭐 사람도리 한 거이고 자기의 법(法)과 명(命)에 있는 것이지 그건 뭐 나 때문에 그래 된 것 아니고 그래 됐으니 치사할 것도 없다.”고.

그래 참 대접을 잘해여. 참 며칠, 몇 달 놀았지요. 놀았는데, 참 갈라 카니까 노다 가시라 캐쌓더니만 하는 말이 원을 말하더래요. 그래 캤어요. 아 시키는 대로 해야 안 되겠어요? 그래 아를 봤어요.

“저 병이 난 평생소원입니다.” 한께 혼들더라 이거야.

흔든께 아들이 말내며, “아부지요 병하고 제하고 댈 겁니까(비교할 겁니까?)” 이카더래여.

“저하고 댑시다. 빙 그거 뭐 하실랍니까? 저 없으면 우짤 겁니까? 저 하고 바꿉시다.”

그래 같잖겠데요. 자식만은 못한 게지요.

안 그렇겠어요? 세상없는 물건이래도 자식만은 못할 거겠지요. 그런께 바꾸자 이거지. 그래 답을 못해요. 그래 억지로 주는 거래요. 간신히 들어서,

“가지고 가시요.” 억지로 말이 나오는 거지.

“잘 가시라” 카더라 카는 거래요. 그래 나오디만 업히라 카는 거래요. 그래 업히가 한참 있으니까, 눈을 뜬께 육지에 왔어요.

그래 하는 말이, “대감님 이게 행인입니다.” 그래요. 그때 와서는요.

“행인인데 대감님 인제 요구할 건 이거 하나만 됩니다. 가시서 시장하 시면 ‘아이고 배고파.’ 하시면 밥이 나올 것이고, ‘아이고 돈이 없어.’ 카면 돈이 나올 것이고, ‘옷이 없어.’ 하시면 옷이 나올 것이고, 모든 일은 여게 매끼면 됩니다. 그러니 피안히 가서 잘 사시요.”

저는 다시 물로 들어가고 말았어요.

그래 집에 왔어요. 그 참 며칠 있다가 '아 참 그거 어디 내가 어딜 가야 되겠는데 옷이 없는데', 옷이 나와 있어여, 한 벌 그래 그걸 입고 출근했어여. 또 어딜 갔다 와가 좀 출출해서, 그래, '아 이거 술 먹었으면' 하이 술이 또 나와여, 또 마셨다. 그래 또 시장해서 밥 이카면 밥이 나오지 편 카면 편이 나오지. 자꾸 나와여. 더 말할 수 없어요. '이거는 참 좋은 포배(보배)다.' 인젠 됐어요. 밤낮 할 일 있어요? 말만 하면 되는데.

그런데 불행이 들어왔어요. 불행이 왔는데, 한번은 합천 해인사 주지가 왔어, 합천 해인사 주지가 와서 문안드리더니,

"대감님, 부탁이 있어 왔습니다."

"그래, 무슨 부탁이 있어 왔지?"

"대감님 댁에 행인이 있지요."

"있지."

"그거 잠깐만 빌려 주시요."

"어데 쓰게?"

"집을 이룩해야 되겠는데 거대한 자본이 드는데, 이런 관……."

요샛말로 하면 몇 천에 이룩하는 것이니,

"곧 쓰고 갖다 드리오리다. 그러면 어떻겠습니까?"

아무 말도 안했지. 이게 어디 되는가 싶어서,

"아니올시다. 믿어 주시요, 저는 성잡니다. 그래도 못 믿겠습니까? 틀림없이 약속하겠습니다. 드리오리다."

그래도 짤뚝거렸지.

"아니올시다. 그건 아닙니다. 성자는 그럴 수 없습니다."

하도 권하는 바람에 비췄어요. 그 병을 비준게 갔어, 해인사. 그 말 전설에 '해인'으로 졌다고 '해인사'라 그래요. 전설에 의하면 해인이라구 딱 찍으며 어떤 집이 나오라 카메 딱 찍으니께 집이 서드라네요.

그래 허황같애요. [허허허……] 사람이 졌겠지. 그래 해인사를 졌다는 설이 있는데 그래가 이 사람이 짓고 갖다 주면 됐었는데, 이노무 이거, 해서는 안 되는데, 같이 많이 나쁜데, [조사자 : 괜찮아예.] [헛기침] 대라 카면 댈 수도 없고 쩝, 해서는 안되지 암마 내가[8] [조사자 : 괜찮아예. 아무 상관 없어예.] 하지.

결국 아니께 댈 수 있는 방법은 없지만은 그래 상좌가 하나 있었더래여. 합천 해인사 해인사 그래 이 놈이 그걸 갖고 도주를 갔더래여. 그 아이가 정가랍니다. 그걸 갖고 도망을 갔는데, 그래고 맙시다.

⑩ 용궁에서 얻은 해인과 서산대사

대구시 동구 불로 1동에서 1983년 8월 12일에 최정여, 천혜숙, 임갑랑 등이 조사한 설화이다. 구술자는 서상이로 여자이며, 당시 78세였다.

*앞 이야기를 마친 후, 제보자는 자신의 종교인 한얼교〈正一教〉에 대해서 이런 저런 이야기를 했다. 그러다가, '요새 들었지만 옛날이야기' 라면서 구연한 것이다.

저게 경주 손인석이라 카는 사램이 있었는데, 옛날에 손인석이라 카는 사램이었는데, 손인석이라 카는 사람이 있었는데, 그 사람이 나이 좀 많았

---

8) 인명(人名)과 관계되는 부분의 이야기는 구술하기를 꺼리는 것 같다.

는데, 어데 갔다가 오다가 그래 인자 주막집을 지내오이, 주막집이라 카머 길가 집에 술도 팔고 하는 집이거던, 그서 쉬가지고(쉬어가지고) 오이, 강아지가 한 마리 그 집에 자꾸 따라오는 기라. 이래 따라온이꺼네 이 강아지를 너머 집에 있다가 오는데 자꾸 사람을 따라 오이꺼네, '없이마 그 노인이 왔다가디이 데리고 갔다 카까' 싶우서, 오다가 후처도(쫓아도) 은신해가 있다가 어데까지 가머 또 따라오고, 또 따라오고 할 수 없어 집꺼정 왔는 기라.

그래 집, 집꺼정 왔는데. [청중 : 그때 이바구는 그 이바구 하디마는 나는 한 개도 모르겠다. 인자 카이께네 알겠다.] 그래, 그래 집에 가가지고 앉았으인꺼네 저어 사랑방 드갔거던. 드가가 있이이 '밖에 그 짐승이 오디 우에 됐는고' 싶어 문을 열어보이, 영감 신을 벗어 노코 이전에 신방 돌이 요래 있거던, 있는데 고다 신을 벗어났는데, 고 우에 딱 옹치고 눕어가 있거던.

그래여 '그 짐승이 희안하다.' 싶어가지고 고 나뒀디이, 이튿날 아직에 (아침에) 미느리가 밥상을 채리가 왔는 거로 자시다 밥을 요거만치 낭가가지고 깨끗한데 그래 줬어.

짐승도 깨끗한 기 하도 이상하고 그래 가지고 줘노이 그거로 묵고 그래가 있고. 그래 머 아들한테 머로(무엇이) 가오너라꼬 머로 시기고, 저기 있는 거로 가오라 카던, 뭐로 가오라 카머 이기 알아듣고 퍼뜩 가여 갖다 주고 이라거던.

'하! 그거 참 법성찮다'9) 싶어가 냄중에는 그 한데(밖에) 거 재울 수가 없어가지고 머리맡에다 잤다 카는 기라. 머리맡에다 자는 장소를 이래 집을 만들어 노코 머리맡에다 재우고 이랬띠만은 그러구로 흘러졌는 기십년이 흘렀는 기라.

---

9) 범상(凡常)치 않다.

십 년 날 아직에 새복에 영감이 자는데 밤중이 지고 첫 새복인데 자는데,

"할부지요, 할부지요."

누가 이카거덩. 깜짝 놀라 깨인꺼네,

"누고?" 카미 쳐다보이, 청년이 하나 머리맡에 앉아가지고,

"할부지요, 할부지요."

"니가 누고?" 이카이까,

"문앞에 있는 저 머리맡에 있는 강새이올씨더. 십 년 전에 할부지를 따라 와가지고 인자 오늘은 저 고향으로 갈랍니더." 이카거덩.

"아이고, 니가 우예 이래 됐노?" 이카이께네,

"지가 수궁왕의 둘째아들이, 시째아들인데 그서 이 무슨 죄를 저지르고 이래 저거 모르고 헤맨이. 그래 저거 부모가 "니가 이 나라를 밍나라라 칸단다. 수궁왕은 용왕국이고 여개를 명나라꼬. 명나라 가가주고 네가 죄를 삭쿠고 오너라." 캐여, 그래 명나라 와가지고 그래 어느 주막집에 있으이꺼네, 바쁘이꺼네 발절로 차뿌기도 하고 마 밥도 더럽기 주고, 더럽기 주고 어찌기 천대를 해여 '십 년을 내가 이래가 은예 살꼬' 싶어이 걱정을 하고 있다가, 할부지가 지내가는데 보이 너무 너무 좋아여 그래 할부지로 몬 오구로 하는 거로 그러키 따라 가가지고 십 년을, 할부지한테 이적지(이때까지) 지가 잘 있고 호강 받고 있다가, 간이(가니까) 그래 할부지 잘 계시라."카고, 갈라 카거던.

가만이 생각한이, '이거 참 우예 이런 일이 있노' 싶어거던.

그래 가지고 그 할부지가,

"그라마 나는 너거 나라 가볼 수 없나? 귀경(구경)하러 가볼 수 없나?"

이카이끼네, 가마이 생각디이,

"가볼 수 있지요." 이카거던.

"그러마 나도 좀 따라가자." 이카이,

"그래 따라 가자." 카거던.

그래 옷을 채리고 둘이 앞서고 갔거던. 한 군데 가, 바다 물가에 가다가 하이 뭔 진언을 치이꺼네, 물이 고마 탁 갈라지는데 마 한 질이 환하이 나거던.

"할부지요, 지 따라 오머 이 안에 들어 와가지고는 지 발자죽을 놓지 말고 자꾸 따라 오이소." 카거던.

그래 따라 가디이 또 돌아가디이 돌아서여 하는 말이,

"할부지, 우리 집이 다 가가이 대문칸에서 내가 우리 아부지로 그래 부르고 하거들랑 같이 따라 오시지 말고, 명나라 서이는 수궁에 있는 머 물고기라도 드가머 비렁내가 나고 명나라 사람은 또 수궁으로 드가머 또 인내가 나고 그래여. 그래 우리 아부지한테 지가 먼저 가여 설명을 다 바치고 저거 아부지가 데리고[10] 나올 딴에꺼정 거 계시라." 이카고,

"그라고 인자 실컨 그 구경은 하고 나오실 때 우리 아부지가 나를 십년이나 거천했다고[그것도 이인이라.] 그래 거천했다꼬 무신 선물을 디릴라꼬 걱정을 하실 껍니더. 그렇거들랑 선물로 옥이나 금이나 오만 거를 줄라 카거든 아무 것도 받지 말고, 그 나라 우리도 다 있다 안 하고 우리 아버지 뒤에 줌치가 요래 시 개가 걸릿는데, 걸리있건데 요쪽 것도 놔두고, 요쪽 것도 놔두고, 요쪽 가새 꺼로, 그 줌치로 줄라만 날로 그 줌치로 주마 좋겠다." 꼬 거카라. 카거던. 그래 시기거던.

그 소리 듣고 있이이꺼네, 그래 참 드가가 좀 있으이 참 저거 아부지가 나와가 참 손을 붙잡꼬 데리고 드가미,

"참, 우리 아들로 십 년이나 그러키 깨끗하게 거천을 해가지고, 그 은공을 내가 뭐로 갚으꼬?" 카미,

____

10) 데리러

그래 데라고 드가미 수궁나라 막 개와집이 널리 펀펀한 나라이 마 얼매나 좋은지 마 그 구경이 군데군데 다 하고 다 시기고 음석도 찬란한 음석을 요리를 다 해가 내주는데, 그래 잘 묵다가 그리 인자 마,

"집으로 내가 가야겠다." 고 인사하고 갈라 카이꺼네,

"그래 아이 그래 더 있다가 가지, 갈라 카느냐 갈라 카느냐, 그러믄 내가 선물로 뭐로 하나 디리야 될 낀데 머로 하나 디리." 꼬 카미, 생각할 때 그래 그 소리 들었다꼬,

"선물로 이왕이머 하실라 커든 뒤에 그 줌치를 보이 내가 탐이 나는데 이쪽 것도 놔두고 여 복판 것도 놔두고 이쪽 가새 꺼를 지를 주마 좋겠따." 꼬 아카이꺼네,

"그건 머."

꼬치문 소리를 하며[11], 자꾸 지벌정거리머 카디마는,

"그때가 덜 됐는데." 이카거던.

"그러나 저러나 내가 암매도 그기 탐이 난다." 이카이꺼네,

"그래 내가 주기는 주는데 때가 덜 됐으인꺼네 가져가여 들씨도 보지말고 째 보지 말고 그양 걸어 놨다가, 십 년이 되마 임재가 찾아 올끼인꺼네 그때는 서슴치 말고 내주라." 이카거던.

"그라겠다."카고, 아 줌치를 주는데 만치 보이 속에 아무 것도 없는 기라. 없고 머머머 계란매로 머 열 때도 없고 이래. 이런데 그래 그거로 받아 가지고 그래 인제 나왔거던. 그래 잘가라 카고 하직을 하고 나왔는데.

그 동안에 있어 인자 잠시 있은 걸은데 그래 3년이 지냈더란다.

그어는 얼매나 세월이 빨리 가고 좋은지. 3년을 지냈는데 집에 와 가지고 그래 자기 뒤에다 딱 걸어 놔두고 십 년이 되이꺼네, 고마 아침에 대문

---

11) "고추먹은 소리를 하며"는 그 물건을 자꾸 기웃거려 보며라는 뜻으로 망설이는 몸짓이다.

밖에서 목당(목탁)치는 소리가 땅땅 나거던. '아하' 싶어가지고 쫓아 나가 보이, 서산대사가 와가지고 이전에 서산대사, 사명당 카는 거 있제, 서산대사가 와가지고 목탕을 치미 그래 인사를 하이꺼네.

"십 년 전에 수궁왕에서 왔는 물품이 있제?"

"있다." 카이,

"그걸 내가 찾으러 왔다." 이카거던.

그래 참 가져와여. 나와가지고 디리니 올 때는 아무것도 없디이 머이 생기가지고 돌방한 기 안에 들어가 있거던. 알이 들어가 있는 기라. 그래 주민서,

"내가 한 가지 소원이 있는데 몬 해 주겠느냐?"고 물으이,

서산대사가, "뭣이 소원이 있노?"카이, 그래,

"가와여 십 년을 내가 보관을 해놔도 아무 것도 없었는데, 오늘 아침에 나오이 여 안에 뭐이 생기가 있는데, 이게 뭐언가 얼매나 궁금합니꺼? 그걸 로 좀 가르쳐 줄 수 없입니꺼?"카이,

"아아, 그거 머 별 끼 아이다." 카거덩,

"그거 해인 도장이다." 이카거던.

"해인 도장인꺼네 그 도장을 가지고 내가 사용할라꼬 왔는데, 그래 딴 기 아이고 도장이다." 이카거던.

"그래 인자 알고만 있으라." 이카거던.

그래 가르치 주고 마 그래, 가뿌거던, 가뿌거던. 갔는데 그 도장을 인자 가져 가가지고 그거로 가주고, 그 인자 서산대사가 일본을 갔거던.

일본 사람이 그때 한참 조선 사람을 [청취 불능] 있고 이랄 적에 인자 일 본을 갔거던.

가보이 일본 사람이 조선의 그런 이인이 들왔따꼬 아주 무시로 가지고 집을 잘 지어가지고 그다 놔두고 기상캉(기생이랑) 맛난 요리로 다 채려 노

코 노는 사람을 짜다라 채리주고 그 그날 노라꼬 인자 안차 놨거던. 앉차노
이 그날 밤을 새우는데, 마 기상캉 풍악을 잽히고 그렇게 잘 노는데 밑에는
얼매나 불을 때가지고 이 씨로(쇠로) 벌거이 달았거던.

달아 놓고 이튿날 인자 그 사람들이, '재가 돼가 있을 끼다' 싶어가, 씨
(쇠) 골개이로 가지고 문꼬리 열어가 땡깅끼네, 뜨겁은 문을 여인꺼네 기생
이고 뭐 채리난 거 다 재가 되고 아무것도 없고, 이 서산대사는 앉아가지고
이 시염이 거드럼이, 고드럼이 줄줄하이 해가,

"이 나라는 따시다꼬 소문을 들었는데, 어찌 이리 춥으미 어찌 손님대
접이 이렇지 몬하고 사람을 얼우느냐?" 카미 호통을 치니, 저것들이 마마
'인저 이 일을 어이 감당하노' 카는 기 일본 사람이 시껍을 했는기라.

시껍을 해가지고 그래 아직을 먹꼬 나디니만 그래 저어 말을 한 필 내노
코, "말을 타소, 좋은 데 구경가자." 카거던.

'저놈들이 또 수를 내는구나' 싶어가 말을 타고 인자 간다. 그 달성공원
같은데 아주 좋은 장소에 데리고 가미, 그래 인자 간다 싶어가주고 오지랍
을 들씨고 속젖은 솜이가 있는데, 그게다가 요그만치 띠가지고 그제, 체칼
로가 쪼매이 띠가 거그다가 글을 써가지고 하늘로 올리뿌고 가이, 막 노성
벼락을 치미 소내기가 어떻기 쏟아지는데, 그 카이 밑에는 불로 어떻기 땠
는지 소나기가 쏟아져도 지름이 한 통 낄이는데 막 부글부글 끓거던.

그 가이 그 인자 가마, 디리데미 잡아 옇을라꼬. 지름을 끼리고 가거던.
그래가지고 그 써 올리놨디이 비가 디리 오는데 사람을, 서산대사를 잡아
가지고 탁 집어옇은꺼네, 얼음이 퍼씩 겉고 고마 기름이 다 식어져뿌는 기
라. 얼음이 어는기라.

그래 저것들이 인자 할 도리가 없는 기라. 이래도 안 되고, 저래도 안되
고 몬 이길 작정이라여. 그래 고마 그때부텀은 굴복을 하고 마 빌거던. 살리
돌라꼬 비는기라.

"어, 그러마 너거 인피가죽 삼백 장을 구녕도 없이 팔매도 안치이 깨끗하기 말랴(말리어) 삼백장을 올리라."

사람을 빗기 가지고 말류이까네, 소나기가 자꾸 오고마 하늘이 벌써 조화로 불리노이, 자꾸 오이끼네 이기 다 썩어지고, 다 썩어지고 다 곪아 빠지고. 사람을 자꾸 빗긴다. 인자 자꾸 빗기이 인자, 이 인자 인구가 없어지게 되는기라.

그래 새로 또 직이올라꼬 새로 빌거던. 그래 비는 데는 또 할 수 없어가 그래, 그래 카미서 그래 인자 놔두가지고 이기가 나왔는데, 그러마 머 부산에 어데 머 옛날에 머 머 보초보는 머, 지키는 기 있었다 카나. 머 그런 것도 하고 이랬다 카는데, 그는 이얘기 내가 모르겠다.

그래가지고 그래가 했단다. 해가 그래 옛날에 그런 설이 있다. 인피가죽 붙있단 등, 부알 서 말을 까여 머 올리라 칸단 등 카고, '그래가 인간씨가 말루자.' 싶어가지고 그래 새로 빌어가지고, 그래가지고 그 뒤로부터 인구가 저래 벌어져 가지고 또 인자 새로 왜향자가 옛날에 우리나라 와 가지고 범접을 할 때, 그래 왕비로 갖다가 그거 왕이 있는 그 앞에서, 강탈을 하고 이랬거던. 그거 저거, 그때 어데고, 경순왕 쩍에가(때가) 그 우엔강 모리겠다.

그 시대에 그런 강탈을 하고 그랬거던. 그래가 그러치 인자 우리가 약해졌는데도.

그래 와 논, 평양 기상 황월이, 진주기상 이해미 논개 카고 카는 사람이 그 왜향자로 그 이얘기가 있제. 그 바댓물에 배를 타고 그 왜향자로 목을 안고, 이 가락지로 마 이 굵은 거로 이 열에 열 손가락을 대 해찌고 왜향자로 술을 실컨 믹이가지고, 목을 안고 팍 이놈의 이 손가락이 까나저도 안버지미 그래가 물에 빠지가 왜향자를 잡았다 안 카더나. 그래 논개가 그리쿠롬 모시 놓고 있제.

있는데, 그 그래가지고 결국은 또 조선 사람이 이 일본 사람한테 씨달리가지고 그만치 애도 묵었다 카는 기라. 애도 묵고 인자사 앞으로는 우리나라 서인도 나고 해가지고 인자 일본한테 안 질 이런 꿈을 꾸고 있는데, 거기성사(成事)가 우리는 되기를 바래고 있는데, 우예될란지 모리지, 허허허…….

주고 일본에 가가지고 그래 그 조화를 불리가지고 그래 했는데, 그 도장이 머 이기빙이 마느래한테 있었다 어데 있었다 이카는데 우리나라 큰 인재는 앞으로 성공할 서인이 그 도장을 징길 끼라. 징기마 인자 그걸로 해서이 나라로 다스리고, 다스리고 천 없는 장수라도 몬 이기는 그런 도장이 있어, 해인(海印) 도장 카마 바다 해짜(海字), 아여 해인 도장이라, 도장이라카는 기…….

⑪ 용자(龍子)를 도와주고 얻은 해인

대구직할시 북구 산격 1동에서 1983년 10월 18일에 최정여, 천혜숙이 조사한 설화이다. 구술자는 김진식이며 남자이고, 당시 73세였다.

* 역사적인 인물의 근검한 생활과 정신에 대해 후세들이 깊이 생각함과 동시에 교육의 필요성과 가치를 소홀히 할 수 없다는 점을 강조한 제보자가 계속다음 이야기를 구연했다.

아, 용국에 있는 해인이라. 용국에 임김이(임금이) 가지고 있던 보화라.

보한데 용국에 아들이 용국에서 득지〈得罪〉를 지었는 기라. 응 그래 국용에서 아주 나쁜 일로 마이 했던 모양이지. 그래마 영갬이 그마 벌을 주게지고 삼 년을 육지에 구양(귀양)을 보냈는 기라. 구양을 보낼 적에 사람이 대 나오는 기 아이고 개〈犬〉가 대야 대. 개탈을 덮어 씌우가 내보냈는데 그래 가지고 개가 우리 한국에, 육지에 올로 오가지고 돌아 댕기미, 어느데 가니, 개라 커는 기 애들이 돌로 통통 때리고 의지할 곳이 한 곳도 없는데 마실에 들어가니, 아아들이 돌로 때리사 몬 살겄고.

그래구로 유리개걸을 하다가 마실에서 좀 떨어졌는 데 보니 '이 무슨 걸인 움막을 하나 해났는가?' 하만 그 개가 보니, 이 생원이 걸로 가니 그래 니 아주 거지 한가지라.

이건 마 아들도 없고 아주 떨어진 이런 할버지가 짚신을 팔아가지고, 아 주 늙우이가 허리가 꼬부래짓는 늙은이가 짚시기를 한 장 동안 삼아 갖다 팔아가지고 싸래기, 좁쌀이는 거 사가지고 마, 악씨기 가지고 말이지 한 장 동안 연명하고, 또 허리가 꼬부래지도록 짚신을 삼고 이릿기 하는데, 이 개 가 그기 가보니 자기게 맞는단 말이지. 쭉디기를 수두룩하게 해 놓으니, 그 할버지가 이불이 있나 머있나 말이지, 동지 선달이마 쭉디기를 이불 삼아 살고, 웃막에 마 땅을 파놓고 이래 사는데. 그 할버지가 짚시기를 팔아가지 고 오니, 개가 지름이 조로로 흐르는 기 마 그 방문 앞에 지진해가 드러눕었 거던.

그래 놓으니, 자기도 인생이 기룹은데[12] 짐승일망정 구하다(귀하다) 말 이지. 그래 씨다듬어 놓으니 반가이하고 말이지 그 개도, 말은 서로 통하지 않지만. 그래가주 그날부텀 분식(分食)을 했는 기라. 그 악씨기로 말이지, 건건이 벌어가지고 했는 거를, 분식이라 커만 서로 갈라 먹었다 말이지. 갈

---

12) 혼자 외롭게 사는 처지여서 사람이 그립다는 뜻이다.

라 먹고 살았는 기 삼 년을 같이 동거를 했는 기라. 한데서 자고.[13]

　삼 년이 대가지고, 넘어가던 날은 장에 갔다오니 그 개가 행방불밍이라. 그래 불러니 오나. 그래가지고 이 할버지가 이틀을 굶었는기라. 짐승일 망정 삼 년을 동거하고 이래놓으니, '어데가 맞아 죽었나?' 이런 걱정 때문에 음석을 고만 못 먹어. 그 사흘 째 대던 날은, 편 소년이 말이지 참 초립을 씨고 참 이 사회 사람마냥 꾸미가지고, 절을 날라가는 거매로 인사를 하는기라.

　"자기는 인자 받을 자긱도 없는 사램이고, 거진데 응 저기 깨끗한 청년이 와 더럽은 사램한테 인사를 하노 말이지."

　그래, 인사를 거절하는기라.

　"내가 인사 받을 자긱이 없인께 하지 마시요."

　이카니, 그 초립디이가 하는 말이,

　"내가 선생 댁에 삼 년을, 선생님 은혜를 받은 갭니다. 참말로 개가 아이라, 원이 났는 뿌리는 내가 용국 임금이 아들인데, 용국서 내가 먼가 참 잘 못대가지고 삼 년 동안 받아가지고 즉 말하믄 징역을 받아가지고 여 구양을 온 턱인데, 의지할 곳이 없이 돌아 댕기다가, 선생님 댁에 여 내가 삼 년 동안 내가 무사하니 그래 참 잘 살다 갔는 거를 가가지고 고하니께 '그래 은혜를 그냥 삭후마(삭히면) 안 디니께 그 영감님을 용국으로 모셔오라. 응 모셔오만 그 고상을 안하고 말이지 그 조민스럽게도 볼 수가 안 하겠나.'"

　고 와가주고 용국을 가는 거를 간청을 하니, 택도 없는 기라.

　"내가 살아야 불과 밋 년 이쪽 저쪽 건너가지고 운밍인데, 내 어째 그 깨끗한 용국에 가가지고, 죽어가지고 더럽힐 필요가 없다 말이지. 그렇고 그

___

13) 같이 자고

약식을 먹었는데 그거를 은히라꼬 할 것도 없다꼬 말이지. 내 먹는 음석에 같이 갈라 먹은기지 은혜라꼬 할 것도 없는기라꼬. 자는 것도 이불이 있나 뿍디 소오 드가 갔는 긴디 그거를 은히라꼬 생각하지 말라꼬. 도움을 줬다고 생긱이 손톱맨치도 없인께. 그렇게 댔어모 잘 댄긴께, 그 가 잘 살라꼬 말이지 나는 얼마 안 가 죽는다고."

그래 두 번 와 간청해도 안대. 시 번째는 그카데,

"그 어른은 암만 간청해도 안 온게 인자 확실하구나. 그런데는 그냥 있일 수가 없인께네 해인을 요 사용하는 방법과, 모도 그 가서 잘 지도하고, 그 가가지고 모도 잘 지도하고 오너라."

그래 해인을 가지고 나왔는 기라. 그런데 이 해인은 부르는 대로 나오는 기라. 맘만 있어 나오는 커만. '해인아.' 카마 '예.' 칸다 커거던요. 잇날 책에 보마. 그래 마 주찬 나오라 커만 주찬 나오고, 이 뿍디기마 분벽사창(濆碧沙滄)이 대라커만 분벽사창이 대고. 그걸 갖다 놓으니 영감 장에 갈 것도 없고 잘 사는기라.

잘 사는기 미칠 불과, 얼마 안 살아 가지고, 중이 한날 하나 왔는 기라. 중이 하나 와가지고 이 중이 또 인사를 하는 기라. 그기 극히 인사를 하는기라. 인사를 거절해도 극히 인사를 하고서는,

"선생님 댁에 보화를 좀 빌리 달라꼬."

그 중이 도사라.

"우리 집에 보화가 없다." 컨게,

"해인이라 커는 그 보화가 있다꼬."

"그걸 머 할라 커노?"

걸카이. 협촌(합촌) 해인사를 그때 착공하는 질이라. 헌데 이 도사가 그걸 착공해 놓고 저걸, 전부 수판 맞차 보니 백일 만에 저걸 완공을 해야 디는디, 백일 만에 도저히 마 완공할 수가 없는기라. 백일 만에 저걸 완공을

해야만 대 불질〈佛寺〉이 대는데 그런데 자기 심으로는 도저히 할 수가 없는기라. 그래 자아[14] 연구 끝에, 그 때 그런 보화가 있는 걸 알았닌 기라. 그래 와가지고 그래놓으니, 그래 참 이 분이 온통 부득하고 못 먹어도, 이래놓으니,

"그릿기 필요하만 가지 가라고 말이지."

줬는기라. 줘놓고 보이 참 석달 열흘 만에 절을 완공을 했는 기라. 해인사를 창설을 하고 물각유주〈物各有主〉는 임자가 있다꼬 자기 물긴이 아니논께, 아는 사램이래도 임자를 갖다 줘야 댄다꼬 와 보니, 임자는 벌써 죽었어 벌써.

죽어가지고 냄새가 나고 그래. 그거를 마 절에 장사시킬라고 화장을 시키가 마, 자게 참 아주 성심껏 장사를 잘 해주고, 그 해인을 이래 가마이 보이, 갖다 줄 디가 없는기라. 그래가지고 그 팔만 대장깅 속에마 때리 넣었는기라. 자기 물견도 아이고, 임자는 죽었어니께. 그런 거를 아조 말년에 서울에 상(象)을 아주 잘 보는 사람이 있어 관상재이라 커는 거늘라문에. 그래 아조 말년에 참 임금이 아딜이 없거던.

"그래 저 늠이, 저렇기 상을 잘 본다." 컨께네 말이야,

"그늠 함 불러 디리라." 그래 불러와가지고 그래,

"아들 낳알주는(낳기는) 어렵고 장래에 태자가 딜 자직이 누고 커만, 아무 머시가 태자가 댄다." 커는, 말을 했거던.

"틀림없지. 틀리믄 니가 모가지 바치야 딘다."

"모가지 바치겠습니다. 바치는 반민에, 나도 하나 소청할 기 있습니다."

"니 소청할 기 머꼬? 고관 대작을 니 원대로 니 줄라 커마 줄 끼고 니 문제없다."

---

14) 저 사람의

"나는 남산에서 불도를 닦는 사램인데, 고관 대작이고, 돈이고 아무일 없습니다. 협천 해인사 중찬하는 걸, 그걸 허가해 도라."

그게 해인 들은 걸 알아. 이 사람이. 그 늠이 도둑할라꼬 말이지. 그래가지고, 고게 인자 삼 년 만인가 아 그라면 양자로 들어갔는기라. 양자로 가고 하이, 밥하고 거라는데 들어가거던. 드가이 중찬 허가를 해줬는기라. 그랄 적에 중국서도 아는 사람이 있었던 갑지. 칙사가 나와서 하는 말이,

"만인을, 조선은 만인을 잡아 쥑이야지, 만인을 놔뚜만, 보화를 뺏긴다, 잃는다."

이는 비겸이 있어요. 고마 사람 만(萬) 명 쥑이모 대는가 싶어가지고 마, 사람 거치마 사람을 쥑이는기라 그때는. 죽이다 내중에 마 정만인이거던.

만인이 한 놈 잡아 쥑이야 대는데 엉뚱한 사람을 쥑이라 커는기라. 그래 가지고 우떻게 했던지 그 보화를 가지고 임금질까지 해 묵고. 그 보화가 결국은 참 대한민국 보환데 용국에 가 있데. 용국에 가 있는데. 그거 참 전실 이고 참 내가 농담 뒤에 들은 얘긴데. 대한민국 보화기 때민에 보화가 언젠 가는 우리 대한민국에, 용국에서 그걸 받으믄 칠개국을 우리가 조공 받고 산다 커는 그런 전실이, 이야기가 있어.

⑫ 경주 최부자와 해인

경상북도 선산군 장천면 상림동에서 1984년 8월 16일에 천혜숙, 강진옥, 정현숙, 조형호 등이 조사한 설화이다. 구술자는 곽형규로 남자이며, 당시

67세였다.

* 이야기를 마친 곽형규 씨에게 저승갔다 온 사람 이야기를 들어 보았는가 물었더니, "그걸 어떻게 아느냐, 내가 저승엘 가 봤는가?" 면서 더 괴롭히지 말라는 시늉을 하여 좌중이 한바탕 웃었다. 이어 들려 준 이야기다.

경주도 어던 치부자가 보양은(본래는) 부자가 아이고 뭐 보통 그대로 그 집이 아주 존 집이라. 존 집인데 아주 구대 진사로 나왔어. 나왔는데. 그래 구대 진사로 나왔는데 보통 그때는 뭐 큰 부자도 아인데 [제보자 : 있지? 그래 지금도 있지. 그 자손이 많애 지금도. 부자로 발전하고 있어. 여.] 사는데 한날은 그 인제 무슨 치부자 영감이 사랑에 떡 있다인깨. 있다가 삽저기(사립짝에) 얼른 하다인깨 언놈이 개가 한 마리 들어와여. 한데 개가 보기도 좋고 살도 쪘고 이런 기 꽁지를 설렁설렁 치미 똑 마 아는 사람매로 카거든.

그래서 참 이 주인이 뭐 인제 밥을 주고 하인깨 오죽 반가운 [청취 불능] 지 믹이던 개매로 척척 사람한테 갬기고 만지 봐야 [청취 불능] 도 없고 이래. 이래가지고 미물이라도 말이지 어띠케 사랑시러운지 및 해 믹있다. 믹이고 딱 삼 년인동 및 해를 떡 믹이고 나이. 그래가 믹이단깨 한날은 고만에 개가 행방을 모른다 이기라. 어데 갔뿟다. 얼매나 섭섭하겠노 말이라. 어데 똑 생전에 마 여름으로 밤으로 웃목에 눕어봐야 빈대 한 마리 있을까 요샌 약을 써서 그렇지 예전에 약도 안 쓰고 이래도 뭐 사람 말귀 다 알아듣고, 그래 고만 행방을 어데로 갔다 이기라. 갔뿌이 이 영감이 섭섭해 전딜 수가 있어야지.

그러나 잊어뿔릿시이 이제 찾을 도리가 없다 이기라. 그럭저럭 카다가 한 해 가고 두 해 가고 지 지냈다, 지냈는데. 그래서 한날은 그 영감님이 사랑에 이래 있다인깨, 어떤 아주 쾌쾌(快快)한 젊은 소년이 와가주고 주인을

찾거든. 그래가 주인을 찾는데 그래,

"어데서 왔느냐?" 물은깨,

"예." 그 인사를 방에 들어와서 깨끗하이 한다 이기라. 깨끗하이 하미 하이고 참,

"안 노인 계십니까?" 어떻게 묻고 그 우에,

"웬 사람이냐?" 물은깨,

"예. 할부지 그기 아입니다. 할부지 저 및 해 전에 개 한 분 믹인 일 있지요?"

"있지. 있는데 그 그 그케 개를 믹이도 한 삼 년을 믹이다가 믹이다가 그 어더로 행방불밍이 됐는데 어드로 갔뿟는지 찾을 도리가 업고 온 날까지 개 얘길 한깨 내 매음이 얼찍하다(언짢다)." 하인깨,

"예. 그럴낍니더. 내가 갭니더. 바로 웅 갠데 내가 저 동해바다 용왕의 자식인데. 웅 내가 바다 용왕에서 내가 지를 웅 지를 입어 금사망을 입어 그래 인간 개로 맨들어가지고 참 인간한테로 내보냈는데, 이런 어룬 겉은 집을 안 만냈으만 뭣한 사람겉으만 날 잡아먹었뿟으만 누구 한 벌써 나 안 없겠십니까? 어른, 이런 어른 집에 만나 한 삼 년 동안 호강을 받고 웅 인도를 한상을[15] 해서 참 용궁으로 드갔심더. 드가이 드가이 그래 드가이 말이지 그래 집 부모가 하는 말이, '그런 분이 어디 있다 말이고 엥이, 오번에 가서 우에든지 그 분을 한분 모시고 이 용왕으로 오너라. 오만 우리가 그래도 그참 보답을 못할 망정 한 번 만나 보기로 해야 안 디나?' 해서 그래 왔심더. 그 할부지 한 번 가입시더." 이라거든. 그 안 갈라 칼 도리가 있나?

"음 같이 가자. 같이 가자."

그래 나섰다. 나서이, "우에든지 할부지. 똑 내 디딘대로 디디이소." 디

---

15) 인도 환생이라는 뜻이다.

됬다 말이라. 그래 지 디딘 데 디디이 언제 밋 재죽 안 되디 동해 바다가 딱 나온다 이기라. 바다, 바다가 딱 나오는데, "저 할부지, 의심치 말고 내 디딘 대로 디디이소."

그래 어데 물 갈라진 데 업다 카드나, 와? 여여여 [청중 : 진도?] 엥이 또 그매로 그 식이라. 진도. 그매로 그 식기지. 그 사람이 디디이 물이 갈라지고 싯덩거리가 갈라진다 이기라. 질이 쭉 났는데 영감이 따라갔는데 그 안에 그 가인깨 참 집이 있는데 말도 못할 어마어마한 이런 집이 하나 있다 이기라. 있는데 가인깨 참 용왕에 그 영감하고 할마이하고 나오디마는 그 그렇키 대접하거든. 앉히고 반가와하고,

"참 내 자식이 엥이 참 용왕에서 쥐를 지서 그 미물을 맨들어서 내보냈디이, 그 댁 어른 아이면 여 올 리도 만무한데 그 은덕을 받아 참 새로 이리 와가 있으이 참 그럴 수가 없다."

캐미 참 그래 하루 이틀 있어. 참 있어보이 참 지하 지하낙원이라. 그가 수하낙원이거든. 지상낙원은 참 땅 뭐지마는 거는 수하낙원인데, 이놈 암만 있어 봐야 생진 뭐뭐 가라 소리 하나, 음석 좋은 거 다 주지. 얼매나 좋으노 카는기라. [청중 : 회 마이 먹겠네.] [제보자 : 회, 물론 먹지. 회뿐인강? (웃음)] 그래 이래 떡 묵는데 그래 가다 임마 뭐 카는 기 아이라.

"저 어른 여 너무 또 오래 있어도 집에 바렐 테이고, 갈 때는 집에 천상 저 집에 어무이 아부지가 뭣을 내놓고 뭐 자꾸 가지가라 캐미 내놔도 한가지 엥이 표적을 하나 가져 가라 캐미 딴 거 아무것도 마 실타 카고, 엄마 옷고름에 채인 거 그걸 가주 가이소. 그걸 가지 가만 참 좋심더." 카거든.

"그 가가 써 먹으만 좋심더."

"그래." "그 잘 안 줄라 캅니더. 그건 참 이 이 해중에도 웅 구할라 케도 업심더. 업신깨 웅 없으인깨 안 줄라 캐도 내가 권유하만 우에든지 주라 칼 챔인깨 그 하나 가지 가이소." 딱 이래 됬다.

"그라지."

그래가 갈라고 나서이 참 뭐뭐 마이 한 가지 가지 가라고 내놓거덩. '다 귀찮타.' 캤어. '귀찮타.' 카고 그 참 엥이 '그 사모님 옷고름에 찬 거 돌라.' 카이 '돌라고 그거만 가져 가만 된다.' 카인께 고만 섬뜩하거든. 저쪽에 안 준다. 나거든 없다 이기라. 하이

아가, "하이고 고마 어무이. 고 디리라고 말이지 이 아부지 아이만 내가 이 어른 아이마 내가 누구 땅이 될동 모르고 여어." [테이프 교환]

고마 디리라꼬 자꾸 권하인께 노인네 옷고름에 맨 걸 풀어 준다 이기라. [청취 불능] 떡 여가주고 인제, "가입시더." 캐미 나오는데.

고 또 나서디마는 '꼭 내 디디는 대로 디디이소.' 캐미 나오다 및 재국 안 오이, 마 해물 밖에 딱 나왔다 이기라. 마 해물 밖에 딱 나와 가주고 및 재국 디디 또 저거 집에 대가 오디,

"우에든지 어른, 그럼 만수무강하고 오래 사이소."

카디마는 뭐 [청취 불능] 어데 갔뿟는지 행방불명이라. 그래 그 물품을 받아논 기 있어. 있는데, 이놈 사용처가 없다 이기라. 없는데 '이거 뭐시라도 내가 카는 말이 이거 머시라도 아쉴 때는 부르만 이 뜻대로 디는 이 물건 인데 그렇심더.' 카고 갔뿟다 이기라. 갔는데 그래 놓고 집에 있다.

있으이 그래가 가지고 있는데 뭐 써물 때도 놓고 영감님 캐봐야 그래가 있으이 그러니 그 말이 고마 전설이 됐다. 전설이 되가 하 아무데 도천 최부자 영갬이 그땐 부자도 아이라. 그 도천 치징치 진사 어른이 참 뭐 개 한마리 믹이가 아가 되가주고 사람이 되가 나와서 해중에 가서 무신 뭐 조은 거인 갖다 놨더라꼬 그 해인이라 말하자만. 해인. [조사자 : 해인?] [제보자 : 해인.]

그래가주고 참 해인이 중 도사가 그걸 알았어. 알아가주고 한날 그 참 그래가주고 그 와서 참 목탁을 뚜디리고 나서 인사를 떡 염불을 하고 나서

는 들와가 사랑방아 인사를 떡 하거든.

"치진사 어른. 오번에 해중에 갔다 와서 무슨 물품을 가져온 거 있지
요?"

이래 묻는다 이기라. 뭐 거짓말 할 수 있나?

"있다."

"그 좀 빌리 돌라."고.

"이 하는 기 뭐냐?"

"그 빌리 주만 빌리 줘도 그 한 번 써먹고 뭐 어른 갖다 디릴 챔이니 빌
리주이소."

응, 그 무신 아주 사용처를 모르인깨 응 빌리 주거든. 갖다 주이 그래가
주고 그 중이 가지고 갔다. 가민 해인 치민 뭐 카는 기 아이라 그기 해인이
라 백대천석하고 만대유신하라 캤다 말이라. 그캤뿟깨네 오늘 및 천 년 지
나고 및 백 년 지나도 안주 경주 도천 치부자가 안주 안주꺼정 이름이 나온
다 이기라. 나오고.

그래가 그 인을 가주 가서 합천 해인사 그 해인사를 짓다 카는기라. 그
협천 해인사라 말이라. 그래 인제 그래 인제 그 합천 해인사를 짓다 이기라.
그 짓고 그 또 우에 되는고 아이라 예전에 홍길딩이라고 홍길딩이 뭐 합천
해인다 떨어묵는다고 합천 해인사 떨어묵는다 카는 속설이 있제? 이놈의
홍길동이 이 놈의 나기는 크기 났는데 예전에 첩의 자식이라. 예전에 정부
서 안 알아 안 알라 줬다 말이라. 그기 나쁘거든. 요새로 육군대장 놓는 걸
안 알아 줬은깨 고마 예전에 첩의 자식이라 안 알아 줬은깨 이 놈이 댕기미
정부에다 댕기미 재지름(장난질) 하거든. 하인깨 정부에서 이놈 잡아라 부
모한테도 칸다. 응. 홍 뭐신동 몰따. 홍길동이 아바이가 그 뭔데,

"네 아들 그 좀 잡아라. 불러가 좀 잡아라." 칸깨,

"우리 아들은 인쪽 여기에 허리에 허리에 붉은 점이 있니라. 그래 그 잡

으이소. 그 가가 잡으소." 카인깨,

이놈이 둔갑 장난을 해 짚단을 내 놓고 칠홍길딩이 팔홍길딩이가 나오 인깨 어느기 홍길딩인지 알아야지 뭐. 어찌 놈이 재주가 있든지 뭐 홍길딩 이가 마 일곱 됐다. 여섯 됐다, 다섯 됐다, 이카이, 어느 놈이 홍길동인가 아나.

그래가주고 홍길동이가 그캐 '나도 불근 점 있다. 나도 불근 점 있다.' 칸깨 어느 기 홍길딩인지 못잡았다 이기라. 그래 그래가주고 그 참 홍길동 이가 합천 해인사 떨어먹었다. 협천 해인사 떨어먹었다 카는 협천 해인사 떨어멀 땍에 그 인제 그 그 주지가 그 참 팔만대장경 속에다가 그 인제 해인 을 옜다 이기라. 여났는데 여났는데 그 홍길딩이한테 떨리는 난에 그걸 잊 어뿟다 이기라. 홍길동이 그 인제 떨어가주고 어딜 갔는 기 아이라, 요새 독 일이라 울도 율도를 갔다. 요새 독일. 독일로 [조사자 : 독일이요?] [제보자 : 독일.] [조사자 : 아 그래예.] [제보자 : 그래, 독일.] 요새 아 그 뭐래도 그걸 가지고 그 쳐 가인깨 독일제 독일제 인제 좋다 안 카는가배. [일동 : 웃음] 해 인 찾아 사람 인력으로 못하고 해인 찾아냈다 이기라. 독일제가 좋다고 사 람 술만 잘 먹고 앉았으마 '아따 그 속이 독일젠 갑다.' 무신 기계만 좋아도 '아따 그 독일젠갑다.' 카거든.

그래가 인자 그 홍길딩이가 떨어가주고 해인을 가주고 그 가주고 발전 을 시끼가지고 독일 가주고 그래가 발전을 시끼가주고 해인가 발전시끼가 주고 독일제가 좋다 카는기라. [일동 : 웃음]

⑬ 해인사의 창건 유래

경상남도 울주군 두동면 하월평리 먹정에서 1984년 8월 23일에 류종목, 성
재옥이 조사한 설화이다. 구술자는 최돌이로 남자이고, 당시 65세였다.

> *제보자는 일제시대 때 일본에 잠시 산 적이 있었다고 한다. 이때 영홍사(永
> 興寺)라는 절에 전해 내려 오는 '주걱 전설'을 들었다며 이야기해 주었다. 이
> 이야기 끝에 불국사의 쌀 나오는 구멍을 이야기하다가 해인사에 대한 전설로
> 넘어 갔다. 청중들도 열심히 들었다.

그래 쌀 나온다 카는 거, [조사자 : 고거 이야기 좀 해 주이소.] 고 저 저
불국사 우에 그거 석굴암 말이지, [청중 : 석굴암?] 그래, 석굴암에 요새 물
이 나오는 그 얘기도 그런 기라. 그 옛날에는 그것도 역시 그래. 쌀이 또닥
또닥, 그것도 연해 손님이 많이 오머 많이 나오고, 적기 오머 적기 나오고,
요렇기 손님대로 나오이까네, 옛날에 그것도 여자가 많이 나오라 해서 쑤
시이까네 낸장(젠장) 쌀은 안나오고 물이 나왔다고, 요새 현재 물이 나오고
있다 이기라. [청중 : 그래가 쌀 나오라고 부지깽이 가(가지고) 쑤시뿌이까
네 마 낸중에 물 나오더란다.] 그래 그거 인자 한도가 차뿟이기라, 이치가.

그래 그 우리가 들은 얘기는 좀해 잘 안 잊어뿌지마는, 여 여 여 뭐고,
합천 해인사, 해인사도 그렇다는 기라. 그 우리가 전설을 이 참 이얘기 들은
이얘긴데. 그것도 연해 아까 내 인자 방금 이야기한 거, 일본넘 이얘기나 마
찬가진데. 영감 할마이가 팔밭을 쫓으며…….[16) 해인사 생긴 그기 인자 그

---

16) 팔밭을 쪼으며……. '팔밭'은 산자락에 일군 밭을 말한다.

절터가 원래 원래 그 사람 인가가 사는 지대가 아이라 이기라, 해인사 절터
가. 그 영감 할마이 오막살이에 둘이가 딱 이래 살고 있는데. 그러이 할마이
하고 영감하고 인자 둘이가 사이(사니) 무슨 재미가……. 팥밭이나 뒤져 묵
고 그저 자기 노력대로 살고 있는데, 하루는 보이 누런 개가 한 마리 썩 들
오더라 이기라. 들오디마는 아무데도 가지도 안 하고 마 떡 버티고 있다.

야, 이넘우 거, 자석도 없고 아들도 딸도 없는데, 두 영감 할마이가 사다
가, 두 부부가 사다가 개가 들오이 그것도 사랑스럽더라 이기라, 이 산골에.
그래 그 넘을 씨담고(쓰다듬고) 자기 자석겉이 사랑하기 생각핸 기라. 그래
가 저 넘을 떡 먹이고 있으이까네, 아, 저 넘 개도 마 이 정이 붙고, 영감 할
매도 그 아주 자정(慈情?)이, 그 개잖에 정이 굉장히 드갔다 이기라. 그래가
한 삼 년을 떡 믹있는데, 믹이고 나이, 아, 이 넘우 개가 마 간곳 없다 이기
라. 아, 이거 마 영감 할마이가 실심(失心)을 하고, 마, 어찌 섭섭한지, 내 집
에 있던 기, 한 삼 년 동안을 내 집에 믹이고 있던 기 마……. 섭섭해가지고
실심을 하고 마.

하루는 어떤 젊은 청년이 하나 찾아와가 그 영감 할매 잦에 인사를 이래
아주 공손히 인사를 하거등. 그래 그 동안 한 일 년 지냈던 모양이지. [웃음]
일 년 지냈던 모양이지.

"아이, 아버지, 어머니, 그 동안 참 안녕하십니까?"

[청중 : 그 넘우 자석 저거 아버지가 됐다.]

"그 저를 이만침(이만큼)……."

"아, 이 사람아, 나는 자네 겉은 아들이 있고 자석이 있더라면 내가 이
런 산골에 이래 살 필요가 없다. 그런데, 어떤 분인지 그 이 젊은 첨지가 나
를 찾아와가 아버지라 카이, 내가 참 평소에 나는 듣지도 보지도 몬한 사람
이다."

이런 얘기로 떡 하거등. 그라이까네 영감 할매가 기가 맥히거등.

"아이, 그 내가, 내가 아버지 어머니 밑에 내가 삼 년 동안을 내가 참 이 집 뭐를 묵고 커 나온……."

바로 그 개가 그 청년이라 말이다. [웃음]

"그래"

그러이 기억이 난다.

"아, 참, 이 참 히안하구나. 가히 내 자석과 같이 내가 사랑하기 너를, 내가 삼 년 동안을 내가 믹이 키왔는데, [웃음] 인자 사람이, 완전 사람이 되가지고

[청중 : 사람이 변해 뿟다.] 그래 찾아와가지고 이런 말로 하이까네 기억이 난다." 이기라.

"그래."

그런데, 이 은공을, 아버지 어머니, 이 은혜를 내가 보답을 어떻게 해야 되겠습니꺼? 그런데, 내가 참 그 개가 되가 올 때는 용왕국에 용왕국님 저저 아들인데, 그 허물을 덮어 써가지고 내가 개가 되가지고 이래 나왔는데, 아버지 어머니 아이랐으면(아니었으면) 내가 생명을 보존을 몬 했을 낀데, 나를 잘, 비식을[17] 잘 해가 잘 머석해 줬으이까 이 감상을 내가 참 말할 수 없고, 뭐라고 측량할 수 없이[18] 내가 말한다고."

이래 카이까네,

"그런데, 아버지 어머니, 내 따라갑시더. 가는데, 그래 우리 아버지 잦에 가면 그 '해인' 이라 카는 기 있는데, 그 참 보밴데…. 가면(가면) 인사를 많이 받을 깁니더. 받는데, '그래 뭘 니가 요구를 하노꼬, 인자 뭐든지 소원대로 말하라.' 이런 말을 할 끼라고."

왕이 되가 있으이, 용왕국으 왕이 되가 있으이 [웃음] 소원대로, 니 소원

---

17) 비식(備食)을(?)

18) 줄거리로 보아 이 다음에 '감사함을' 이란 말이 생략된 것 같다.

대로 말하며 소원대로 해 주겠다 카는 의민데. 그래 가이까네, 마 저 넘, 인
자 그 사람 따라가이까네 마 물살이 딱 갈라지는 기라. 그래 드가이까네 참
용왕국인지 뭐인지 [일동 : 웃음] 아주 왕인지 떡 앉아있다 이기라.

알래(안내)를 떡 하는데 가 인사를 떡 하이까,

"그래, 자네가 내 소생을 갖다가 그 허물을 벗겨 주고 [청중 : 바로 제 아
버지다.] [일동 : 웃음] 이렇게 고마울 수가 없다. 그런데, 지금 자네 소원대
로 해줄 모양이까네, 뭐기나 자네 소원대로 지금 뭐가 제일 소원이냐? 소원
대로 말하라."

그러이 인자 그 아들이 하는 말이,

"해인은 좀 싫어할, 줄라고 카머 좀 아버지가 싫어할 끼다마는도, 마 그
래 말로 '소원대로' 캐 놨으이까네 줄라(달라) 카는 거는 아매 다 주지 싶
으이까네……." 19)

그 아들은 인자 그런 말로 했다 이기라. 그래 저 영감은 아무 것도 모른
다 이기라, 우리매로 참 아무 것도. 뭐 팥밭 뒤져 묵는 기 뭐 알기 뭐고? 사
용법을 모른다 이기라. 해인이 어떻기 사용하며 뭐가 어얘 된다카는 거 이
거를 모른다 이기라. 모르니까 덮어 놓고 그 인자 아들, 자기가 키아 준, 삼
년 동안 키아 준 개 그거, 그 말만 듣고,

"예, 저 소원은 마 딴 기 아이고, 저 해인이 필요하이까네 해인을 저로
(저에게) 주시오."

아, 그거는 마 꼬치 묵은 소리로 하더랍니더. 20) 하다마는, [일동 : 웃음]

"그래, 내가 '소원대로' 캐 놨으이까네 참 해인을 주는 기 아인데 준다."
이기라. [일동 : 웃음]

"그래, 그렇다면 그래 해인을 가져가라."

---

19) '해인을 달라고 해라.' 는 말이 생략되었다.

20) 고추 먹은 소리를 하더랍니다. 즉, 아주 난처하다는 말을 하더라는 뜻이다.

이 받아 보이까네 뭐 깽개미매로(食器처럼) 말이지 올방한[21]기 말이지 도롯한[22] 거로(것을) 식기매로 그런 거로 아주 종이에 싸가지고 딱 주거동.
[일동 : 웃음]

그래 이 넘을 떡 받아 와 놓이까네, 받아 와가지고 인자 그 수끼때비(수숫대) 움막에서 인자 팔밭 뒤져 묵고 사는 영감이 뭐 그 받아 오이, 인디이(이까짓) 꺼 뭐 받아다 놓이 아무 필요도 없는 기라. [청중 : 깽개미 겉은 거.] 그래 깽개미 겉은 거 그런 거로 하나 주는데, 그래 그거로 마 이거 중요한 거는 중요한 거다 싶어가지고, 그래 실근(시렁) 우에 갖다 위상을 해 놓고, 인자 이거 중요한 기까네 얹어 놨다. 무조건 얹어 놨다. 아주 천치지. 마 아무 것도 모르는데.

얹어 놓고 인자 팔밭만 뒤져 묵고 인자 일로 떡 하고 있지. 아, 이거 인자 참 도술가가 하나 있었던 모양이라. 그 인자 해인사 지은 그 중이라, 그 대사가. 그래, 그 노인 집에 찾아 왔다 이기라. 그 중넘이 와가지고 그 수끼때비 움막 밑에 고패를 떡 디리고[23] 아주 엎드려가지고,

"그래, 어르신네게 큰 보배가 있는데, 그 보배를 소승을 주시오."

[청중 1 : 이얘기 잘 한다. (웃음)]

[청중 2 : 보배를 우애(어떻게)?] "보배를 저를 주시오. 소승을 주시오." 카는 기라.

[청중 1 : 깽개미 갖다 놓은 거.] 그렇지. 그래가 그래 저 넘을 떡 줄라카이까네. 그 영감은 사용법을 모르이까네 필요 없는 물건이라, 영감으는.

[청중 1 : 필요 없는 물건 맞다.] 뭐 밥이 나오나, 돈이 나오나, 은이 나오나, 아무 것도 안 나온다 이기라.

---

21) '올방하다' 는 약간 옥으면서 동그스름한 모양을 말한다.

22) '도롯하다' 는 '동그스름하다' 는 뜻이다.

23) '고패를 드리다' 는 '큰 절을 올리다' 는 뜻이다.

"아이구, 저에게는 뭐 내인테는 아무 보배도 없다."

"아이, 그런 말씀하지 말고 보배를 저를 주시오."

자꾸 인자 고패를 디리고 사정을 하는 기라. 하니, 그래,

"나는 내 이래가 사는 사람이 무슨 보배가 있노? 이거 뭐 팔밭 뒤져 묵고 뭐 수끼때비 움막 밑에 사는 사람이 뭐 보배가 있노?"

"아, 그러지 말고 보배가 들온 기 있지 않습니꺼? 보배를 얻어 온 기 보배가 있으이 보배를 주시오."

"가마(가만히) 생각해 보자. 보배라 캐 봐 몰라 내 여어 뭐 뭐 하나 깽개미 겉은 거 이거 하나 있는 거 이것밖에 없다." 카거등.

"예, 그거, 바로 그겁니더."

"그거 내인테는 필요 없으이 자네 가가라." [일동 : 웃음]

그래 인자 중을 줬다 이기라. 중인지 뭔지 뭐 줬다 이기라. 주이까네 저 중넘이, 중넘인지 뭔지, 요새 알고 보이 중이지.

[일동 : 폭소] 떡 받아가마 절로 마 골백 번 하고 마 마,

"고맙습니더. 이 인자 어르신네는 마 평생은 인자 마 저거(저희)가 책임지고, 마, 사후(死後)에고 마 사전(死前)이고 마 내가 이 하고 있는 동안은 내가 마 참 위해 드리겠습니더."

아, 저 넘 중이 떡 가져가디마는 그 해인이라 카는 사용법을 알았네. 하루 저녁에 그기……. [말을 바꿔] 우리는 그 안주(아직) 협천 해인사 말만 들었지 안주 구경은 안 가 봤어.

[청중 : 와(왜) 팔만대장경 모싯는데 얼매나 크다고. 크기가 얼마나 크다고.] 그 웅장하지. 뭐 내 얘기 듣기에는 뭐 크기 크지는 안 한데, 그 뭐 통도사, 이거 뭐 불국사 이런거 요량하머 뭐 그 크지는 안 한데, 그기 절 지은 기 아주 가다가(모양이) 유명하기 생겼더라. 그 내 그런 소리 들었어.

[청중 : 규모가 통도사매로 그래 웅장하지는 안 하고.] 그래 웅장하지는

안 한데, 그 절이 아주 모양지기(모양 있게) 만들어진 절이라.

그런데, 그 영감이 보이까네, 그 해인을 가져가디 하룻밤 새에 그 절이 탁 세아져뿌리는 기라, 해인을 가지고.

[청중 1 : 이상하다. 하룻밤 새에?] 그래, 전설에 불국사에도 그런 전설이 있고 그런데.

[청중 2 : 해인사 아이가(아닌가) 그래.] 하룻밤 새에 그 해인사 절이 테(터)가 완전히 딱아져가지고 절이 딱 서져뿌리.

[청중 3 : 그기 인자 해인이다.] 그래, 그기 인자 그렇기 때문에 전설이 지금 협천 해인사 해인사 카거등. 해인이라 카는 것이 바라 그 아까 참 내가 얘기하던 [웃음] 바라 그기라. [웃음] 깽개미 겉은 그기라.

[조사자 : 깽개미가 해인이네. 바로.] 예.

[일동 : 웃음]

[청중 3 : 그기 바라 해인, 바라 그대로 그 잔데 뭐. 해인, 바다 해(海)짜, 사람 인(人)짜, 바라 해인사라.] 그래 해인사. [청중 : 사람, 바다에 사람이라.] 그래 해인사라.

그기 유명하다 카는데, 우리가 그 구경하러 가보지는 안 했는데, 나도 지금 그 소리 듣고 해인사 구경을 하문 가 봤으머 카는데, 딴 데는 불국사도 가 보고 통도사도 다 가 봤는데 안주 협천 해인사는 안 가 봤거등. 안 가 봤는데, 갔다온 사람 잤에 질문으 하이까, '협천 해인사라 카는 데는 그 절이 유명하기 지아졌더라.' 그런 전설이 있어.

❶ 서산대사가 얻은 연적(硯滴)의 신통력

강원도 영월군 영월읍 장절 2리에서 1983년 5월 23일에 김선풍, 유기태가 조사한 설화이다. 구술자는 이문호로 남자이며, 당시 75세였다.

　＊절이나 스님 이야기 좀 해 달라고 부탁하자 제보자는 다음 이야기를 구연했다.

　서산대사가 참, 저 집도 없이 댕기이까 중이니까노 가다 보니까노 임 진사네 집을 찾아 갔단 말이요. [조사자 : 아, 임 진사.] 땠길 임 자(任) 임씨. [조사자 : 예, 예.]

　야, 야, 그래 거 턱 가니까노 언나가(어린애가) 요렇게 커 컸는데, 아주 재주가 비상해요. 이래, 그래서 그래 임 진사가, 한테다가 잘 날 주면 중이까노(중이니까),

　"내가 데리고 가가지고 공부시켜 줄꺼이 날 주시오."

　"에이, 안 됩니다. 왜 안 되느냐 하며는 저 우리 삼자 독자여. 독잔데, 고마 당신이 가지 말고 내 집에서 언나 공부시켜 주고 이래 있으면 고만 밥도 걱정 없고 뭐 얼마나 편하냐."고. 그래, 가만히 생각하이 서산대사가 생각하이 그것도 그럴듯 하거든. [조사자 : 그렇지.]

　그래, 거서 인제공부를 시케 그래. 시케는데, 아이 하루 있다이까나 우쨴 동자아가 하나이 턱 책을 해 지고 온단 말이여.

　그래, 인사도 옳게 안하고 서산대사가 묻도 안하고 그래 이제 사명당하고 같이 글 배우는데 아이거 뭐, 뭐 선생이 갈채기보다 먼저 알어. 그래 사서삼경을 고만 한 달만에, 배완지 일 년 만에 배완지 다 배우고서는 그래 갔

더이마는 또 왔단 말이여. 주역을 한 질 해 짊어지고,

"선생님, 이건 천지 음양지수가 여 주역에 있으니까노 선생님이 그거지가 묻는 대로만 갈케 주시오."

그래, 이놈은 주역을 내 놓고 이래가 며칠 배우다가 다 배웠어.

"선생님, 저 저 집에 갑시다. 하, 내가 인사도 서로 안하고 이랜데."

"너 집에 어데냐?"

"서천 서해국입니다."

허, 이런 서천 서해국을 갔단 말이여. 가니까, 가니깐 건(거기는) 물인데,

"우해 가게?"

"아예 암말도 마고 오시오. 똑 선생님 내 발 요래 띄 놓거든 고걸 꼭 디대(디뎌) 가주 오시오."

그래, 거 고대 서천 서해국 갔단 말여. 가이까, 바닷가 가이까노 물이 딱 갈라져 질이 환해. 거 드가니까, 하마 용왕이 하마 미리 알고선 인사 이래 해 갖고 영접을 해 드갔어. 드가가지고 가이까는 뭐야, 음석 여, 이 우리 조선 한국음식이 아이래요. 뭔지 이래 먹으니까 전연 배도 안 고프고 말이여, 배도 부르도 안하고 그래 정신 없이 이래 주는 대로 먹고 이랜데. 자, 이놈 동자가 태자를 만나야 되겠는데 아, 고만 다시 뭐, 거드가이 고마. 그래 있다가 아이, 한 달 있었는지 일년을 있었는지 잘 모르고 있다가,

"선생님, 인제 가셔야 됩니다. 왜 가야 되느냐 하며는 사명당이 선생님 올 때를 얼마나 기다렸습니까. 하이 가셔야 된다." 그래,

"아, 그래 가야 되는데, 그래 우떻게 해야 되겠냐?"

"하이, 용왕이 뭘 주거든 절대로 받지 마라."고.

"거 연적이 뻘건 연적이 두 개가 있는데, 큰 거는 안 줄 낍니다. 안 줄꺼이 아, 그걸 나 한 개 달라고 그러고 옷도 싫다 하고 한 번 먹으면 배도 안 고프고 한번 입으면 요새 거 나이롱야 그게 보이까."

그런데, 마, 어머 이래 그래 얘기하니까 에이 그 용왕, 용왕국을 우리 갈라서 선생님하고 이래 있으면 있었지 이거는 저 하늘의 옥황이 내 주는데, 만약 내가 선생님을 주고 이래 세상이 그 좀 분주하면은 하늘의 옥황이 내려와서 그 문, 그거 연적 내노라 하며는 대번 모가지 끊어질께요. 어떻게 해야 되겠느냐. 그래 금방 태자가 들어와가지고 자꾸 그걸 아버지 어이 내가 어에 군차분데 인군(임금) 다음에 스승인데 아이, 거 내가 저 어른한테 내 글 공부까짐 하는데 그까짓 연적 한 개가 우리가 죽을 망정 줘야 됩니다.

하, 태자 말 듣고 연적을 작은 걸 이래 싸 가지고 요새 뭐, 나이롱 헝겁에다 싸서 준다 말이요. 가지고 나오이, 이 양반이 서산대사 생각하이 그기 참 우습거든. 평상(평생) 배 안 고픈 것도 싫다 하고 한 번 입으면 옷도 그거 그렇게 좋은 옷을 다 안 받고 아, 그놈 연적 하나 뺄건 거, 그거 가지고 오이 참 나오며 생각하이 '그거 참 눈물 날 일이라.' 그래, 태자가 한단 말이,

"선생님을 내가 관상을 보니 선생님 아주 소탈합니다. 날 여 사서삼경 다 갈치고 주역까지 다 갈챘는데 거이 연적 한 개만 얻어 가지고 같이 나갑시다."

그러니까 이제 나가 보이까 하직을 하고 떠났단 말이여. 떠나 나오다가 바닷가를 나왔시요. 이제, 선생님은 가시고 나는 또 여 드가야 될 형편이니까노 그래 선생님이 파가 보기 안됐는데 자, 내가 인제 여 써 가져 보입니다. 군사 병(兵)자를 써 가져 드니까나, 난네 없는 군사가 여러 억십만명이 우글우글 한단 말이요.

"보시오, 그만 이래면 되잖소."

밥 식(食)자를 쓰니까 밥이 나오고 술 주(酒)자를 쓰니까 술이 나오고 뭐 없는 게 없거든. 고마 거 글자에 달렸어. 이래, 가지고서는 그 좋은 보화를 얻어 가지고 게 사명당한테 왔습니다. 오이까느 아이구, 하매 햇수로 삼 년입니다. 선생님 가신 게 아, 이런 변이 있어 그래. 그래가지고 거 사명당

을 그래 인제 한 나도 많이 가르치고 이래.

서산대사는 말이 인제 그래요. 서산대사는 그만 하늘로 등천해가시고 거 사명당한테다 그걸 유언했습니다. 그래, 거 사명당이 거 받아가지고 거 참, 세상에 일본도 가가지고 일본놈한테 가서 그 하는 것도요 맨 그기래요. 그 뻘건 연적 그걸 얻어 가지고 불알 서말 인피(사람 가죽) 삼백 장씩 받아 쓰자 받은 걸 아니 이놈들이 저가 못 되기가 동네다 병을 어, 어이 이래가주 동네가 병을 사 가주서는 그래 참, 조선에 와가지고 그런데 그 이 며칠 전에 참, 어데 내 가서 한 군데 갔더이 내같이 이래 부실한 사람이 있던 모양야 (모양이야).

"아유, 저 그 양반이 자화동 가 계십디다."

그래, 붉을 자자, 아래 하자, 고을 동, 자하동 어덴지, 왜서 그기 그렇게 됐냐 하며는 여, 여 상부석 절, 절을 상부석이란 절이 여 큰 바우에 노에 끈 을 넣어가지고 잡아 댕기면 빠집니다. 부석(浮石)이래요. 여, 여 경상북도 여 부석 뜰 부자, 돌 석자, 부석사 얘기예요.

야, 거기, 여, 이제 거 댕기는 사람이 바닷가 고기 잡으로 갔다가 고마 풍파를 만냈습니다. 풍파를 만나가지고 그마 어데 간 줄도 모르고 이래가 다 보이까는 배도 고프고 뭐, 이래 죽을 지경인데 우짼 동자아가 서이 이제 오더이만 뭔 세르 깎아 갖다 여요(넣어요). 먹으이까 정신이 말짱해요. 아, 그래,

"어 내가 여 열흘 만에 왔는지, 한 달 만에 왔는지, 일 년만에 왔는지, 알 수가 없는데 여가 어데냐?" 이러니깐,

"자하동입니다."

그때 거 사명당이 생존해 계셔.

"거가 우리 선생님이 오시라니 드갑시다."

그래, 따라 드갔거든. 가이까니 눈을 이래 감고 앉았단 말이야.

“니가 경상도 부석사 아이재.”

“예, 있습니다.”

“음, 부석사 선비 하나 낭글(나무를) 거 내가 지팽이 꼽아 났는데, 그게 살았느냐?”

“꽃이 핍니다.”

“아하, 그래, 그렇지. 내가 그래 거 지팽이 꼽아 놓고 완데 내가 아무도 한번 조선을 나가 도와 줄 예상이 있어. 있는데, 거 너 저 상부석 절에 면장하고 주지한테 가서 날 봤다 얘길하고 중수를 해야 되지 안하면 마이 뭐고 너이 아주 큰 낭패난다.”

아 여 가만 있어. 아머, 그래 그 사람이요, 며칠 묵었는질 모르고 그거 참 사명당이 요런 바가지를 하나 요 왜 바가지 둥그런 거요. 아이, 저는 사기는(살기는) 부석절 근방에 삽니다마는 어덴지 머 이래 하니까니 이거 우떡해야 됩니까. 애를 쓰이까노 음, 내가 동자 아를 불러가지고 조롱박 갖다 거 달아라. 뭐, 그저 그만 그거만 내 달아가지고 앞에 동동동 자꾸 따라가면 맨 부석사까지 간다. 그래 인제 참 왔시다. 그래 와가지고 그게 인제 주지하고 그거는 군수 영감 면장한테 그런 얘기 하니까나 마구 일본놈이 부석절을 고칠라고 하이까니, 다 뜯어가지고 다 해도 그 법당이랑 못 고쳤습니다.

어서(어디서)부터 시작을 핸지 알 수가 없어. 그 밑에 물이 아주 시퍼런 게 들었어요. 부석절 밑에요. 그 저, 저 그 참 저 뭐야, 부처님 앉은 데는 밑엔 또 그래요, 아주 전부 새파란 물이래요.

자, 이래가주서는 그래 얘기 하이까나 일본 놈이 그마 아, 그때 사명당한테 일본 놈들이 똥을 싸 노니까 겁이 나 가주 고쳤어. 왜정 때여. 암만 해도 제가 옳게 할 수가 있는가. 그래갖고 마 대강 대강 이래 하고 말았수다.

그래다 보니, 해방이 떡 되고 이런데 근제 그 양반이 어데 가 사느냐 하면은 자하동, 자하동에 계셔요. 사명당이. 아, 이건 보고 직접 하는 얘기니

간. 난 안 봤지만 여, 왜 안 그래요? 동기는 한 가지 아닙니까? 예. 부석절 참, 여 안 가 보셨죠?

　　[조사자 : 어데요?] [제보자 : 경상북도]

　　[조사자 : 부석사요?]

　　[제보자 : 에, 참 좋고 말고요. 이런데 말이여, 그래 마 나는 더 할라니 할 수도 없고 일로 끊습니다.]

❷ 용왕 아들 가르친 율곡선생

강원도 영월군 주천면 주천 4리에서 1984년 7월 23일에 김선풍, 박영국이 조사한 설화이다. 구술자는 이상진으로 남자이며, 당시 71세였다.

　　* 제보자는 잠시 쉬더니 계속해서 이야기를 구연하였다.

　　동해의 용왕의 왕자가 왕이 안 알려졌어. 율곡선생님한테 와서 글을 읽어. 그러고 있다가 한 일주일만 되면, 밤중에 이 아이가 어디로 쓱 나간단 말야. 그러다, 새벽이 되면 오고한단 말야. 이게 어디로 가나하고 하루는 지켜보니까 아, 개울가 물속으로 쓱 들어간단 말야. 아, 이게 희한안 자식이다 하고 하루는 애들을 다 보내고, 율곡선생이 이 아이를 불러 물었단 말야.

　　"너 일주일마다 밤중에 어디를 갔다 오느냐? 바른 대로 얘기를 해라."

　　그래 한참 앉아 있더니,

"선생님은 부모와 마찬가진데 선생님이 물으시니 얘기를 바로 하지 않을 수도 없고, 바르게 얘기하자니 세상에 누설되겠구."

그래, 바로 얘기했지.

"제가 그런게 아니고 동해 용왕의 왕자올시다. 선생님의 학문이 지명하시다는 소리를 들으시고, 부왕께설랑은 명을 내리시기를 그 선생님한테 가서 글을 읽어라 하거늘 그래, 명을 받았습니다. 일주일마다 가서 글을 읽는 것도 강의를, 말씀을 드리고, 또 안오면 여쭙고 오는 길입니다. 그래서, 일주일마다 한 번씩 용왕에게 용궁에 갔다 옵니다." 그런단 말야.

"애, 나도 용궁 구경 좀 하고 싶은데 한 번 나도 따라갈 수 있니?"

"그건 부왕의 명이 있어야 하지, 제 맘대로는 하질 못합니다."

"그럼 부왕께 한 번 여쭈여 봐라."

"그럼 그러겠습니다."

그래 가설랑 자기 아버지한테 용궁, 용왕에 가설랑 용왕에게,

"아, 선생님이 용궁 구경 좀 했으면 죽어도 원이 없겠다고 하는데 그 어떻게 했으면 좋겠습니까?"

"선생님은 부모와 군사부일체인데 그 선생님은 내가 학부형으로서 선생님을 그 만한 청을 못 들어 줄 수가 없으니 한번 뫼시고 오너라."

그래, 이제 따라 들어가게 됐어요. 떡 들어가서, 바닷가 물속으로 따라 들어갔겠다. 참, 그야말로다 기화요초가 만발하고 한어지중에 그야 참 대궐 안으로 떡 들어갔단 말야. 근데, 이리떼 같은 짐승이 목에다가 뭘 패를 걸었는데, 용자라는 글이 붙어 있단 말야. 근데, 한 놈을 보니까 자기 이름이 붙어 있거든. 율곡선생님 자기 이름이 붙어 있단 말야. 그래 데리고 들어갔는데 보니까 그렇단 말야. 그래, 용왕한테 들어갔어요. 용왕 앞에 가서, 효란을 하고,

아, 선생님이 오시는데 학부형으로 앉아서 죄송하다고 하고 용왕이 얘

기를 하고, 용궁을 이렇게 민간인으로설랑 침범을 해서 미안하다 하고. [녹음 부실로 일부 내용 누락]

이게 금하니까는 용약이라. 용궁에 가노라. 먹을 한 번 갈아 써도 종일 써도 마르지 않애. 뚜껑만 덮었다 떼면 금방 말러. 뚜껑만 안 덮으면 진종일 써도 마르지 않애. 그러게 값진 보물이라. 그래서 용약이라. 용궁에서 얻어 가지고 왔다. 그러니까 으뜸 하나 선물을 받아 가지고 나오는데. 그래, 그 아이더러 물었어.

"그런데, 그 내가 들어갈 때 보니까 그런 짐승의 목에 생명사자가 달 자리에 내 이름이 달려 있으니 그게 뭐냐?"

"아, 선생님 그게 참말이십니까?"

"아, 참말로 봤다 이 말이야."

"그런데, 그것이 호환에 갈 팔자올씨다."

"아, 그럼 내가 호환에 간단 말이야."

"아, 그렇습니다."

그래서 그걸 부하한테 얘길 해가지고설랑은

"그 액수를 면할려면 밤나무를 천을 심으로 천 줄 심으라. 나와서 천 줄 심으라."

그래 가지고 나왔지. 나와서 밤나무를 천 줄 심었어. 심은 지 한 육 년이 됐든지, 오 년이 됐든지 후에 왠 중놈이 하나 찾아 왔어. 바라를 짊어지고.

"선생님, 저하고 어디 좀 가십시다."

"이놈아! 내가 널 뭐하러 따라 간단 말이냐."

"헐 수 없습니다. 가세요."

"왜?"

"내가 밤나무를 천줄 심었는데 널 따라가."

"어디 좀 가 봅시다."

“가 보자.”

천주를 시는데 구십구밖에 안돼.

“한 대 모자랍니다.”

아, 분명히 천줄 심었는데 구십구밖에 안돼. 그런데 옆에 있던 나도 밤나무라고 한 나무가 하나 툭 튀어 나왔어. 그래 천 줄을 채웠다는 거야.

“아이, 그럼 할 수 없습니다. 선생님 원대로 하십시요.”

그러고 가버렸어. 그래서, 호를 율자를 넣었다는 거야. 그래 율곡으로다가, 그 율곡으로다가 지었다 그런 전설이 있는데 그게 내 중요한 실지인지 모르겠어. [청중 : 어허, 좋았어.]

❸ 율곡선생과 개

전라북도 부안군 줄포면 줄포리 노인회관에서 1981년 7월 29일에 최내옥, 김미영, 김호선, 박종수 등이 조사한 설화이다. 구술자는 이봉술이며 남자이고, 당시 66세였다.

＊줄포면 노인회관에서 할아버지들의 이야기를 듣고 싶어 왔다고 하니, 몇 분이 모이셨다. 양로원에는 약 스무 명의 노인들이 계셨는데 한쪽에서는 바둑이나 장기를 두시기에 여념이 없었고, 그 중 할 일 없이 앉아 계시던 몇 분 노인들께서는 이런 하찮은 옛날 얘기가 무슨 소용이 있느냐고 머뭇거리셨다. 그 중 몇 분에게 이런 얘기가 중요한 자료가 된다는 설명을 드리자 무척 신기하게 생각하시는 것 같았고 별 부담없이 이야기를 시작하셨다. 중년에 50이 되어서 부

안 곰소에서 친구들에게 들었다고 한다.

　그 전에 율곡선생이 율곡선생이 인자 있는디. 하루는 어디를 갔다오닝
게 개가 있어. 개가 한 마리가 와. [조사자 : 개요?]
　웅, 개 한마리가 떡 들어와. 그 개를 율곡선생이 거시긴게(거시기하니
까) 밥을 줘. 밥을 죽 주닌개는 율곡선생이 밥을 주고 주고 주고 한게이, [청
중 : 이야기하면 월급 좀 받는가?] 그럼.
　한 반년, 몇 달을 먹었는데, 하루는 어디를 갔다웅게 개가 읍어져 버렸
어. [조사자 : 개가요?] 웅. 개가 읍어져 버렸어.
　그링개 아무리 개를 찾을라고 해야 읍거든. 그래서 율곡선생이 그제는,
개를 찾다가 못헌게. 으디를 가니라고, 다리 밑이를 가닌게 그 큰 다리가 있
어 큰 다리를 떡 간게 참 이쁜 초롭딩이(草笠童)가 말여. 하나가 썩 나오거
든 초롭딩이, 초롭딩이가 썩 나와. 나오는디 인사를 와서 율곡선생 앞에 널
프덕이 앉아.
　"모, 모, 모르겠다."고 율곡선생이 그런개,
　"모를 것입니다. 내가 몇 해 전에 아무날 그정께(그때에) 집에서 나온
사람이오. 내가 개요. [조사자 : 개요?]
　웅, 내가 용왕의 아들인디. 용왕의 아들인디 내 용궁에서 죄를 짓고 아
부지가 인자 개 허물을 씌여서 인간으로 내보냈소. 내가 어디 갈 듸가 읍서
서 율곡선생한티 가서 은혜를 입었소. 은혜를 입었으니 내가 그 은혜를 내
가 보답을 해야겠는디 어치겠으면(어떻게 했으면) 쓰겄소?"
　그런개, 율곡선생이 이자 집으로 왔어. 같이. 그 초롭딩이 데리꼬. 근게
율곡선생이 인자 감사한개 용궁을 가자구려(가자고 해). [조사자 : 율곡선
생한테요?] 웅? [조사자 : 율곡선생한테요?] 웅.
　율곡선생보고 용궁을 가자고, 개가 이? 개가 사람된 사람이. 용궁을 가

자고 그런게,

　[조사자 : 멍멍 짖는 개에요?]

　웅. 이런 개.

　[조사자 : 게가 아니라?]

　어. 죄져갖고 개가 된 것이여. 그런게,

　"가자. 어떡개 하면 가냐?" 한게,

　"저만 따라가면 갑니다."

　하고서 따라가. 가서는 큰 바다가 있은게 가서는,

　"나를 업으라."고, 눈을 딱 감고 업으리고. 그래 딱 업흰게 눈 딱 감고으라고 해서 감고 조끔 있은게, 눈 뜨라고 그러거든. 그래 용궁으로 들어갔어. 용궁으로 들어가서, 그 아들이 이자 가서,

　"내가 이만저만 해서 이 양반한테 폐를 끼치고 와서 내가 이 양반을 모시고 왔다."고 한게, 용왕이 인자 그 아들을 구해줬웅게, 오직이 잘 할 것이여? 잘 대접을 헌다말여.

　근개, 있다가는,

　"나는 가야겄다."고 율곡선생이. 집에를 갈란다고 헝게, 갈란다고 했는디 하루는 개가 말여 와서,

　"어느 날, 가실라구 하면은 소원을 물을 것이요. 아부지가 인자 소원을 물을 것인디, 무엇을 가지고 갈라냐고 소원을 물을 것이요, 그러면 아무 것도 거시거지 말고 그 책상 위에 있는 베루. [조사자 : 벼루요?]

　웅, 그 먹 갈아서 쓰는 베루. 그것만 하나 가지고 나갈랍니다. 보물이거든. [조사자 : 네.] 그걸 하나 가지고 갈란다고, 그런게 그렇게 말만 하십시요." 한게,

　"그러라고." 하고 가서는,

　"나 갈란다. 나 인간으. 나갈란다."고 한게,

“소원이 뭐냐?”고 그래.

“무엇이든 한 가지 갖고 가라.”고 그런게,

“나는 암 것도 가져갈 것도 없고, 저 책상 우에 베루나 하나 저 주시면 소원입니다.”

용왕이 짬 – 짬햐. [조사자 : 참참해요?]

짬짬하더니,

내 아들으 참 은혜를 갚었웅게, 입었웅게, 안 줄 수 있냐?” 하고 줘.

준개로, 개가 말이여, 또 초룹딩이가 업어다가 내다 줘. 내다줘가지고 잘하고 지내더랴. 근개, 그 용왕에서도 말여, 그 개가 말여, 인간으로 나와 가지고, 개 돼가지고. 용왕 아들이 말여.

:: 그림출처

56_대승불교미술원
160_안춘근, 『정감록집성』(아세아문화사, 1981)
163_안춘근, 『정감록집성』(아세아문화사, 1981)
164_안춘근, 『정감록집성』(아세아문화사, 1981)
165_안춘근, 『정감록집성』(아세아문화사, 1981)
232_안춘근, 『정감록집성』(아세아문화사, 1981)
259_승리제단 언론출판사
261_승리제단 언론출판사

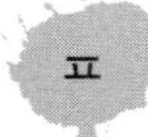